小学館文庫

梨本宮伊都子妃の日記

皇族妃の見た明治・大正・昭和

小田部雄次

小学館

梨本宮伊都子妃の日記

皇族妃の見た明治・大正・昭和

目次

世界の強国

喪服の宮妃

デモクラシーの風

戦火

警報

急転落

●資料提供　梨本会
●写真提供　梨本会
鈴木十三男
松崎敏弥
朝日新聞社
京都府立総合資料館
宮内庁
主婦の友社
竜ヶ崎市歴史民俗資料館
●装丁　大野鶴子（クリエイティブ・サノ・ジャパン）
●本文デザイン　矢田典雅（クリエイティブ・サノ・ジャパン）
●図版作成　蓬生雄司
●制作　市村浩一
●資材　高橋浩子
●製作企画　大栗好喜
●宣伝　宮村政伸
●販売　広幡文子
●編集　細山田正人

梨本宮伊都子妃の日記

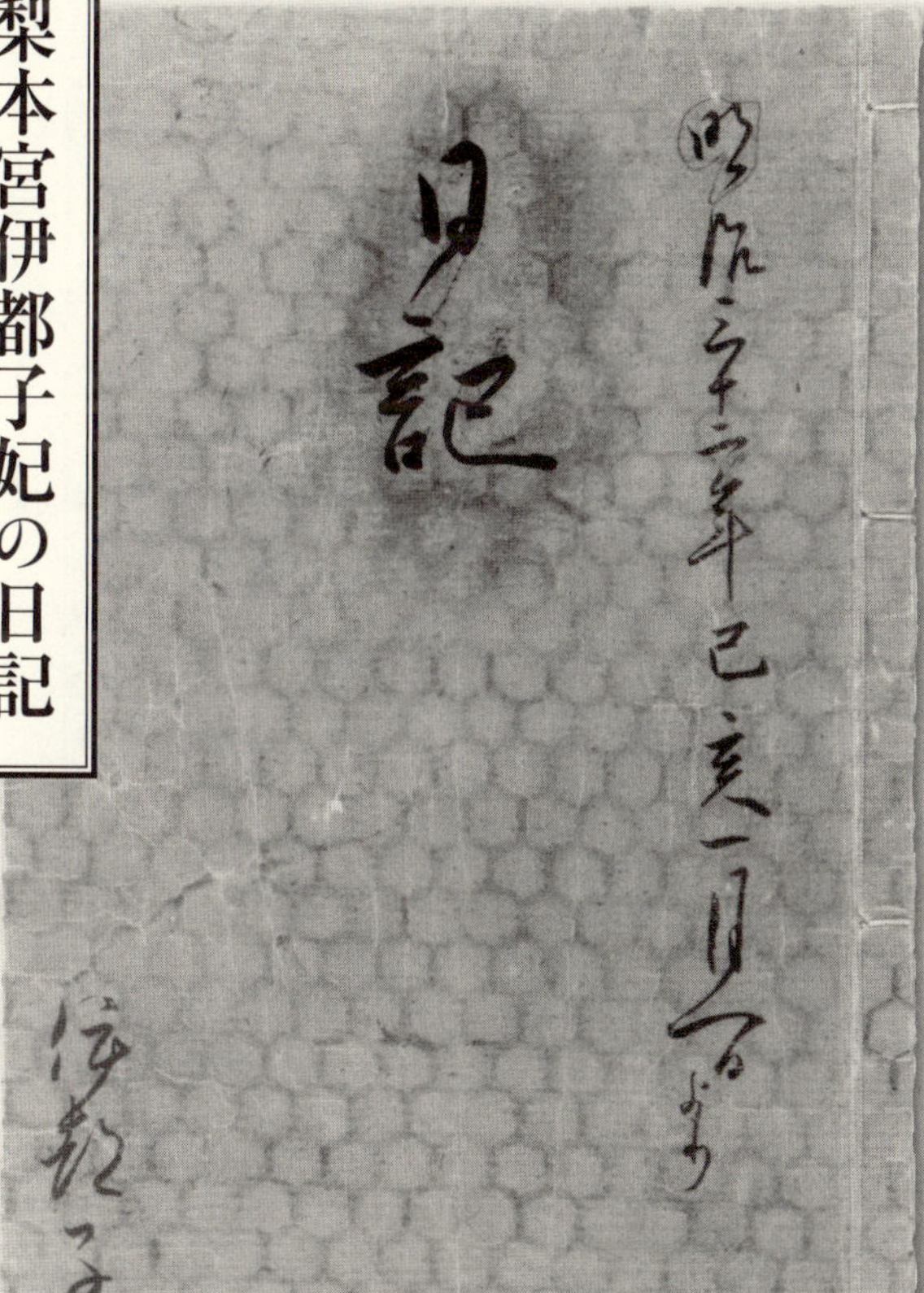

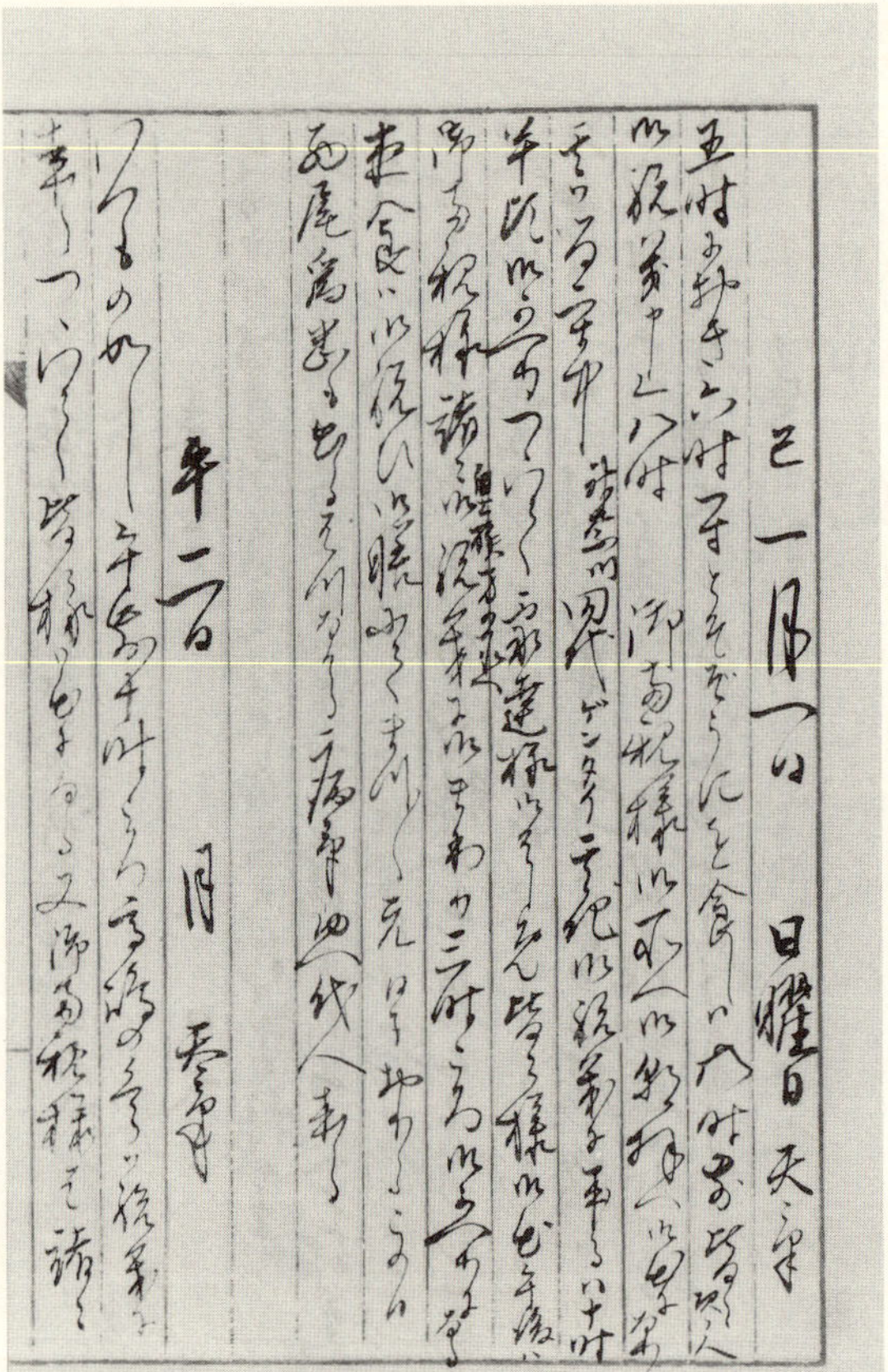

明治32年1月1日。伊都子の日記の書きだしの部分。

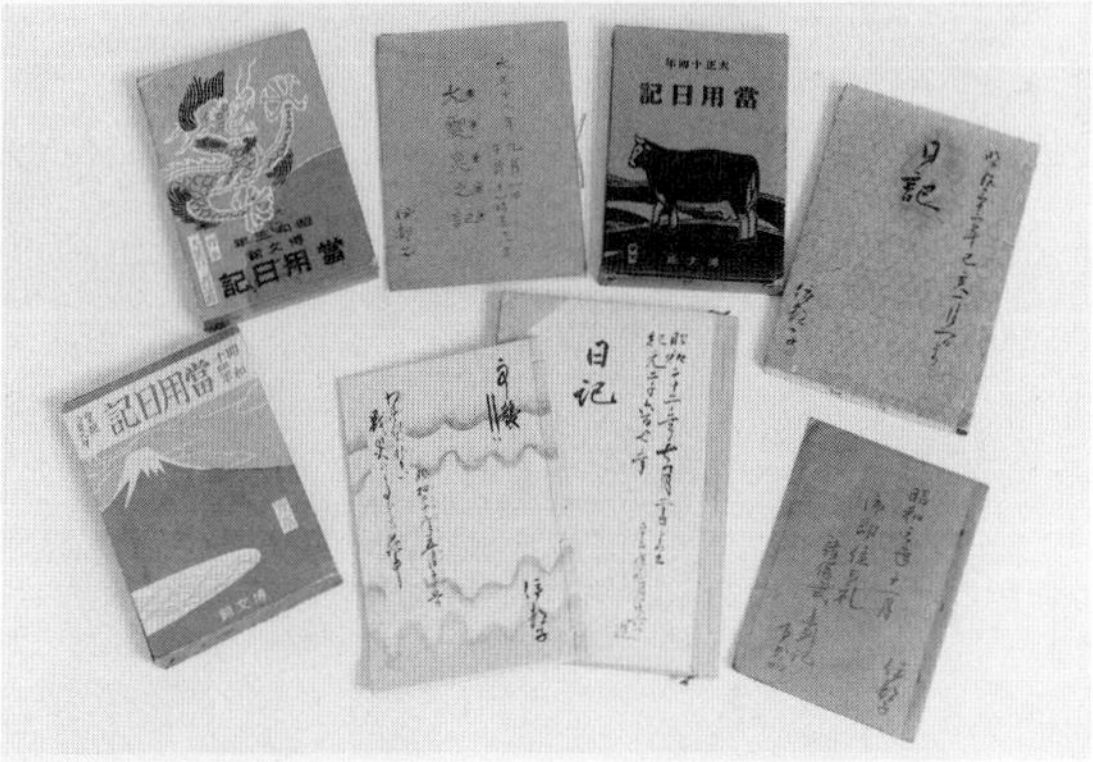

伊都子の日記。日々の日記以外にも多くの記録を残した。

伊都子の日記——はじめに——

どんな人間の日記でも、一〇年以上書いてあれば意味がある、という。

ここに、ひとりの女性によって八〇年ちかく綴《つづ》られた日記がある。正確には七七年と六か月。時期は明治三二年（一八九九）一月一日から、昭和五一年（一九七六）六月三日まで。数日、空白がつづくことはあったが、ほぼ毎日、なんらかの事項で埋められている。しかも、日々の日記のほかにも、いくつかの手記や回想録、歌集も残しており、「書き魔」であったことを思わせる。

この女性が日記をつけた時期は、明治維

イタリアにて。１歳。

新をへて近代国家を形成した日本が、日露戦争・第一次世界大戦など一連の対外戦争で世界の強国となり、さらに満州事変・日中戦争・太平洋戦争と泥沼の戦争に突入、そして敗北。その後、米国の占領を経験し、経済的復興をなしとげるという波瀾の時代だった。

しかもこの女性は皇族妃という特異な地位にいた。明治・大正・昭和の三代の天皇のそばにあって、「近代日本の歩み」をみつめてきたのである。「雲上人《うんじょうびと》」と称され、一般の人びとが知ることのできなかった世界に生きた女性。その女性が、現在の日本につながる「近代の歩み」をどう綴ってきたのかは、つよく興味ひかれることである。

日記を残した皇族妃の名前は、梨本宮《なしもとのみや》

明治21年11月。7歳。

伊都子《いっこ》。明治一五年（一八八二）二月二日、ローマで生まれた。伊都子とは、「イタリアの都の子」の意味である。父の鍋島直大《なべしまなおひろ》侯爵は駐伊特命全権公使だった。生後七か月目に帰国。かぞえ七歳のとき、華族女学校（学習院女子部の前身）の第一二回生として入学。

明治三三年、梨本宮守正《もりまさ》と結婚。伊都子一九歳、守正二七歳であった。翌年、長女方子《まさこ》を出産。方子は、大正九年（一九二〇）、朝鮮王族李垠《イウン》と結婚、政略結婚による「悲劇の王女」とよばれた。

昭和二〇年（一九四五）の敗戦後、夫の守正は皇族で唯一戦犯に指名され巣鴨《すがも》拘置所にはいるが、釈放。戦後の占領改革により、皇族費は削除。また特権剥奪《はくだつ》によって

明治37年４月。23歳。

財産税を納めることになり、別邸や宝石類を売却。昭和二二年、皇籍離脱。皇族の地位と身分を失い、一般市民となる。

敗戦前の日本には、秩父宮《ちちぶのみや》のような直宮《じきみや》（天皇の子や兄弟姉妹の宮）をのぞいて、朝香《あさか》・有栖川《ありすがわ》・華頂《かちょう》・桂《かつら》・賀陽《かや》・閑院《かんいん》・北《きた》白川《しらかわ》・久邇《くに》・小松《こまつ》・竹田《たけだ》・梨本・東久邇《ひがしくに》・東伏見《ひがしふしみ》・伏見《ふしみ》・山階《やましな》の一五の宮家があった。そのうち桂・小松の二宮家が明治年間に、有栖川・華頂の二宮家が大正年間に、それぞれ断絶などで廃止された。そして敗戦後の昭和二二年一〇月、残りの一一宮家すべてが皇籍を離脱したのである。また、明治四三年（一九一〇）の韓国併合後、李王家と李公家の朝鮮王公族がつくられたが、これも廃止された。

明治42年５月。夫守正と。28歳。

　皇族は天皇の一族で、その血脈を保持するための存在であった。敗戦前の日本の皇族を規定していたものは、明治二二年制定の旧皇室典範《こうしつてんぱん》である。そこには、皇族の範囲や皇位継承などについて定められていた。皇族にかんする事項は、天皇が宮内大臣などの補弼《ほひつ》によっておこない、帝国議会や政府は関与できなかった。また原則として、皇族は軍籍につかなければならなかった。

　敗戦後の昭和二二年、新皇室典範が制定され、皇族は国会の統制をうけるなど、その規定が大きく変化した。なかでも軍籍の解除は皇族自身の性格や人生観までも変えた。それは戦争を放棄した戦後日本の体制に適合した姿ともいえる。

　伊都子は、旧藩主である侯爵家の娘とし

大正４年11月。34歳。

て生まれ、嫁《とつ》いで皇族となり、そして一般市民となった。伊都子の育った永田町の鍋島侯爵邸は、関東大震災で焼失し、今は首相官邸となっている。渋谷の梨本宮邸は空襲で焼け、広大な敷地は戦後に分割され、今は若者があふれる街になっている。九〇数年の人生で、伊都子の地位と身分の変転は急激だった。明治維新以来、あまりに急速な変化をしてきた「近代日本の歩み」の反映ともよめる。国際環境の変化、国内の諸現象の移り変わりなどが、伊都子の生活に直接的に、あるいは間接的に反映していた。

伊都子の日記から、伊都子の見た「近代日本の歩み」を知ると同時に、伊都子自身の生活にあらわれた「近代日本の歩み」の

大正７年１月。37歳。

諸特徴をつかむこともできるだろう。そして、私たちのいる現在の日本が、どの方向からやってきて、どの方向へむかおうとしているのかを知る手がかりさえ、あたえてくれるかもしれない。

日記や手記・回想録の類は、それぞれ表記が不統一である。句読点や濁点がなかったり、誤字や脱字があったりする。ひらがなとカタカナが混在する文もある。まして八〇年ちかくあれば表記の矛盾《むじゅん》は多い。歴史史料としては厳密さを要求されるが、読みやすさを重視して、文意をそこねない範囲で、適宜《てきぎ》、句読点や濁点をつけるなど表記の統一につとめた。また、引用文中の敬語・敬称はそのままにし、そのほかの箇所では、これを略した。

昭和29年。孫の儀光と。73歳。

なお、日々の日記のほかの手記や回想録には、つぎのようなものがある。宮家の重要事項のみをまとめた『永代《えいたい》日記』。武家の娘としての生きかたを説いた『心得ぐさ』。欧州旅行の記録をまとめた『欧州及び満韓旅行日記』。関東大震災の日記である『大震災之記』。

戦争にかんする記録としては、日露戦争当時の日々の記録である『日露戦役に関したる日記』、日露戦争から太平洋戦争終結までの諸戦局を綴った『戦役に関する記事』、空襲の日々をまとめた『空襲!!』などがある。さらに満州事変後の慰問活動や各地の女子労働視察にかんする記録もある。これらの記録については、巻末の関係資料を参照されたい。

昭和43年。観菊会の絵の前で。87歳。

日記に、時代のすべてを描けるはずがない。書き手も、それを意識しているわけではない。日々の心覚えであったり、愚痴《ぐち》であったり、惰性であったり。大事なことだからこそ記述がなかったりすることもある。日記にあるのは、ささいな一面である。しかし、ひとりの人間の日記を一〇年分以上も読んでみると、書き手も意識しなかった時代の断面がほのみえることがある。いままで明らかにされてきた歴史の事実に照らしあわせると、新しい世界がみえることがある。七七年六か月の長年月にわたり書き綴られた皇族妃の日記の断面をひろいあつめて、すでに明らかにされた史実の「額縁」のなかにおさめ、歴史のあらたな一面を浮かびあがらせようというのが、本書の

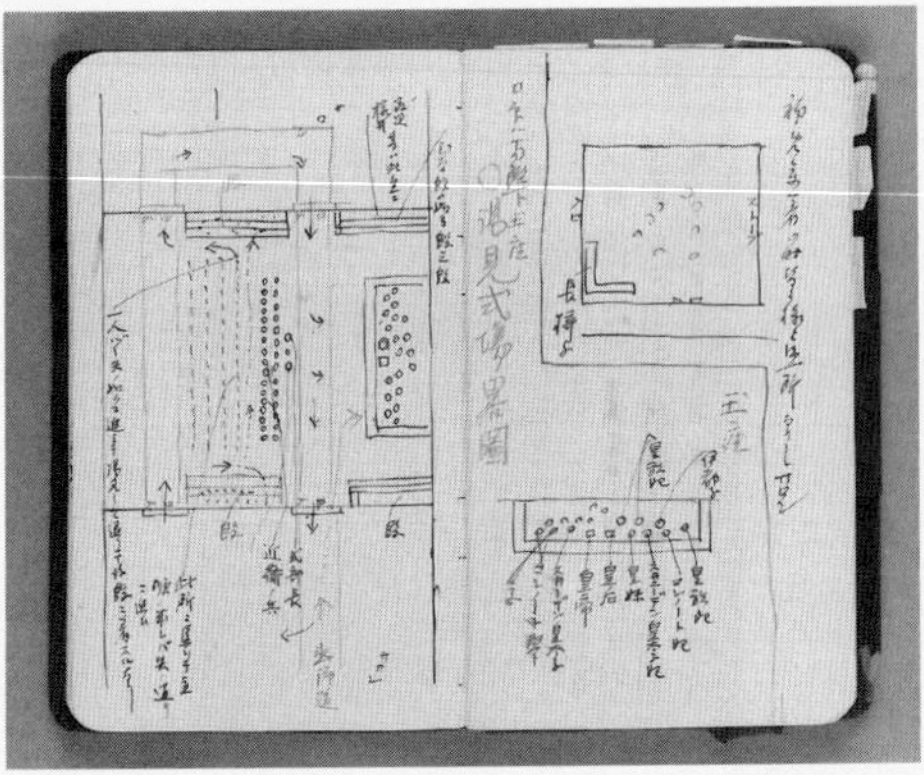

明治39年２月、英国コンノート殿下来日のときの伊都子のメモ。

ねらいである。

つまり、伊都子の生涯を中心とした梨本宮家の歴史を明らかにしつつ、近代日本の歴史と皇族との関係を描き、皇族が政治・軍事・文化にどのようにかかわり、どのような役割をはたしてきたのかを跡づけることである。なかでも梨本宮家は、伊都子の長女方子《まさこ》が朝鮮王族妃となるなど、日本の朝鮮支配に深く関与してきた。伊都子の生きた明治・大正・昭和の三代の天皇の時代において、皇室と朝鮮と一般国民のあいだにおきたさまざまな事態が相互にどのような関係をもっていたのか、伊都子の日記に語らせたいと思う。

　伊都子の語り口には独特の味わいがあり、日記の引用にあたっては彼女の生の声が伝わるようにつとめた。日記だけでは伝わらない当時の社会背景、とくに貨幣価値や宮家の所在地など現在と異なるものについては極力言及し、時代の特色が浮かびあがるようにくふうした。

資料の引用は、記載内容の信憑《しんぴょう》度《ど》を重視して日々の日記を中心としたが、手記や回想録も随所で用いた。これら貴重な資料のご提供と写真掲載にかんしては、御遺族である故梨本徳彦氏や宮家の祭祀をあずかる「梨本会」の深い御理解と御協力をいただいた。また日記に記されなかった諸事実などについても多くの御教示をえた。深く感謝の意を表したい。

マント＝ド＝クール

鍋島伊都子

鍋島直大と宮中

明治二五年（一八九二）七月九日、明治天皇は永田町の鍋島直大《なべしまなおひろ》侯爵邸で、相撲《すもう》・柔《やわら》・剣術を見、手品を楽しんだ。手品にはかなり満足し、翌日訪問予定の皇后にも見せるように命じている。『永代日記《えいたいにっき》』には、こうある。

快晴、暑さ強し。兼《かね》て願ずみの如《ごと》く、午後一時御出門、天皇陛下は吾《わ》が鍋島家新築後、初めて行幸《ぎょうこう》＊あらせらる。二階の玉座《ぎょくざ》に入《い》らせられ、一同に拝謁《はいえつ》を給はり、又拝領物もあり。後、階下にて相撲＊・やはら・剣術等天覧。午後七時三十分、食堂にて御食事召上《めしあが》り、父上様其他御陪食《ごばいしょく》仰《おお》せ付《つけ》

行幸　めずらしい三階だての新築祝いのための、特別の行幸であった。前田利為邸の改築祝行幸の例もある。
相撲…　大相撲協会・皇宮警察・東京府下警察による披露。

らる。後、舞踏室にて手品*（柳川一蝶斎）御覧、非常に御意《ぎょい》にかなひしよし。御機嫌《ごきげん》うるわしく、午後十一時過、還幸《かんこう》あらせらる。

手品 『明治天皇紀』には、「春風蝶柳斎の奇術」とある。

明治天皇肖像　キヨッソーネ筆。明治天皇は、式部長官鍋島直大を寵愛していた。

父上様は直《ただち》に御礼として御参内あらせらる。特に今日御覧あらせられし手品、御意に入り、明日、皇后陛下の時にもみせるやうにとの御沙汰《ごさた》なり。（明25・7・9）

翌一〇日、こんどは皇后美子《はるこ》と皇太后夙子《あさこ》（英照《えいしょう》皇太后）が鍋島邸に行くことになる。しかし皇太后は風邪のため中止。この日、伊都子《いつこ》は琴をひき、人形などをもらう。一一歳であった。この明治天皇と皇后の来邸は「鍋島家にとり一生一代の名誉」と、伊都子は記している。

鍋島家は、徳川幕藩時代は肥前佐賀《ひぜんさが》藩主で、直大の父直正《なおまさ》は、幕末に公武合体をあっせんした。直大は、明治維新後イギリスに留学して、外務省御用掛《ごようがかり》・駐伊特命全権公使を歴任。この駐伊特命全権公使のときに伊都子が生まれた。その後、直大は、元《げん》老院《ろういん》議官・式部長官・宮中顧問官となった。

明治三二年の伊都子の日記には、宮中の行事や儀式で外出する父直大と母栄子《ながこ》の日々が記されている。

午前九時の汽車にて、天皇陛下横浜競馬*へ行幸《ぎょうこう》ゆへ、十時過の汽車にて、御両親様御出。大《おお》ににぎやかにて、陛下を祝し奉《たてまつ》る事大へんなりしとの事なり。(明32・5・9)

午後二時より芝離宮《しばりきゅう》*に於《おい》て雅楽合奏、皇后陛下きこしめさるゝに付《つき》、御両親様御出、御無事に五時ころ相すみたり。(明32・6・5)

午後は宮内省に於て、バイヲリンの上手なる露国人のバイヲリンを両陛下きこしめさるゝに付、御両親様も御ばいらん*仰付らるゝに付、御出の事。(明32・7・7)

横浜競馬　日本競馬会社による春季競馬会。

芝離宮　もと小田原藩主大久保家別邸の庭園。維新後、芝離宮となり、大正一三年(一九二四)、一般に公開された。

ばいらん　陪覧。貴人とともに鑑賞すること。

*天長節。午前八時二十八分、父上様宮内省へ御参内。同八時三十分御出門。溜池町《ためいけ》を御通行、青山練兵場へ行幸。十時半還御《かんぎょ》。昼、御陪食《ばいしょく》。父上様一時半ころ御かへり。午後直に又《また》、*御兄様御参内。夜は九時より夜会。十二時半過御かへりの事。（明32・11・3）

天長節　明治天皇は嘉永五年（一八五二）九月二二日生まれ。太陽暦で一一月三日にあたる。

御兄様　鍋島直映（なおみつ）。伊都子より一〇歳年長。

これら一連の記述には、幕藩体制期の封建領主から中央集権的な近代天皇制国家の宮中官僚へ「転身」した旧佐賀藩主鍋島直大とその妻栄子の姿がある。

11歳の伊都子　明治25年、丸木利陽写真館での撮影。気品と優雅さを兼ねそなえている。

永田町二丁目一番地

明治三二年（一八九九）の日記帳巻末に、伊都子《いつこ》は毛筆でふたつの住所を記している。ひとつは漢字で「麹町《こうじまち》区一番町五十七番地」とあり、もうひとつは、ひらがなで「かうじまちく　ながたちやうにちやうめ　いちばんち」とある。それぞれ一ページ分の用紙に大きく書かれている。「麹町区一番町五十七番地」と記した上欄には「く迩」と書いてあり、久邇宮家の住所であることがわかる。三年前の明治二九年一〇月に婚約をし、翌三三年に結婚が予定されている梨本宮守《なしもとのみやもり》正《まさ》の本邸である。守正は久邇宮朝彦《あさひこ》の四男であった。

「かうじまちく　ながたちやうにちやうめ　いちばんち」は鍋島《なべしま》本邸の住所である。当時、久邇宮家も鍋島家も麹町区にあり、宮城に間近い広大な敷地のなかに本邸を構えていた。「いちばんち」のすぐ下には「桂」と彫られた丸い判が押してある。

鍋島本邸　現在の首相官邸の地に所在。関東大震災で焼失した。伊都子の結婚記念のものか、親族の署名がある。右端が直大の署名。

「桂」は伊都子の「お印《しるし》」で、伊都子の調度品などすべてに「桂」の印がついている。

鍋島家は現在の首相官邸一帯の地にあった。二万坪ちかい敷地に純日本式の二階だてがあり、品川の海を眼下に見ていたという。周辺には溜池《ためいけ》や日枝《ひえ》神社があり、六月の日枝神社の大祭には御輿《みこし》がはいってきた。明治一五年にそれぞれ三〇〇坪ある西洋館と日本館の建築がはじまり、一〇年後に完成。このとき明治天皇が来邸し、手品を楽しんだのである。

西洋館は三階だて。シャンデリア・螺旋《らせん》階段・大サロンなど洋式のすべてをとりいれ、三階に伊都子・信子ら鍋島姉妹の部屋があり、窓の外は広いベランダになっていた。

日記には、西洋館でダンスを楽しんだ記事がある。

夜食後、踊り場にて、前田御兄姉様*他、御両親様、われわれ兄姉妹、皆カドリール・ランセーユ*などおどる。（明32・9・26）

午後七時半、晩餐《ばんさん》を開けり。九時ころ食事すみ、其後、公使*ピヤノをひくやら、御姉様御琴、川口男*三味線《しゃみせん》やらにて、大々にぎやかにて十一時皆かへる。（明32・11・30）

前田御兄姉様　伊都子の実姉朗子（さえこ）とその夫前田利嗣。
カドリール・ランセーユ　ともに社交ダンスの一種。
公使　ロシア特命全権公使のローゼン。
川口男　男爵川口武定。宮内次官。

石井寛治『日本経済史』によれば、明治三一年の高額所得上位者は、一位と二位は岩崎久弥《ひさや》・三井八郎右衛門ら政商の一族が占めるが、上位一五名までのうち八名は旧藩主たちであった。三位が加賀《かが》の前田利嗣《としつぐ》で二六万六四四二円、五位が薩摩《さつま》の島津忠《ただ》重《しげ》で二一万七五〇四円、七位が長州の毛利元昭《もとあきら》、九位が紀州の徳川茂承《もちつぐ》、一〇位が讃《さぬ》岐《き》の松平頼聡《よりとし》、一一位が安芸《あき》の浅野長勲《ながこと》とつづき、一二位が尾張徳川義礼《よしあきら》の一一万六三二三円、一五位が佐賀鍋島直大《なべしまなおひろ》の一〇万九〇九三円であった。

旧藩主たちは明治維新後、巨額の金禄公債《きんろくこうさい》を受領し、これを銀行などに投資して富裕の金利生活者となっていた。彼らは当時の優良株である十五銀行株や日本鉄道株を所有して、その配当収入を基礎に鉄道・海運・銀行などに多彩な投資をおこない、所得を増加させていった。こうした巨額の配当収入を財源にして、伊都子の父鍋島直大は、東京の中心部にある広大な敷地の本邸に住み、五、六十人はいたといわれる使用人たちにかしずかれて、日々をすごしていたのである。そして、直大の長女であり伊都子の姉である朗子《さえこ》は、高額所得三位の前田利嗣のもとに嫁していた。

伊都子も琴やフランス語・和歌を習い、兄直映《なおみつ》とピアノやテニスを楽しみ、不自由のない日々をすごしている。明治三二年の春と夏は、別邸でのどかにくらした。春、二月一日から三月一五日までの一か月半を大磯《おおいそ》で、夏、八月八日から九月三日までの一か月を日光《にっこう》ですごしている。これは例年のならわしであった。

明治三二年は、横山源之助《げんのすけ》が日清《にっしん》戦争後の日本の労働者や貧民の生活実態を調査して『日本之下層社会』を著わした年でもある。『日本之下層社会』に描かれた「東京貧民」は、「日稼《ひかせぎ》人足・人力車夫・くずひろい・芸人」などで、おもに本所《ほんじょ》・深川《ふかがわ》区に住み、その日の生活費をようやく稼いでいる状態であった。日稼人足の「一日の賃金は三十二、三銭」と、横山は記している。この賃金で三六五日休むことなく働いても年収はおよそ一二〇円。鍋島家との年収の差がわかろうというものである。

また栃木県の桐生《きりゅう》・足利《あしかが》地方には一二歳から二〇歳までの「機織女工《はたおり》」がおよそ三万人おり、米と麦の割飯《わりめし》で朝未明から夜一〇時まで働くのは常であったという。

大磯の春

神奈川県大磯《おおいそ》には、日本最初の海水浴場があった。明治一八年（一八八五）、軍医総監の松本順《じゅん》が国民の健康管理のために、照ヵ崎《てるがさき》に開設したのである。明治二〇年には大磯に東海道線の停車場ができ、禱龍館《とうりゅうかん》や招仙閣《しょうせんかく》という旅館もたち、海水浴客がふえた。

伊藤博文の滄浪閣《そうろうかく》をはじめ、西園寺公望《さいおんじきんもち》・原敬《はらたかし》・岩崎弥之助《やのすけ》・安田善次郎《ぜんじろう》ら政財界の実力者たちの別邸も多かった。鍋島家も大磯に別邸があり、結婚前の伊都子《いつこ》は大磯で春をすごしていた。

伊都子は、明治三〇年春にすごした大磯の日々を、一冊の日記にまとめている。一

大磯海水浴場　日本最初の海水浴場。柱に「共同水浴場」とある。鍋島家の別邸があり、伊都子は春の海を楽しんだ。

六歳のときであった。こうはじまる。

　十四日　日　*六十五度。午後十二時半の汽車にて東京を出立《しゅったつ》し、同二時四十八分に大磯駅に着き、それより*人力にて御別荘さしてはしり、七分間にて着す。それよりいろいろの人御あいさつに出、いろいろして夜に入る。(明30・2・14)

　天気大《おおい》によし。朝起いで、直に海岸に行。此日は*常宮《つねのみや》・周宮《かねのみや》両宮は*三島へ御出にて東京を七時三十分の汽車にて御出ゆゑ、大磯へ九時半ごろ御とまりになり、御両親様ステーションまで御見送りになる。(明30・2・15)

六十五度　摂氏一八度にあたる。以下気温はすべて華氏で表記している。

人力　人力車。

常宮・周宮　明治天皇の六女昌子（のち竹田宮恒久妃）と、七女房子（のち北白川宮成久妃）。当時常宮は一〇歳、周宮は八歳。直大は五二歳であった。

三島　小松宮彰仁（あきひと）の別邸楽寿館があった。

朝おき見ればめづらしく雪降て、あたりの山々、ゑもいわれぬ美しさなりけり。（明30・2・17）

なほなほ雪つもりし故《ゆえ》、おきて少したち庭に出、雪の尺を見んとておりしに、くじら七寸《すん》*ほどあり。午後は雪だるまをこしらへなどしてあそぶ。（明30・2・20）

海岸への散歩。

西の方に舟あがりければ、見にゆきたり。見ればあまたの魚とれて、中にかにとたことあり、それをもらひつゝかへりたり。（明30・2・24）

午後一時頃より海岸へ行、皆々打すわり横になったり何かしていたりしに、いつ*の後よりしほ*来り。にぐる間もなく、ひざから下はしほだらけになり、いそぎ家にかへる。あとの人々は足位《ぐらい》なもので、さほど多くはあらざりき。それより又三時頃より田の方へゆき、少しつみ草したり。少し寒し。（明

くじら七寸　鯨尺で七寸のこと。およそ二六センチ。

いつ　伊都子。

しほ　海水。

30・2・28)

母上様・伊都子・*尚子《ひさこ》・皆平塚へ*松露《しょうろ》をとりに行。多くとれ家にかへり、ざるに入《いれ》みれば、おほかた三合《ごう》の余ありたり。(明30・3・18)

またまた雨にて、いかゞとあんじいたりしに、午後はいよいよ出立となりたれば天気もよくなり、いさぎよくいでたちたり。五時ころ東京なる家に着したり。*めでしく。(明30・3・28)

尚子　伊都子の妹、当時四歳。のち伯爵柳沢保承(やすつぐ)夫人。

松露　食用のきのこ。

めでしく　めでたし、の意か？

こうして、この年の大磯の日々は終わる。

日光の夏

明治五年(一八七二)まで、日光には女人禁制の神域があり、現在のいろは坂登り口の女人堂が女人・牛馬禁制の境界であった。禁制が解かれ、交通の便がよくなると、外国人観光客はじめ多くの人びとが奥日光まで足をのばすようになった。

明治三〇年と翌三一年の夏、婚約中の伊都子《いつこ》は、鍋島《なべしま》の両親や妹たちと日光の別邸で日々をすごした。当時、日光には天皇家の御用邸はじめ皇族・大名華族らの別邸も多く、散歩の途中で偶然出会ったり、それぞれの邸内によばれたりしていた。夏の日光は、はなやかさに満ちていた。伊都子は、内親王の常宮《つねのみや》・周宮《かねのみや》や、姪の前田渼子《なみこ》らと野山を楽しんだ。

朝二時に起き、四時よりわが家を出立し、五時発の列車にて出発したり。やがて十一時といふとき日光へはつきにける。午後ゆる〳〵して荷物などとき、五時過に一寸《ちょっと》三仏堂あたり迄《まで》行。（明30・7・28）

午前十時より西町なる八幡宮へ行、かへりに公園にまはれば、両宮殿下*御運動の所に御会申《おあいもうす》。（明30・8・1）

其後、輪王寺様*《りんのうじさま》御出になり、われ〳〵に北白川宮《きたしらかわのみや》殿下の錦絵を下さる。（明30・8・4）

両宮殿下　常宮と周宮。
輪王寺様　日光を号とする天台宗の門跡。先代の輪王寺門跡は北白川宮能久であった。

錦絵の「北白川宮殿下」とは、日清戦争後の明治二八年に近衛《このえ》師団長として台湾に派遣され、現地でマラリアで死去した北白川宮能久《よしひさ》である。北白川宮家は、つづく成久《なるひさ》が大正一二年（一九二三）にパリ郊外で自動車事故で死亡、つぎの永久《ながひさ》が昭和一五

前田渼子　伊都子の実姉
朗子の長女。21歳のころ。

年（一九四〇）に中国の張家口《ちょうかこう》で戦時事故死と、三代にわたって戦死や事故死にみまわれており、「悲劇の宮家」と称される。

八月一五日、家族と使用人たち総出で、中禅寺湖《ちゅうぜんじこ》をへて湯元《ゆもと》へ行く。籠《かご》に乗ったり、旧道を登ったり大騒ぎである。

今日は中宮祠《ちゅうぐうし》へ行《ゆく》つもりなり。

清滝《きよたき》も通り、馬返しにいたり、こゝは日光より*二里《り》八町《ちょう》也。

これよりは*ふどう坂の上りとて、世に名高き坂なれば、こはおもしろしとて勇ましくあゆみけり。

旧道行方よろしくと思、巾《はば》一尺《しゃく》ほどもあらん所の、中はへこみ、岩横たはりたれども、近き事よほどのちがひなり。

山は全く上りきりたる所は、まるで公園のごとく、けしきよく樹木生茂り、道の巾も*二間《けん》ほどにて、ま事によろし。それより少しゆけば、名高き華厳《けごん》の滝に至《いた》る。こゝにて少々休

二里八町　一里は約四キロ、一町は約一〇九メートル。

ふどう坂　中禅寺道（第一いろは坂旧道）の一部。坂の中腹までを地蔵坂、それより上を不動坂とよんだ。

二間　一間は約一・八メートル。

み、滝など見物し、又二、三町行けば、はや中宮祠*の湖みえたり。

こゝよりわれ〳〵は、かご也。あとは、くる〳〵*まわしにて行。又行けば、地獄茶屋、即、竜頭《りゅうず》の滝にいたる。こゝに一寸《ちょっと》休み、又行けば戦場が原に出たり。昔、戦のありし所といふ。此原は凡《およ》そ一里あり。

やがて温泉の家屋などみえたる所より、はや（イヲウ）の香したり。

中禅寺よりこゝまで三里也。（明30・8・15）

数十年前までは女人禁制であった不動坂を、嬉々《きき》として登ってゆくさまは、好奇心のつよい伊都子らしく、おもしろい。

翌日、朝湯につかる。湯元の湯のわきでるのを見物し、また、もとの道をもどる。駕籠《かご》で中禅寺湖・馬返しをへて、清滝につく。伊都子は、清滝から歩いて帰邸した。一九日、輪王寺内の北白川宮能久の霊殿を参拝し、北白川宮家の別邸の下をとおり、家に帰る。

中宮祠の湖　中禅寺湖。

くる〳〵まわし　交代で駕籠に乗りながら。

また、土地の人びとと盆踊りもした。過重な警備もなく、開放的な夏の夜であった。

午前九時より滝の尾へ行。夜は下男、土地の人（福次郎）、同八百屋の小ぞう、土地の二人にて盆踊り、其他かず〳〵おどりたり。（明30・8・23）。

そして二九日、五時の日光発で出発し、「一同無事に帰京」する。

翌年は七月二九日から八月二九日まで逗留《とうりゅう》した。この年も前年と同じような日々を送った。『日光日記』の最後は、

いさぎよく午前七時半の日光発にて出立し、無事に、十二時四十分位に上野に着。つゞいてわが家にかへる。めでたし〳〵。（明31・8・29）

とある。第一高等学校生徒の藤村操《みさお》が「巌頭《がんとう》の感」として「人生不可解」の一文を書きつけ、華厳の滝に投身自殺をしたのは、これから五年後、明治三六年五月二二日

のことである。

皇太子嘉仁とダックス

伊都子《いつこ》の『三代の天皇と私』によれば、皇太子嘉仁《よしひと》は生まれて三週間もたたないのに髄膜炎と百日咳《ひゃくにちぜき》を患《わずら》い、一五歳のときに不全チフスにかかり、一時は侍医も匙《さじ》を投げたという。この後、冷水浴や馬術の健康法につとめた。そして「御年二十二歳のご成婚頃《ごろ》は健康そのものであらせられました」という。

嘉仁が健康であったころの行状を、伊都子は日記に残している。明治三三年（一九〇〇）のことである。嘉仁は九条節子《くじょうさだこ》との婚儀を五月に終えて、夏の日光でくつろいでいた。七月二五日、新婚の嘉仁と節子が日光へ行くので、鍋島直大《なおひろ》夫妻が見送った。八月一三日には、直大夫妻と伊都子らが日光へ行く。一七日、直大は田母沢の東宮《とうぐう》御用邸（現在の日光博物館）にでむき、嘉仁にあいさつをしている。一九日、突然、嘉仁が鍋島別邸へくることになる。伊都子たちは驚きあわてる。

いろいろかたづけ、暫《しばら》くすると御いでとの事。きものもそれなりにて御出向ひ申上、直《ただち》に二階へならせられ、われ〳〵

も御挨《ごあい》さつ申上、御そば近くにてさまざまの御話し遊ばされ、丁度《ちょうど》、午後四時ごろより同五時二十分の時、還御《かんぎょ》遊ばされたり。

御供は、侍従一人、武官一人、侍医一人なり。犬ダックも御ともせり。（明33・8・19）

ものものしい警備はなく、嘉仁は犬を一頭つれてきた。翌日、直大は来邸のお礼に行く。さらに二二日、直大は陪食《ばいしょく》のため嘉仁によばれ、明日訪問する旨《むね》を告げられる。二三日、嘉仁はふたたび鍋島邸を訪れる。

午後二時半ごろ雨少し降いだしたり。其時丁度、皇太子殿下御いでとて、つかふど来る。御椅子《いす》・テーブルも何もなく御いでゆへ、いそ*、わが小さきたいこ、そなへなどするうち御入。同じく直に二階へ御上り被遊《あそばされ》、御たばこなどめし上り、それより殿下が（今日は直大へ申ておいた、わが輩《はい》の犬をあづけるから、いつ子よくせわをしてやってくれ）とて、それ

いそ　いそいで。いそぎ。

より暫く御ひざ近く御めし被遊、犬の食物の事よりいろいろの御はなし遊ばしいたゞき、四時過御かへり被遊たり。其後、犬御あづかりの大役仰被付《おおせつけられ》候ゆへ、心配一方《ひとかた》ならず、やうやく夜はおとなしくいねたり。右の犬はdacseダックスと云《い》ふなり。（明33・8・23）

翌日から伊都子はダックスをつれて散歩にでる。二五日、ダックスをつれて高照《こうしょう》庵《あん》へ行くと、そこで皇太子妃節子の突然の帰京を知らされる。節子の父九条道孝《くじょうみちたか》公爵の「御危篤《きとく》の電報」がとどいたためである。しかし、九日後に節子は日光にもどる。九条道孝が他界するのは明治三九年一月で、六年後のことであり、じっさいには「危篤」ゆえの帰京ではなく、鍋島邸にばかり足をはこぶ嘉仁とのあいだのゆきちがいに原因があったのではあるまいか。

この日の午後二時半、伊都子は両親や妹弟、使用人たちと遠出。途中で皇太子嘉仁に会う。嘉仁にダックスのことなどを聞かれ、いろいろ話をし、伊都子たちはそのまま山歩きをつづけ、滝にむかう。

丁度三時二十分滝へつく。そこにて顔などあらひ、ダックス*もうがひなどして、後、牛乳・ビスケットをやり、みな食す。（明33・8・25）

二九日、伊都子はいつものように朝五時に散歩し、七時前に帰り朝食をとった。午後一時に駅の先にある日光製麻工場へ行き、機械や麻の製造などを見ていた。また、皇太子嘉仁が来邸、「相かわらず犬の御はなしに中禅寺の御話など被遊《あそばさる》」。三一日は嘉仁の誕生日であった。日光市中は「日の丸」を掲げ、市民は昼夜二度の花火で祝った。直大《なおひろ》は御用邸へでむき、琵琶《びわ》などひいて祝った。伊都子は日記の上欄に交差させた二旒《りゅう》の「日の丸」を描き、この日の感激を綴《つづ》った。

今日*いしくも、*かけまくもかしこき東宮《とうぐう》の御誕辰日にて、日光の市中いたるところ、かど毎《ごと》に国旗をかゝげ、祝ひ奉《たてまつ》る。午前十時より在日光の高等官、宮内省の人々、皆々参賀にて行。父上様にも十時より御いで。其時、東宮御所より御入参り、直大様御参りの時は、御琵琶御持参のやうとの事に大

うがひ　滝の水に口をつけた、の意か？

いしくも　美しくも、よくも、殊勝にもの意。

かけまくも　口にかけて言うこととさえも、の意。

およろこびにて、東儀*御同道にて御参り、昼は日本料理御頂戴にて、午後三時より雅楽あり。両内親王殿下*にも御入なりしとの事。其後又楽隊にて舞踊あるやら、福引などありて、父上様は第六番にて小紋おめし一反*御とり被遊たり。丁度六時御かへり。大々々々々御悦《よろこ》びなりし。

此日午後より昼夜二度に日光市人民より花火献上にて上る。美事なりし。萬歳《ばんざい》。皇太子殿下萬歳々々。（明33・8・31）

九月三日、皇太子妃節子《さだこ》が日光へもどる。

今日は朝、停車場迄《まで》行。午前十時五十分日光着にて、妃殿下御出《おいで》との事ゆへ、御両親様はステーション迄、われ〳〵は本町通りに御出《おで》むかへにいでたり。丁度十一時少し過に、御無事御用邸へ御着。其後、御あとより御両親様御用邸へ御いで。われ〳〵は直《ただち》にかへる。間もなく御両親様御かへり。午後より東宮様行啓《ぎょうけい》との御はなしゆへ、いつものごとくかた

東儀　宮内省の楽師。
両内親王殿下　常宮と周宮。
小紋おめし一反　こまかい模様を型染めした和服用布地一反。一反はおよそ一〇メートル。成人一人分の衣料に相当する量。

づけたり。午後四時ころよりならせられ（東儀もゐるから、直大楽《がく》を一つせい）との御沙たゆへ、父様琴、東儀琵琶にて*越天楽《えてんらく》。其次は、父ビワ、母琴、東儀歌にて*伊勢海《いせのうみ》をいたし、殿下にも近くおより被遊、聞こしめし、大《おお》いに満足の御様子《ようす》にて、其後さまざまの御はなし被遊、五時過還御被遊たり。（明33・9・3）

夕食後、こんどは伊都子たちが御用邸を訪ねた。帰りに門の前に行くと、楽隊が「欧州かんげん楽」を演奏していた。

四日、伊都子たちは御用邸へ行く。五日、嘉仁が直大に突然会いにくる。七日、伊都子たちは帰京の準備をする。忙しいさなか、また嘉仁がやってくる。

四時少し過に、雨なりしゆへ御車*にてならせられたり。それより又、御すわりにて、犬の御話いとながく、つひに犬もともにかへるやう、そして直に獣医にみせる様との仰《おお》せなり。丁度五時半ごろ還御《かんぎょ》ならせられたり。（明33・9・7）

越天楽　雅楽のひとつ。唐楽の小曲で、舞いはなく、管弦だけで演奏される。
伊勢海　催馬楽の曲名。

御車　馬車。自動車は、この年の皇太子の結婚を記念して輸入されたが、じっさいには使用されなかった。

その後、すぐに直大夫妻は御用邸へ来邸のお礼といとまごいに行き、さらに常宮《つねのみや》・周宮《かねのみや》の滞在先にも立ちよる。直大夫妻が帰邸後、こんどは伊都子・茂子・信子の三姉妹が、常宮と周宮にいとまごいに行った。翌八日、午前一一時日光発で、伊都子たちは帰京する。ダックスも一緒。

武家の娘

「実に名誉此上なし」

『永代日記』には、梨本宮守正《なしもとのみやもりまさ》との婚約から結婚までのようすが、くわしく記されている。

婚約が正式に決まったのは、明治二九年（一八九六）一〇月一三日のことである。守正二三歳、伊都子は一五歳であった。

兼《かね》て話はすゝみたれども、いよ〳〵本日を以て梨本宮守正王殿下と伊都子は縁組との*勅許《ちょっきょ》に相成りしよし。宮内大

勅許　天皇の許可。

臣土方久元《ひじかたひさもと》伯参られ御伝へ相成たり。(明29・10・13)

一七日、結納《ゆいのう》。「鮮魚」「御酒」などを拝受する。

その後、明治三〇年一月一一日に亡くなった英照《えいしょう》皇太后の国喪、皇太子嘉仁《よしひと》の鍋島大磯別邸訪問、鍋島永田町本邸での夜会、皇太子嘉仁婚約、兄直映《なおみつ》の結納などがつづく。そして明治三三年五月一日、伊都子は梨本宮家の老女たちと「近づき」のために会った。伊都子の結婚は、皇太子嘉仁や兄直映の結婚と同時にすすめられたのである。

五月一〇日、皇太子嘉仁が九条節子《さだこ》と、宮中の賢所《かしこどころ》大前《おおまえ》で婚儀の式をあげる。この年四月に制定された皇室婚嫁令による、最初の神前結婚であった。明治元年一二月二八日の明治天皇と一条美子《はるこ》の結婚のときには特別の婚姻規定はなく、美子が入内《じゅだい》して「女御宣下《にょうごせんげ》」(天皇の寝所に侍する高位の女官であるという内輪の命令)があったのみである。

一一月四日、兄直映と黒田禎子《ていこ》との婚儀が鍋島邸で開かれた。新婚の披露や園遊会が一七日までつづく。

一一月二七日、伊都子結婚の前日、伊都子は母栄子《ながこ》とともに宮中へ行く。皇后美子に会い、「ダイヤモンド真珠入腕輪」などをもらう。

翌二八日、婚礼の当日。伊都子はゆれる自己の内面を綴《つづ》った。

今日の吉日を以《もっ》て、畏《かしこ》くも、賢所大前に於《おい》て、守正王殿下と伊都子は婚儀の式を行ふ。殿下は御束帯《そくたい》、伊都子は五衣《*いつつぎぬ》唐衣《からぎぬ》。委《くわ》しき事は次第書にあり。

そも皇室婚嫁令定まりてより初めて、皇族第一番の御婚儀、実に名誉此上なし。

十九年の長年月、親の御膝下《おひざもと》に成長し、何の苦もなく幸福なる生活を続け、夢の間に十九年は経ちた。あゝ今日よりは皇室の人となり、世に立たねばならぬ*身、思へば只《ただ》心配のみ。

当日の朝は、いとも引しまりたる心地《ここち》すれども、何となく心細り、一歩こゝを出《い》づれば再び住家ならぬと思へば、遠くはなれるにはあらざれども、ものがなしく、一生の悦《よろこび》の日なれども、又涙の出づるをとゞめあへず。皆々にいさみ立られ、玄関に出づれば、御迎として宮家より廻《まわ》されたる美々しき御

五衣唐衣　大礼のほか結婚式や立太子式などに着用する女子の和装。

世に立たねば　世間にでなければ。

梨本宮妃伊都子　明治33年11月28日、19歳で結婚。五衣唐衣の和装で、髪はおすべらかし。伊都子の自署がある。日記には、賢所大前での式を終え、梨本宮妃となった決意が綴られている。夫守正は27歳。

馬車、儀仗《ぎじょう》騎兵の旗も朝風になびきて、馬のいなゝきも勇ましく、あゝかゝる立派なる行列の主人公になり参内《さんだい》するかと思へば、さらに胸の動悸《どうき》もやまず、夢の如《ごと》く車上の人となり、門内に居ならぶ数十人の人々に見送られて出《い》でた。（明33・11・28）

『三代の天皇と私』によれば、父直大は、結婚する伊都子のために宝冠・首飾り・腕輪・ブローチ・指輪など宝石一式をパリに注文したという。「宝石は宝冠一つだけでも二万数千円ということでした。その頃《ころ》の内閣総理大臣の年俸が九千六百円ですから、高額な宝冠です」と記されている。

この宝石一式は注文してから一年半後にとどいた。そして結婚式当日、伊都子は「西洋式の大礼服（マントドクール）に着替え、燦然《さんぜん》と輝く宝冠を初めて頭」にした。

マント=ド=クール　婚礼の大礼服。父直大がパリに注文した宝石一式で身を飾り、朝見式に参内。

皇太子嘉仁や伊都子が賢所大前で式をあげた明治三三年は、足尾《あしお》銅山の被害民が警官隊と衝突し、清《シン》国へは義和団《ぎわだん》鎮圧の軍隊を派遣した年であった。

女子の本分

皇族妃となった伊都子《いつこ》は宮中などへの挨拶《あいさつ》もすませ、二人の生活をはじめた。皇族軍人で陸軍中尉の守正は一二月一九日から士官学校勤務を再開し、伊都子は家で来客の応対などをした。家は麴町《こうじまち》区一番町の久邇宮《くにのみや》邸にあった。のちに梨本宮邸となる渋谷の屋敷はまだ別邸で、守正と伊都子は土曜と日曜のみ利用していた。

結婚した翌三四年、伊都子は日記の巻頭に皇族妃としての心得をみずから記した。

女子の本分
何事も　せなにさきだつ　ことなくて　たゞその家を　まもるべきかな
伊都子

伊都子は宮家へ嫁《とつ》いだが、むしろその生活信条は、父である鍋島直大《なおひろ》から教えられ

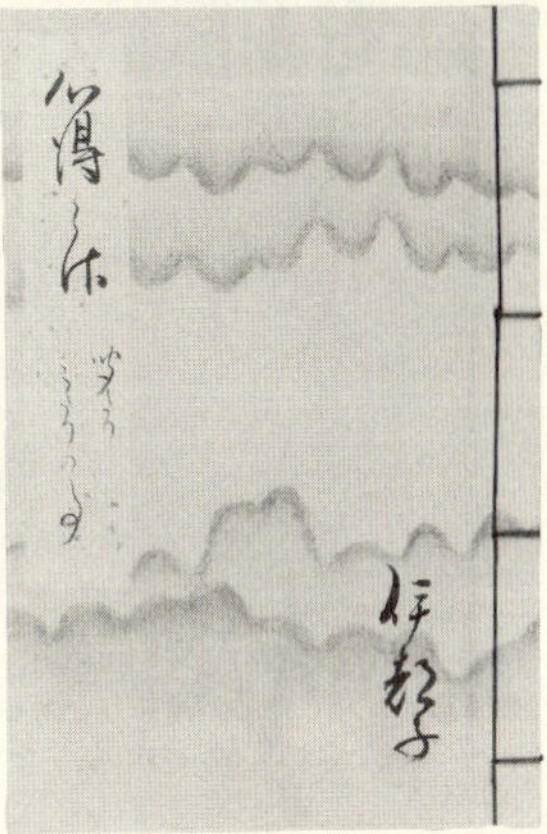

『心得ぐさ』　伊都子がみずからの生活指標をまとめた小冊子。父の教えが反映されている。

たものが多い。

たとえば、伊都子は『心得ぐさ』という自筆の小冊子を二冊残しており、伊都子の生活指標を知るうえで重要な記録といえる。一冊目には、「聞たりみたりの事」と副題があり、巻頭には「昔から教へられし事どもをしるして、後のためになれば幸なり。順は不定なり。伊都子」と記されている。

最初のページは、厨子《ずし》とそこに置かれている筆など諸道具の絵。「上段、硯箱《すずりばこ》・筆台・料紙・短冊《たんざく》・石屛《いしびょう》等、とり合せよし」「御厨子。黒塗又は蒔絵《まきえ》。中段、香・道具・水引《みずひき》等。下段、露はらひ・湯つぎ（湯桶《ゆとう》）・まゆはらひふで（眉墨《まゆずみ》をおとす小さな刷毛）」と説明が付されている。つぎのページには、棚とそこに置かれた和歌集などの絵がある。「黒棚。上段、短冊箱・硯箱・又箱。おき合せ」「中段は源氏物語・其他和歌集。下段、つのだらひ・わたしがね（お歯黒の道具をのせる銅製の板）・左に化粧道具などかざり」と説明がある。これらは伊都子の日常使った道具とその配置について記したものであろう。

また、「人間一生の祝事」として、「誕生祝、二年目から出生の日を祝ふ」など八項目の覚えが列挙してある。その他、「十二月異名」として月の呼びかた、「四季食べもの、季節もの」として旬《しゅん》の食べ物、「年中行事の由来」、「懐胎《かいたい》の事」として妊娠の心得、「しみ抜き心得」「方位」「ビタミンKのとりかた」などが、思いつくままに記されている。妊娠中に書かれたものだろう。

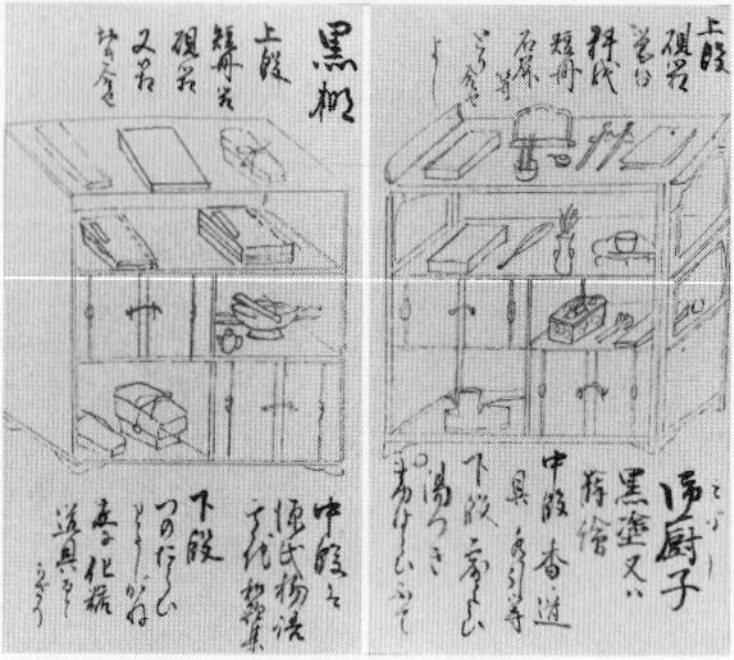

伊都子の厨子　『心得ぐさ』巻頭の厨子の絵と諸道具の説明。「わたしがね」などがじっさいに使われたかは不明。厨子にある筆で日記を書いたのだろう。

二冊目の『心得ぐさ』には、「昔、父上より教へていたゞきたる躾《しつけ》方の歌」として、「古式の部」六一首、「洋式の教へ」二四首、合計八五首があり、すべて五・七・五・七・七の和歌形式でできている。「古式の部」には、幕末当時の教えが詠《よ》まれている。

当今《とうきん》の　仰せいださる　ことのはを　綸旨綸《りんじりん》
言《げん》　勅宣《ちょくせん》といふ

入御出御《にゅうぎょしゅつぎょ》　渡御《とぎょ》といひぬる　其《その》時は　公方《くぼう》

　の外は　いはぬなりけり
　行幸は　当今をこそ　申《もうす》なり　院は御幸《みゆき》　宮は幸啓《こうけい》
　天皇の　院居《い》まします　其時は　是を天皇　太上皇帝

など、政治むきの事柄がある。「当今」とは今上《きんじょう》天皇のこと。これらの歌には、武家の時代から天皇の時代へ変遷していく社会の雰囲気《ふんいき》が漂っている。

　ほかに、「主います　せまき座敷を　ゆくならば　次にわきざし　ぬいて置くべし」や「香のもの　湯を受けて後　くふぞかし　めしのなかばに　くふはひがごと」など、日常のこまかなしぐさまで歌にしている。

「洋式の教へ」には、「古い躾に対し、洋式の教へを歌に作り、父上は御しめしいたゞきたる故、こゝにしるす」とある。「古式の部」と同じ和歌形式であるが、内容は鹿鳴館《ろくめいかん》に代表される西洋式の礼儀作法が歌われている。

　礼法は　いづこの国も　かはりなし　ゆづる心を　本《もと》とこそ知れ
　夫婦づれ　馬車にのる時　妻は右　夫は左と　かねて知るべし
　女子にして　貴人の前に　礼するに　胴はまげても　首はまげるな

物くうに　ホークナイフは　そろへ置け　開きておくは　いなかものなり
食卓は　右にコップに　パン左　中はメニューと　おして知るべし
立食は　まづ貴婦人に　すゝむべし　われはおくれて　賞かんすべし
朝拝《ちょうはい》に　婦人の服は　デコルテー　長きトレーンを　引ぞ礼なり
祝盃は　げことい〜ども　一杯は　つぎて祝詞を　言《いう》ぞよろしき
われ先に　貴き人の　とらぬまに　ナプキンとるは　無礼なりけり

「古式の部」と「洋式の教へ」は、宮妃としての伊都子の行動の規範となっていたと考えられる。伊都子の精神の底流には、父鍋島直大の教えがあった。

出産

明治三四年（一九〇一）一一月四日、伊都子は長女方子《まさこ》を出産する。のちに朝鮮王族李垠《イウン》のもとに嫁ぎ、李方子となる。この年の日記には、新婚一年目で、はじめての妊娠・出産を経験する伊都子の、幸せに満ちた日々が綴《つづ》られている。

当時、伊都子はフランス語を習っていた。宮中でフランス語を使っていたこと、守正のパリ留学が内定していたことなどによる。妊娠がわかると、伊都子は渋谷の別邸で「つみ草」などをしてくらすようになる。

四月二九日、皇太子嘉仁《よしひと》の長男が生まれた。迪宮裕仁《みちのみやひろひと》、のちの昭和《しょうわ》天皇である。

午後十時、東宮妃殿下、御分娩《ぶんべん》。親王御降誕。（明34・4・29）

今日は畏《かしこ》くも親王殿下の御命名式に付、午前十時、当宮様御出まし。青山御所へ御いで。つゞいて宮中豊明殿《ほうめいでん》にて御《ご》祝酒《しゅくしゅ》の事。午後一時ころ御帰り。

けふは午前十時、青山練兵場にて祝砲百〇一発、日比谷の原にては花火打揚、大賑《にぎわ》ひ。ことに端午《たんご》の節句に*招魂社《しょうこんしゃ》の御祭り、色々まじりて市中大賑ひなり。（明34・5・5）

伊都子の出産も、裕仁誕生と同じ年であった。医師や産婆がつく。

午前四時ころより、いつ子少々腰痛にかゝり、しづかに床につく。いたみ、ます〳〵はげしくなる。それより*高木・産婆などをよびにやりたれば、直《ただち》に十時ころ来る。（明34・10・18）

招魂社　明治一二年、靖国神社と改称される。伊都子は改称後も「招魂社」と表記していた。

高木　伊都子の担当医。浜田と二人で担当した。

けふは又々しぐれて寒し。火《ひ》鉢《ばち》入れても六十*度にならず。午前十時、高木・産婆両人来る。診察の事。（明34・10・27）

六十度　摂氏一五・六度。

レースのドレス　明治36年12月。22歳。長女方子を出産し、夫の守正はパリに留学中であった。

一一月、臨月にはいり、無事に出産する。

夜の食事もおいしくしたり。午後七時ころ湯に入、それより少々下りもの有。しかし、おきてゐたり。八時いぬる。又々十時ころ下り、又十一時半ころより少々腰いたみたれば、医者・産婆等迎へたり。それより二時ころより非常にいたみはげしくなり、宮様は二階に御うつり被遊《あそばされ》、御寝被遊る。（明

34・11・3）

昨夜よりひきつゞきいたみはげしく、午前七時四十分に分娩。女子。非常に安産なりし。同八時半ごろ後産も無事にすむ。其後は別にかわりなく、こゝちよろし。午後、浜田かへる。（明34・11・4）

別にことなく、日々よろし。気分もかわりなし。けふは全身ふき湯し、ふとんもとりかへたり。本日より一人看護婦増、都合《つごう》三人。（明34・11・7）

ローブ＝モンタント　婦人用礼服で、襟が高くせりあがっているところからの名称。

この年の日記の一二月一〇日の欄には、「本日、開院式より還幸の途中、聖駕《せいが》に向って、田中正造《たなかしょうぞう》直訴す」とある。田中は代議士として、足尾銅山の害毒のため渡良瀬《わたらせ》川流域の田畑が不毛の地となり、農民たちが生活苦にあえいでいることを、訴えてきた。しかし政府は、鉱山側を保護し、措置をおこたった。あまりの窮状に、上京して被害を訴えようとした農民たちは、警官隊にとりおさえられてしまった。田中はついに直訴という手段にでたが、狂人の行動として相手にされなかった。

宮様の夢

守正と伊都子は仲むつまじかった。陸軍士官学校の教官として公務に多忙な守正であったが、週末は伊都子とともに渋谷の別邸でくつろいだ。日記には家族三人の平穏な日々の記事がならぶ。

しかし、方子《まさこ》が生まれて一年半後の明治三六年（一九〇三）三月、守正はフランスへ留学することになる。四年の予定であった。三月二八日、横浜より出港。方子が幼少のため、伊都子は日本に残る。日記には、留学決定から出発までの、晩餐会《ばんさんかい》や挨拶《あいさつ》回りの記事が綴《つづ》られている。

天気うらゝかにて風もなく、午前七時、新橋発にて宮様いよ／＼御出発。新橋まで御奉送の御方人、上下凡《およそ》五百余人、御にぎ／＼しく横浜へならせられ、つゞいて桟橋《さんばし》へ行。それ

鍋島本邸前にて　前列中央が直大と伊都子。その右に母の栄子。後列の左から３人目に、佐賀出身の大隈重信の顔がみえる。

より一同、船中食堂へ集り御祝盃（シャンパン）をあけ、めで度《たく》、同九時しづ〳〵と御発船。われ〳〵は御船のかげのみえぬまで桟橋にゐ、同九時四十分、横浜発にて帰京したり。（明36・3・28）

ところが、この日の夕刻、伊都子は発熱する。

午後六時過、いつ子、少々不快に付、早々寝る。発熱す。八度。此夜、発汗。夜《よ》る中《じゅう》、たへ間なく宮様の夢のみ見る。（明36・3・28）

多忙なためか、宮家という格式におさえられてか、出港前に、伊都子は素直な感情を守正に伝えられなかったのだろう。さらに、翌二九日にはこう記した。

いつ子、けふも同じく、熱下らず。全くインプルエンザーにかゝりしものなり。曇《くもり》。此夜、宮様と一緒に御湯に入りし夢をみる。（明36・3・29）

日露戦争

日露開戦

北清事変

明治二七年、（一八九四）の日清《にっしん》戦争当時、伊都子《いつこ》は一三歳であった。幼少だったためか、伊都子が残した日清戦争の記録は簡潔で、その歌集にある「大づゝの　けぶりのうちに　もろこしの　舟のしづむぞ　うれしかりける」という歌が目をひく程度である。

『永代日記』には、「明治二十八年　日清戦争昨年より引続き、やうやく平和になる」とある。この『永代日記』には重要事項記事索引があり、そこには「明治二十五年七月九日　鍋島《なべしま》家へ両陛下行幸啓《ぎょうこうけい》。二十七年七月日清戦争始める。二十八年八月平和。二十九年　梨本宮《なしもとのみや》様と縁組」とのみある。

『宮様の御生ひ立から御一生あらまし』には、「明治二十七年、見習士官として広島の十一連隊に入らせられる。こゝでも色々逸話あり。この頃《ころ》、日清戦争」とだけある。

このように日清戦争の記録は少ない。しかし、朝鮮半島や中国大陸を舞台にくりひろげられていた戦争の銃声と砲火は、伊都子の日々の日記に見え隠れしている。

日々の日記によれば、明治三三年七月一日、赤十字社の看護婦たちが清《シン》国の太沽《タークー》へむかうので、伊都子の母栄子《ながこ》はそれを見送っている。この前年、中国大陸では列強の侵略に攻撃をくわえようとする義和団《ぎわだん》が、山東省《さんとう》を中心に蜂起《ほうき》し、この年六月には天《テン》津《シン》や北京《ペキン》にはいった。このため、英仏露米伊日の軍隊が太沽から北京に出兵。七月六日、山県有朋《やまがたありとも》内閣は二万二千人の派兵を決定し、一四日に日本軍を中心とする列強の連合軍二万人が天津を攻略する。八月一四日、連合軍が北京を占領して義和団事件は鎮圧された。北清《ほくしん》事変である。太沽にむかった看護婦たちは、日本をふくむ連合軍兵士の治療や慰問のため派遣されたのである。

また、同年七月一一日、女官の北島いと子（旧佐賀藩士の娘。かつて母栄子の侍女であった）が伊都子を訪ね、翌一二日、皇后美子《はるこ》の使いとして、義和団事件の連合国側負傷兵を迎えにでる旨《むね》を告げている。さらに一六日、母栄子は赤十字事業の創始者佐野常民《さのつねたみ》を訪問し、翌一七日、赤十字社篤志《とくし》看護婦人会の総代として、兄直映《なおみつ》らと横浜にドイツ兵を見舞う。

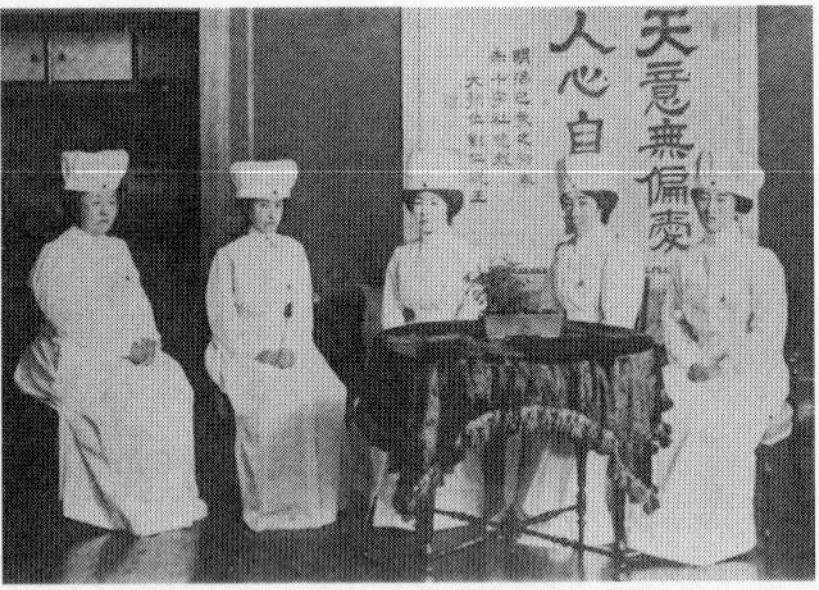

篤志看護婦人会　日本赤十字社内にあり、皇族・華族の夫人たちが中心となって活動した。右端が伊都子、左端が母の栄子。

負傷兵へ御み舞として御持参の品は、将校へ絹ハンケチ半ダース入一箱づゝ、兵卒へ同三枚入一箱づゝ。（明33・7・17）

翌、明治三四年二月二四日には、出征兵士や遺家族の救護活動にあたるため、愛国婦人会が設立された。近衛篤麿《このえあつまろ》や大山巌《いわお》夫人の捨松《すてまつ》などが後援し、初代総裁には閑院宮《かんいんのみや》妃智恵子《ちえこ》がなった。

創設者は、奥村五百子《おくむらいおこ》である。奥村も佐賀の出身で、唐津の東本願寺派の僧侶の娘であった。奥村は義和団事件がおこると、東本願寺を説得して慰問団を派遣させ、みずからも慰問に加わり、帰国すると、愛国婦人会をつくったのである。

日本赤十字社の活動　上は日比谷公園内での総会。壇上の洋装婦人が皇后美子。左へ赤十字社社長の松方正義、軍装の閑院宮載仁。地方から多くの会員が上京して参集した。左は、白衣の伊都子（左）と妹信子。

日本赤十字社

日本赤十字社の母体は、明治一〇年（一八七七）設立の博愛社である。博愛社は、パリ留学中に赤十字社を知った佐野常民が、西南戦争の傷病者を「敵人の傷者」をもふくめて救護するため、三河《みかわ》奥殿《おくどの》藩主であった大給恒《おぎゅうゆずる》らと組織した。その後、明治二〇年に日本赤十字社と改称し、佐野は初代の社長となった。

日本赤十字社は皇室と密接な関係があり、毎年おこなわれる本社での総会には、かならず皇后が出席した。総裁には皇族がなり、初代総裁は有栖《ありす》川宮熾仁《がわのみやたるひと》であった。明治天皇の皇后美子《はるこ》にちなむ昭憲《しょうけん》皇太后基金など、皇室からの財政援助もあった。また戦時の繃帯《ほうたい》巻や傷病兵慰問などは皇族妃の仕事であった。

伊都子が赤十字社の活動に関与した記事は、明治三三年五月四日にあらわれる。

　午後一時半より篤志《とくし》看護婦人会。今日は病院*の方へ行。相かわらず、君様がたもならせられ、四、五十人と華族女学校*卒業生も来り。二時より、こうしゃく。三時より、今日は病院ゆへ、実ちの方との事に、せりょう室に皆々行。はじめは乳癌《にゅうがん》をきりとりたるの後、三週間にて繃帯《ほうたい》まきかへとの事。大分ひどき事なり。其次は男にて、うでの骨にうみをもちたるを、きりたる。これは四週間の後まきかへ。其次は急性はいゑんを、をんじゅほう*する也。（明33・5・4）

病院　赤十字病院。広尾に所在した。本社は旧飯田町六丁目。

華族女学校　学習院女子部の前身。永田町二丁目、現在の衆議院議長官舎の地に所在した。

をんじゅほう　温柔法。胸に湿布して体温を下げる方法。

かなり具体的な治療法を学んでいたことがわかる。

鍋島一家は、この年の七月は大磯別邸、八月は日光別邸ですごした。しかし中国大陸の戦雲は、避暑中の伊都子にもおよんでくる。七月二二日、鍋島直大《なおひろ》と栄子《ながこ》は赤十字社の船を見送るため、大磯から横浜に行く。そして、八月一四日、列強の連合軍が北京を占領し、義和団事件は鎮圧される。この知らせを、伊都子は滞在中の日光で聞く。伊都子は、八月一五日の日記の上欄に、大きく「北京陥落　萬歳々々」と記した。明治三三年一一月に結婚した伊都子は、翌三四年二月一五日、梨本宮妃としてはじめて赤十字篤志看護婦人会にでる。夫の守正は九段坂の偕行社《かいこうしゃ》（陸軍の扶助親睦団体）へ行った。

伊都子は、赤十字社で、かなり具体的な教育をうけている。

赤十社にては、はじめ実地演習。*交衣換褥《こういかんじょく》法・浴法・塗《と》擦《さつ》法・按摩《あんま》法。其後は外科病室を廻見。（明34・3・15）

交衣換褥法　衣服を替え、寝床を敷きかえること。

無事に長女方子《まさこ》を出産した翌明治三五年二月七日、久しぶりに赤十字社のことが記される。この日、「本日の講義は凍傷・凍瘡《とうそう》・凍死」「産後初めて月経来り」と付されている。三月七日の例会でも「けふは溺没《できぼつ》・溺死《できし》（溺没仮死）・窒息・窒死（窒没仮死）の御話しに8字帯・X帯」とある。四月四日には「吸入法・点眼法・注入法・灌《かん》注《ちゅう》法・灌腸法・注腸法」を学び、五月一六日には、「看護人の救急タンカ造り。其後、看護婦のタンカ運動など」をおこなった。六月二〇日には「いつもの如《ごと》く御話し。後、別家にて繃帯交換をみて」帰り、九月一九日には「窒息の講義と下顎帯《かがくたい》」とある。

翌明治三六年六月一七日、伊都子は看護学修業証書を受領した。

「何といふても露国は大国」

明治三五年（一九〇二）一月二四日は寒い日だった。伊都子の日記には「けふは朝より一ばんひへつよし。火鉢《ひばち》ありて四十二度（摂氏五・六度）」とある。翌二五日にも「けふも寒し。火鉢にて四十二度」とある。

この日、青森では第八師団が八甲田山《はっこうださん》で雪中行軍を実施し、参加二一〇人中一九九人が凍死する惨事があった。この八甲田山雪中行軍は、ロシアとの戦闘を意識した耐寒行軍演習の一環としておこなわれたものであった。この遭難事件から二年後、満州や朝鮮の利権をめぐって、日露戦争が勃発する。

日露戦争は、明治三七年二月八日の旅順《りょじゅん》港夜襲によって、軍事行動が開始された。宣戦布告は二月一〇日。旅順をめぐるはげしい攻防の後、一二月五日、日本軍は二〇三高地を占領。翌年一月一日、旅順は陥落した。さらに奉天《ほうてん》会戦や日本海海戦を戦いぬき、日本軍有利の情勢のなか、講和が結ばれた。この結果、日本は南樺太《カラフト》の領土、満州の利権、朝鮮の単独支配権などを獲得した。

日露戦争は、伊都子《いつこ》が宮妃となって、はじめて経験する対外戦争であった。しかもロシアは、清国《シン》とは異なって帝国主義列強のひとつであり、「欧州の大国」との戦争という意味で、伊都子の緊張度も高かった。『日露戦役に関したる日記』にはこうある。

　五日午後、赤十字社本社へ例会に付、行。此日《このひ》、もしもの時のためとて、戦時に於《おけ》る規則定めらる。夕、号外来り。いよ〱談判破裂との事。陸軍動員令下る。人心、大にさわぐ（近衛*・第二師団*・十二*）。（明37・2・5）

近衛　近衛師団。東京。師団長長谷川好道中将。
第二師団　仙台。師団長西寛二郎中将。
十二　第一二師団。小倉。師団長井上光中将。

「もしもの時」とは戦争勃発を意味する。「近衛・第二師団・十二」とは、動員令の下った第一軍（軍司令官黒木為楨《ためもと》大将）を構成する師団名である。また『戦役に関する記事』には、つぎのようにある。

　明治三十七年の一月もはや終り、寒中の寒さいやが上にも加はりつゝある二月、先ごろよりさま〲のうはさは、きゝいたれども、女の事とて立入たる事もきかず、只《ただ》、日露の風雲おだやかならず、談ぱんのいかんにより、何時国交断絶するやも、はかられず。

万一戦争となれば、国をこぞって、たゝかふかくごをしなければならず。宮様は今、仏国*にて御勉強中。戦争となれば御帰朝にもなり、戦《いくさ》のにはに御出ましの事もあらん。どうなる事にや。只々、内心あれこれと考えるのみ。

赤十字社あたりでは、それとなく戦時の用意をしてゐるし、何となく世の中がさわがしく思はれてゐた。

さらに二月五日、伊都子は、開戦への決意を綴《つづ》る。

九段のあたり何となくそうぞうしく、何かと思へば、はや本日、動員令は下され（近衛・仙台・小倉）、半日の内に馬舎は建つ。召集に応じた兵は集るし、すはや大事もおこり来れるかと、いよいよ決心をした。号外の鈴の音は、かしましくするし、往来の人々も俄《にわか》に引しまりたる様に思はれる。

仏国　守正は、明治三六年三月に渡仏していた。

何といふても露国は大国。前の清国とは大へんなちがひ。欧州人と戦をするのは、はじめて。どうか都合《つごう》よく勝てます様にと、只々、神々に祈るほかない。それにつけても天皇陛下の御心配は、いかばかりであろうか。只々、恐多いきわみである。

市中は、緒戦の勝利に湧《わ》いた。

次々と*大勝利の報は来りて、市中は国旗をかゝげて萬歳々々。ぐづ〳〵してゐたら、はねとばさるゝほどの勢ひなり。

日本赤十字社の意気ごみも、なかなかのものであった。

赤十字社にても陸海軍への為《ため》、看護婦人会にても、皆々出来るかぎりのしごとをしてと相談の末、とりあへず繃帯《ほうたい》を巻

次々と　二月八日、九日の仁川沖や旅順港外での戦闘にかんする戦勝報告。

き、いくらでも入用に応じ出す様にせんと、木綿《もめん》はなるべく各所より寄付をたのみ、どん〳〵はたらく。

いつ子も、ひまあるごとに午前十時ころから病院に行き、繃帯を巻く。三十人位の人数でも、一日七百五十巻ほど出来た。

かゝる事は、一時のことにてはあらず。何事も出来るだけつゞけなければといふので、婦人会の方でも、只、大勢がどや〳〵出てきても、あとがつゞかぬから、人をきめ、交代にて、かゝさず出る様にとの事で、それからは其番にあたったら、なるべく出席して長つゞきのする様に、一同約束をする。

この年の伊都子の繃帯巻きは、「巻軸繃帯製造に出席度数、二月廿日より十二月十四日迄(但し、四、五、八、九月は休)、三十回」であった。

傷病兵慰問

傷病兵の慰問も重要な仕事であった。明治三七年(一九〇四)、日露戦争開始後の

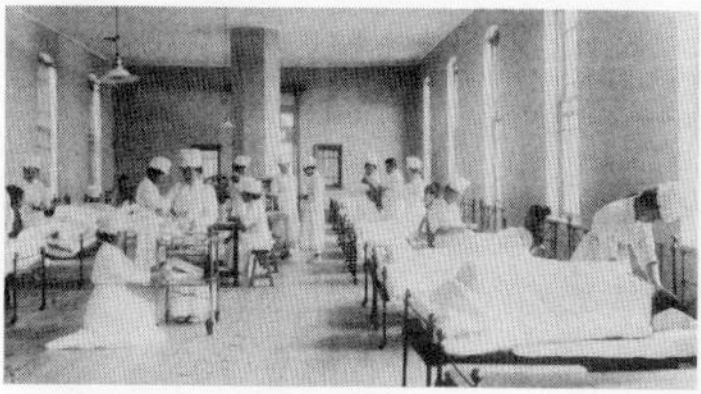

日露戦争時の会服姿の伊都子（右）と病院内部
伊都子は篤志看護婦人会員として、繃帯巻きや傷病兵慰問など精力的に働いた。伊都子の見舞った患者には重傷者も少なくなく、「大分大胆になった」とみずから記している。病院内では西洋式の医療も浸透した。

日々の日記には、夏の暑さのなか、傷病兵を慰問する伊都子ら皇族妃たちの姿が描かれている。

負傷及病兵等を慰問のため、東京予備病院へ午前八時より行。皆々様御一所。順々にたずね、六百余名。十時より戸山学校分院*へ行、二百余名の病兵をみまひ十一時半ころかへる。（明37・7・18）

けふも又、午前八時より赤十渋谷村病院に於て傷病兵を慰問し、十一時半ころすみ十二時かへる。けふは八百六十一名なり

戸山学校分院　現在の新宿区戸山町に所在した。

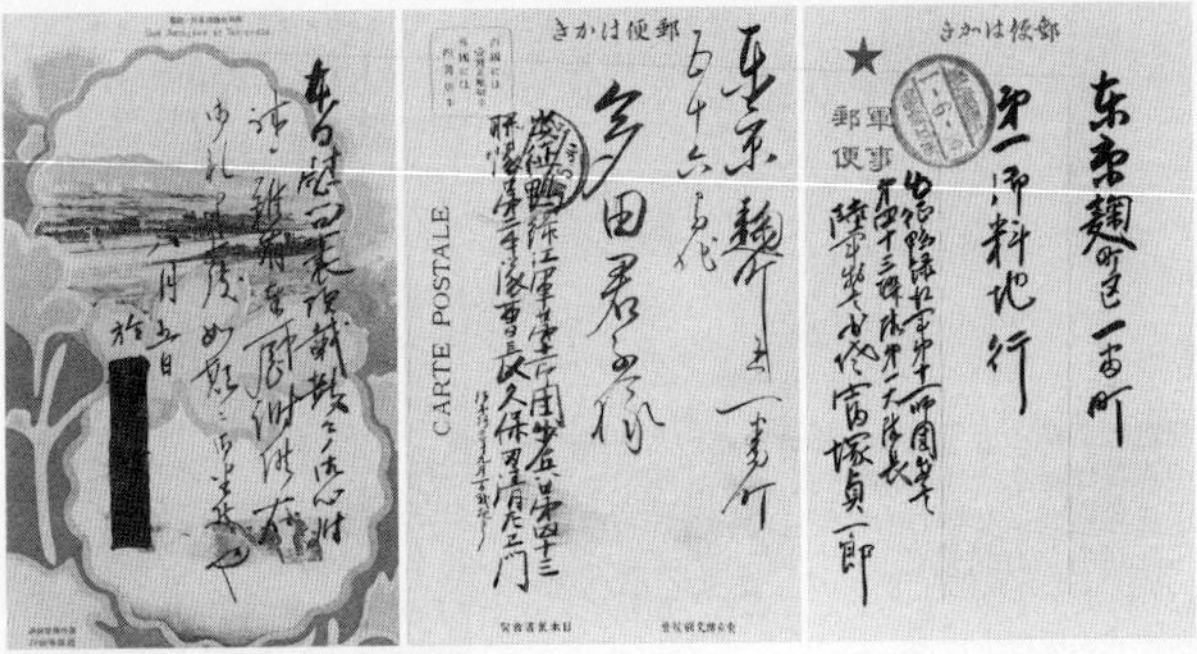

地行」「多田君子様」でとどけられた。「多田」は、守正が幼少のころ正宮（ただき。士官三十名。（明37・7・19）

午後は負傷者着京に付、慰問のため*十五銀行内の休養所へ行。（明37・8・12）

午後一時五十分、又々負傷兵着するとの事故《ゆえ》、*時刻、十五銀行へ行。今日は将校八名、*下士以下八十余名、将校には手づから名刺入をやり、あとは扇をやる。（明37・8・16）

遼陽《りょうよう》占領（午前七時）。午後二時、十五銀行へ

十五銀行　華族が出資して設立した銀行。新橋駅前にあった。

時刻　その時刻に、の意。

下士　下士官。

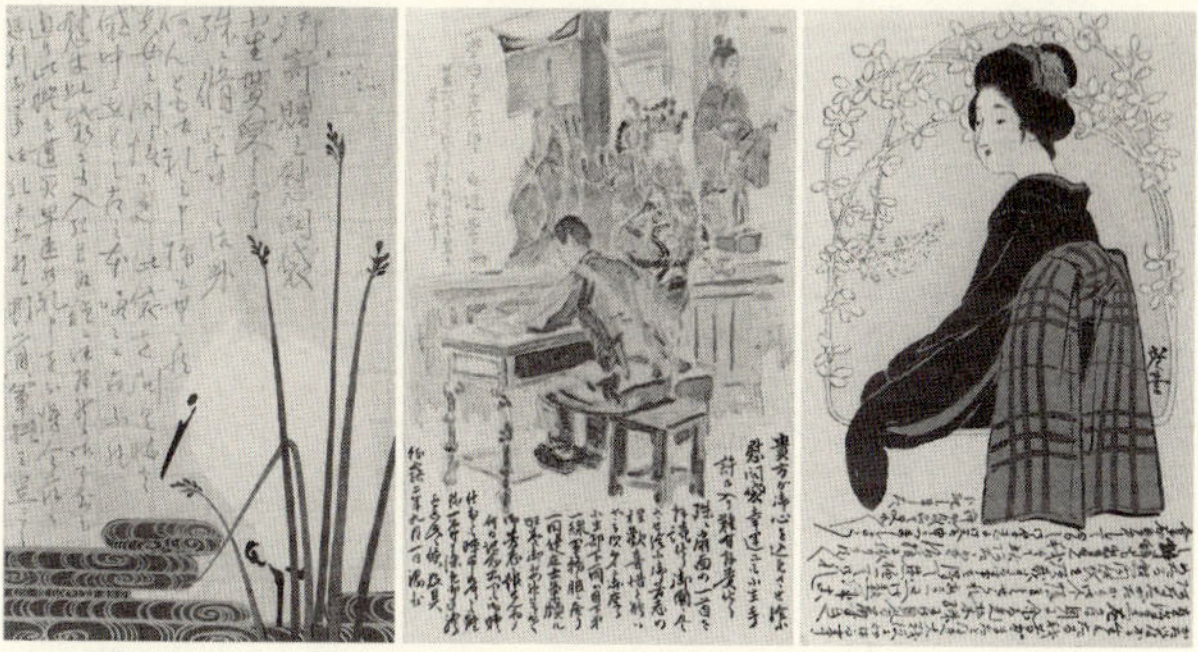

お礼の手紙　伊都子からの慰問品をうけとった兵士たちからのもの。「第一御料
のみや）と名のったことによる。

行、患者を慰《い》す。将校三名、下士卒二百五十余名。（明37・9・4）

『日露戦役に関したる日記』にも、この年の慰問として、「新橋患者休養所へ出席度数、八月十二日より十二月十七日迄《まで》、十六回」「患者用白帽子・ネル・キャラコ、寄付高四百十六個」「患者慰問の為《ため》、書籍雑誌類、三十冊」とある。日露戦争開始後の銃後活動については、『戦役に関する記事』にくわしい。

病院の繃帯《ほうたい》巻もいそがしくなり、いつ又、*病院の慰問も度々となり、何かと用多く、家

いつ　伊都子。

にて案じるひまもなく、気も引しまり、何でも御国の御役にたてばよしと、只々、一生懸命はたらく。

なほ、各兵隊が持つ為、小包繃帯*なるもの、それをどしどし作らねばならぬ故、陸軍省よりの依頼により、赤十字社でこしらへる事になり、われ〳〵も出来るだけ多く作らんと、一同一生懸命に朝早くより夕方まで、まづ昇汞《しょうこう》*ガーゼ四枚をたゝむもの、それをパラヒン紙で包むもの、そして三角巾《さんかくきん》にて上を包み、安全針にてとめ、手の内ににぎれる様な大《おお》さにする。これを箱につめてどん〳〵陸軍省へ送る。

第一回は、すでに七月二十七日納め、三万個。八月八日より第二回にかゝる。

其内に旅順《りよじゆん》方面からどし〳〵負傷兵帰る。又、東北の兵は一時東京にて降り、休みてさらに上野駅より還送するに付、新橋駅前十五銀行の一部をかり、テント張にて赤十字社出張所をもうけ繃帯の交換など手あてをする事になってゐる。

一々今日は何人着、今日は重傷者何人と知らせてくるので、

小包繃帯　応急処置のための携帯用消毒ガーゼ付三角巾。

昇汞ガーゼ　塩化第二水銀を含ませたガーゼ。消毒用。

其時々交代にて、われ〳〵も慰問に行く事になつて、この方へも時々行く。

篤志看護婦人会の人々も、中々一生懸命あちらこちらと、はたらく。しかし少しもつかれる事などない。只々兵隊はお国の為にたゝかふ故、せめて女どもは、其人々をなぐさめてやらねば、と心を合せて慰問につくす。

其間々には、慰問袋、われ〳〵の家でも一同、次の人といへども、少しでも御国の為にはたらく兵隊の為にと慰問袋など中々多く作る。又ある時は、烟草《たばこ》なども寄付する。

明治三八年になると、重傷者や凍傷者がふえている。『戦役に関する記事』には二月ごろの状況として、こうある。

此ごろ還送されてくる患者は、重傷者か又は凍傷者にて、実に気の毒なのが多い。手足の指がぽろりとおちたのや、全くなくなつてゐたり、何ともいへぬあはれさ。それを一々繃帯をかへてやる。何とはなしに涙が出る様である。

各分院に居る傷病者は、ます〳〵人数が多くなるばかり。繃帯製造に行った時、それ〳〵分けて慰問をする事にしてゐるが、中々まはりきれない。

篤志婦人会の人々も中々よくはたらく。時としては、本職の看護婦が中々たりない時もあるので、手術場へ行き、皆々とともに手伝ひ、半日位過す時もある。しかし、此戦争で色々のおそろしいけいけんもつき、ひどい負傷のあともみて、大分《だいぶ》大胆《だいたん》になった様におもはれる。

三月一〇日、日本軍は奉天《ほうてん》を占領した。奉天会戦では日本軍約二五万人が従軍し、死傷者は約七万人といわれる。

伊都子は帰国した重傷患者の慰問をする。

奉天占領の祝捷《しゅくしょう》の旗行列など日々あり。方子もみに行き大よろこびであった。

大負傷の人々も中々多きが、中に奉天戦の前よりぞく〳〵かへる将校あり。赤十字本院の方へも将校多く入院したり。時々入院の人々を慰問しながら、おもき人々には、只自分の志にて花とか何か少しづゝくばりゐたるに、四月五日、将校特別室に森といふ軍医あり。これは両眼とも貫通銃創《かんつうじゅうそう》にて、少しもみえず。急にカンもはたらかず、こんなでしたら戦死した方がましですと、くやんでゐる様《さま》は、実に気の毒とも何ともいひあらはされぬさま。

私は時々なぐさめの言葉をやり、口に合ふ菓子などもって行ってやってゐたら、度々になると、もう声をおぼえて（だれか、あの方は妃殿下であると知らせたらしい）ちゃんと敬意を表してくれる。又、おもしろい本などもって行って、少し時間よんでやって、あとは又、看護の人によんでおもらひなさいといふて、かへってきた日もある。

傷は全快しても身のふり方をどうするでせう。此人は大分《おおいた》県の人で獣医*中尉であったが、大分にかへるだろう。

獣医　七兵科四部に区分されていたうちの獣医部。

両眼貫通銃創などの重傷患者は、森獣医のみではなかった。

又々、柴内中尉といふ弘前《ひろさき》の軍人、両眼とも負傷にて入院してゐるので、先の森と同様、時々慰問する。其上又、第三軍*でならした山岡中佐、又々、奉天にて両眼をうたれ入院したよし聞たので、とくまはって、たづねてみた。何といふ、あはれな有様であらふか。

又、其わきの特別室には、間々田大尉とて、あごにも大負傷あり。其他、大負傷にて一時は危篤《きとく》であったが、どうやら全快しそうな人。とてもみら

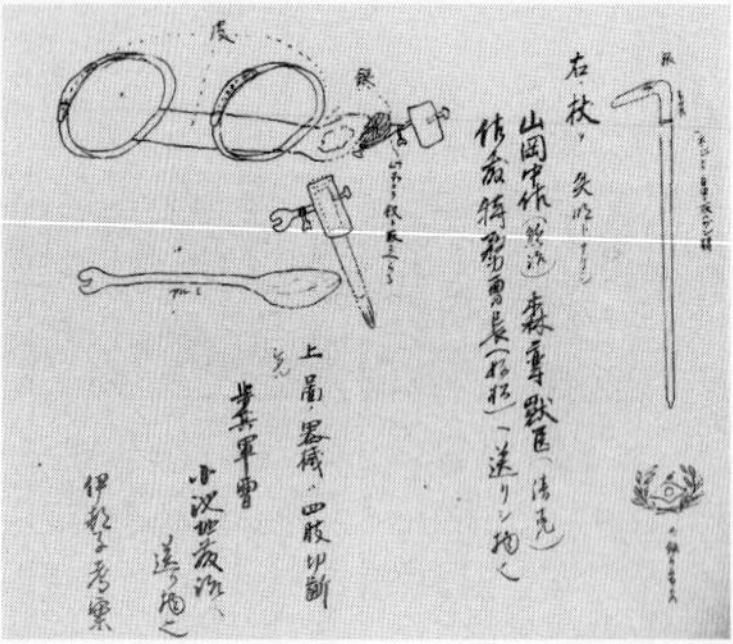

伊都子考案の杖と義手の図　杖は両眼貫通銃創で失明した中佐らに、義手は四肢切断の歩兵軍曹に贈ったもの。

第三軍　司令官乃木希典。二〇三高地攻略戦などで多くの死傷者をだした。

れぬ有様。

『日露戦役に関したる日記』の明治三八年の巻頭には、「伊都子考案」と記された杖《つえ》と義手《ぎしゅ》補助具の図がある。杖の上部には、蔦《つた》の中に日の丸を描いた金具があり、把手はネジで自由に取りはずしができるようになっている。その左側に「右の杖を失明となりし山岡中佐（熊治）・森二等獣医（清克）・佐藤特務曹長（好松）へ送りし物也」と記している。義手補助具は革でできており、先端の部分に匙《さじ》などの道具が取りつけられるようになっており、「上図の器械は四肢切断したる歩兵軍曹小池加藤治へ送り物也」とある。

君死にたまふことなかれ

守正の出征

明治三七年（一九〇四）四月四日、フランスへ留学していた守正《もりまさ》が帰国した。日露戦争出征のためである。前年三月以来、一年ぶりの対面に心はずむ日々であったが、帰国した翌日から慌《あわ》ただしく、守正は「午前九時より御出まし。諸々御まわり被遊《あそばさ》る。

午後三時より東宮御所《とうぐうごしょ》。四時、宮中へ御参内、両陛下へ御対顔、御かへりになる」というありさまであった。

六月一四日、守正出征の沙汰《さた》がでる。そして六月二三日、守正は新橋から広島へむかう。

御機嫌《ごきげん》うるはしく御出発被遊《あそばさ》る。それより直《ただち》に、いつ子は家にかへる。一しほ淋《さび》し。（明37・6・23）

出征する守正　明治37年７月10日、守正は日露戦争に参戦のため広島県宇品から満州にむけて出港した。右は、満州軍総司令官の大山巌。

翌二四日、伊都子は感傷にひたる暇《ひま》もなく、赤十字社の仕事におわれる。二五日、午前五時一〇分、広島より「アンチヤク、デンカ、ゴキゲンヨロシ」の電報がとどき、「一同安心す」。この日も伊都子は病院に行き、小包繃帯《こづつみほうたい》を製造、一〇〇〇個ほどつくって午後五時半帰る、というくらしであった。

皇后は、赤十字社の仕事で多忙な皇族妃や華族など上流婦人たちを慰めようとした

満州の守正　守正の第二軍司令部は十里河（シーリーフー）に駐留、ここで悪性の赤痢に罹り重体となった。

のだろう、七月六日にはアイスクリームなどをとどけさせている。

こうして、七月一〇日、守正は宇品《うじな》を出港する。

午後五時ころ広しまより電報にて、午後四時、宇品御出船被遊《あそばされ》しとの報来る。けふも家に居る。雨降にて嵐《あらし》のごとし。（明37・7・10）

夕迄《まで》、少しも風なく、くるし。九時過より少々ひや〳〵しき風来る。いつ子、四、五日前より少々食欲気進まず、だん〳〵やせるのみなれば、昨日、高木にみせたるに、やはり時候の変化と今迄のつかれとが一所になりしならんとの事故《ことゆえ》、薬をもらひ用心す。（明37・7・14）

守正が出港して四日後、伊都子も疲れがでていた。

翌一五日、守正の大連上陸の知らせをうける。この後、涼しい日と暑い日がくりかえされ、不安定な天気がつづく。そんななかで、伊都子はすぐれぬ体調のまま病院慰問や繃帯製造をおこなう。

九月三日の伊都子の体重は一〇貫《かん》七三〇匁《もんめ》、およそ四〇キロ。この年一月に一一貫二二〇匁あった体重は、四九〇匁、およそ一・八キロ減っていた。

赤痢感染

第二軍司令部付となり満州へ出征した守正《もりまさ》は、明治三八年（一九〇五）八月、赤痢《せきり》にかかってしまう。ちょうど一〇年前の明治二八年に、北白川宮能久《きたしらかわのみやよしひさ》が台湾で戦病死したという事例があるだけに、伊都子の不安はつのった。

守正は一命をとりとめたが、守正の看護兵が感染して死亡するという痛ましい事態となった。『宮様の御生ひ立から御一生あらまし』につぎのようにある。

八月十二日、第二軍司令部より電報にて、同司令部付梨本宮殿下には去る七日より大腸カタルにかゝらせられし旨《むね》、山田武官より申来《もうしく》る。これはこまった事ながら出かけるわけにもゆかず、只々心配するばかり。

其後、赤痢とわかり陸軍省より次々と御容体来る。御重症にて一時は昼夜八十回計《ばか》りの御下痢にて混血若《も》しくは純血便を下し、昨今尚《なお》四十回位の粘液混血便あり。

今さらながら御重体なりしを胸せまる思ひである。常の時ならば直《ただち》に出発して力のかぎりの御看護も申上《もうしあぐ》べきにとくやしく、只々かげながら御案じするばかり。

昔、北白川能久親王が台湾にて御病気にかゝらせられ、転々として遂に彼の地で薨去《こうきょ》あらせられた事ども思ひうかべ何ともいへぬ心もち、只々不安で毎日を送った。

御看護申上た看護卒は感染してたほれ死んだとの事、又其他も同じ病にかゝったよし、実に気の毒であった。

この後、守正は転地療養のため大分県別府温泉にむかい、回復につとめた。

かげ膳

明治三七年（一九〇四）、歌人の与謝野晶子《よさのあきこ》は旅順《りょじゅん》攻略に従軍した弟の身を案じて、『明星《みょうじょう》』九月号に「君死にたまふことなかれ」と題する詩を発表し、話題となった。晶子は老舗《しにせ》の菓子商の娘で、「堺《さかい》の街のあきびとの、旧家をほこるあるじにて、親の名を継ぐ君なれば、君死にたまふことなかれ」と詠《よ》んだ。この詩は、反戦詩あるいは厭戦詩《えんせんし》の代表として、多くの人びとの心に残っている。

伊都子の内面も揺れていた。「かげ膳《ぜん》」をそなえて、夫の無事を祈っていた。『戦役に関する記事』には、夫守正の身を案じる心が記されている。

普通の御留守とちがひ、戦地へならせらるに付、巴里《バリ》御留学とはちがふ故《ゆえ》、翌日より御写真を御床《とこ》の間《ま》にかざり、一日一回は必ず御かげ膳をそなへる（昔から、かげ膳をそなへて御汁のふたをとった時、ゆげでしずくが一ぱいたまった時は、其人の無事であるという事を聞てゐた故）ことにし、只々《ただただ》御無事をいのる。

さらに、梨本宮家廃絶の心配までしている。

それにつけても此戦争がいつまで続くのであらふか。又、いつ何時、どんな大激戦が展開されるやもしれず。司令部も前進又前進と行くが、大戦争となれば、又どんな大砲などもうたれるだろう。宮様をはじめ、司令部員も、どんな場合も考へねばならず、それを思ふと何となく心細い感じもする。

昔から武士の妻は、どんな事があらふと、かなしい顔一つしてはならぬと教へられてゐた。武家の家にそだち、いろいろ昔のえらい奥方や夫人のはなしも云ひきかされてゐたけれども、このごろつく〴〵考へると、今やっと宮様も三十*をこえんと遊ばすところ。大尉として若き将校。家には五つになる方子《まさこ》一人。万一のことがあったら、どうなるのであらふ。

皇族の家は、男子なければ其まゝ廃家となり、只々祭祠*を司《つか》さどる華族の家がたつといふ事。せっかく二代目*をつがせられし此梨本宮家、いかになり行くかと思ふ時、只々胸のい

三十　守正は明治七年生まれで、三二歳。

祭祠…　廃絶した宮家の先祖をまつるため、華族の爵位をあたえられた。たとえば東伏見宮家は嗣子がなかったため、大正一一年（一九二二）六月廃絶となったが、昭和六年（一九三一）、久邇宮邦彦の三男邦英が臣籍降下のさい東伏見伯爵となって当宮の祭祀を引きついでいる。

二代目　梨本宮家二代目は菊麿が継いだが、菊麿はすぐ山階宮に復籍したので、守正を二代目とみなしている。

たむ思ひ。さま〳〵の事ども考へてゐると夜も時々ねむられず暁になる事も度々《たびたび》。しかし又、いくら心をいためたとて戦争はやまず。又、思ふ様にもならず。

アーしかたがない。此世の中、日本中にはもっと〳〵心細い親一人、子一人といふ人も、其子を戦地へ出して居る人も、たく山ある。自分の家の事なんぞ考へてゐることは出来ない。お国の為ならばどんな事でもしなくてはならない。もう〳〵よけいなことは考へますまいと一人問ひ一人答へてくらした日もあった。

夫を戦地に送った妻の心と、武家の娘、皇族妃としての「たてまえ」が複雑にからみあって煩悶《はんもん》していた。母としての気持ちも綴《つづ》られている。

あまり子供もかはいそう故、時々は新宿御苑《ぎょえん》・芝離宮《しばりきゅう》など、めだたぬ所*へつれて行き、終日、愉快に遊ぶ事もある。

しかし、其時〳〵の事を子供はするもの。だれも教へなく

*めだたぬ所　当時、一般の人びとは新宿御苑・芝離宮に、はいれなかった。

とも、女の子といへども、毎日〳〵兵隊さんの遊びばかり。旗をもって歩いたり、号外屋のまね。少しもしづかな遊びはしないで、号令をかけたり、そんな事ばかりする。どうも、しかたがないもの。

又、戦争でもおさまって、世の中がしづかになったら、又、する事も静かな遊びをするだろう。マア今は世につれるよりしかたがないと思ってゐる。

明治三九年一月一二日、守正が赤痢の療養を終えて無事帰邸。

丁度《ちょうど》御玄関に御馬車がついたせつな、方子《まさこ》は国旗を手にもち、萬歳といふたので、一同涙をながしてよろこぶ。御病気がなくとも、あけくれ心にかゝりし戦地の事、其上に御重体と伺ひし時のおどろき且《かつ》心痛、何をしてよいか自分の心の内もわからぬ様であったが、其御病気も幸に良好な御経過で、今日、司令官*共々御凱旋《がいせん》遊ばした事を考へると、もうこれで

司令官　第二軍司令官奥保鞏（やすかた）。

安心と思ったせいか、ポーとなった心地してしまった。

「日のみはた」

伊都子の心の奥底には、与謝野晶子《よさのあきこ》と共有できるある種の感情が流れていたようだ。しかし、武家の娘であり皇族軍人の妻であった伊都子は、気丈な女で、日露戦争中は銃後協力を惜しまず、繃帯巻《ほうたい》や傷病兵慰問の先頭にたった。晶子とは、もともと戦争にたいする意識がちがっていたのである。伊都子は天皇のために戦う人びとの姿に感激する。

日本人といふもの、どうしてこんなに強いのであろう。お国の為《ため》、天皇陛下の御為となると、どんなはたらきでもする兵隊。其兵隊自身もであるが、又、其親なり、兄弟姉妹も、どんな山間の人といへども、お国の為ならば、充分なはたらきをしてくれ、家の事は、われ〳〵がどうでもするから、おまへは家の事など思はず、只々天皇陛下の為、手がらをして、充分はたらいてくれといふ様なはげましの手紙や、出征する時のわかれの言葉であるから有難い。

此大和魂《やまとだましい》のあらんかぎりは、わが日本は、どんな国といくさをしても、まけることはないと思ふ。国全体がこぞって、たたかふのである。どうか此心もちを永久にのこし度《たい》ものである。

とにかく此度の戦争のはじまる前でも、はじまってからでも、露国では、一《ひ》ともみに日本をつぶしてしまふものと思ってゐたらしい。又、露国ばかりではない。外の欧米各国人も皆そう思ってゐたにちがひない。しかるに、中々手ごわいし、戦へば必ず日本が勝つ。そして、日本全国民がお国の為とあらば、どんな事でもいとはぬ有様をみては、おどろかずには居られまい。

伊都子は『日露戦役集歌』という歌集も残している。自作の歌を毛筆で一五〇首ほどしたためたもので、「仁川《じんせん》沖にてわが大勝利をきゝて」「第一旅順口閉塞《へいそく》を」「繃帯製造をなしつゝ」「軍神広瀬中佐」などの詞書《ことばがき》が添えられ、日露開戦から講和までの歌物語になっている。

なかには「国のため　君のみためと　のたまへど　こゝろのうちぞ　おもひやらるゝ」という歌もあり、比較的自由な発想で詠《よ》んでいたことがわかる。

とはいえ、「日のみはた　ウラルの山に　おし立《たて》て　君が代うたふ　ときはきにけり」「屍《しかばね》の　やまふみこえて　すゝみ行《ゆく》　やまとますらを　勇ましき哉《かな》」「一度《ひとたび》も　いくさのにはを　ふまずして　うみのもくずと　なりしくやしさ」という一連の歌には、皇族軍人の妻としての矜持《きょうじ》と武家の娘の気丈さがある。「すめらみことは戦ひに、おほみづからは出でまさね」と詠んだ商家の娘晶子とは、生きている世界がちがっていた。

世界の強国

大勝利

旅順陥落

旅順《りょじゅん》が陥落したのは、明治三八年（一九〇五）一月一日。この日、旅順要塞《ようさい》司令官ステッセルが降伏した。旅順をめぐる攻防がはげしかっただけに、世界の強国ロシアを破ったという報告は、伊都子を喜ばせた。とくに新年早々に旅順が陥落し、三日には皇太子妃節子《さだこ》が親王を出産したこともあって、宮中や市中は狂喜した。『戦役に関する記事』には、旅順陥落についての伊都子の感激などが記されている。

明治三十八年の一月ともなり、一日二日はいつものごとく朝拝*の御式に列しなどしてゐると、二日夕、旅順のステッセルは軍使をたて、ついに降伏のやむなきにいたりたる旨《むね》を通

*朝拝の式　新年に参内して天皇に年賀をのべる式。みかどおがみ。

達。旅順要塞を開城するといふ事。其報、一度つたはるや、市中はわくがごときさわぎ。夢かとばかりおどろき、且《かつ》よろこび、あの長い間、十ヶ月*にわたる戦い又たゝかい、いく多の人命をうしなひし旅順が今手に入ろうとは、実におもひもかけぬこと。陛下の御喜び、いかばかりか。それにつけても今までに犠牲になった将士の人々の霊《れい》も、さぞやうかばれる事ならん。二〇三高地*だけでも何百*といふ骸《むくろ》をさらしたといふから、実に夢の様。サア正月ではあるし、国民のよろこび萬歳《ばんざい》〱で大さわぎ。

三日、各宮様其他へ御年始にまはり、久々ぶりによろこびの顔にて食事をしてゐると、午後七時四十分ごろ東宮御所より電話にて、午後七時二十八分、皇太子妃殿下御分娩《ぶんべん》、親王*御誕生あらせられし旨、御通知あり。

アー何といふ御目出度《おめでた》い事であらふ。重ね〱の御よろこび、日本のさい先もよいと大よろこびであった。

四日、早速《さっそく》、御よろこびに参内す。市中は此報にて又々大

十ヶ月　日露開戦は明治三七年二月。正しくは一一か月になる。

二〇三高地　旅順西北の要地。ロシアの要塞があった。明治三七年一二月五日、第三次旅順総攻撃で占領。このころから爾霊山（にれいさん）とよばれた。

何百　じっさいの死傷者は一万七千名。「何千」の誤記であろう。

親王　のちの高松宮宣仁（のぶひと）。

にぎわひ。夜は盛んな提灯《ちょうちん》行列などありて、全市、いな全日本中よろこびにあふれてゐた。

七日には、東京市の祝捷会《しゅくしょうかい》が日比谷公園で催され、二〇日は東京府実業団体の祝捷会が開かれ、旗行列（五万八千人）がおこなわれた。

バルチック艦隊発見

『宮様の御生ひ立から御一生あらまし』には、旅順《りょじゅん》陥落から奉天《ほうてん》会戦・日本海海戦をへて講和にいたるまでの経緯がまとめられている。明治三八年（一九〇五）五月二七日は日本海海戦。翌二八日は皇后美子《はるこ》の誕生日であった。

三月、宮様は*少佐に御昇進あそばさる。*乃木《のぎ》軍も旅順を引上げ、直《ただち》に満州に向ひ各軍とゝもにかこみ、奉天を総攻撃してをるとの通知あり。

三月十日夕、いよ／＼*奉天戦も快報、占領し、*クロパトキン将軍は後退したとの事。それは／＼わきかへる*大勝利で萬

少佐　守正は前年一一月に少佐に昇進した。

乃木軍　陸軍大将乃木希典を司令官とする第三軍。

奉天戦　日露戦争における最大で最後の陸戦。一日から七日まで戦線は膠着状態

日本海海戦勝利の絵ハガキ　日本海海戦１年後の、明治39年５月27日の海軍記念日のスタンプが押されている。上は東京のスタンプで、肖像は明治天皇と東郷平八郎。「皇国の興廃」が「The fate of the Empire」と英訳されている。右は横須賀のスタンプ。

歳〳〵。

露軍は後の兵力もこないので、満州はしづかになつたので、いよ〳〵バルチック*艦隊をくり出し、大まはりして印度《インド》洋から日本海に入り浦塩*へ向け出発といふ知らせに毎日の報をまつてをる。

五月二十八日、皇后陛下御誕辰にて、一同御祝詞申上てをる時、海軍省より快報。いよ〳〵昨二十七日、対馬《つしま》沖にバルチック艦隊を

であった。
クロパトキン将軍　極東軍総司令官。
大勝利　じっさいは日本軍も限界にきており、ロシア陸軍に決定的打撃をあたえることができなかった。
バルチック艦隊　バルチック海所在の艦船で編成したロシアの太平洋第二艦隊。
浦塩　ウラジオストック。

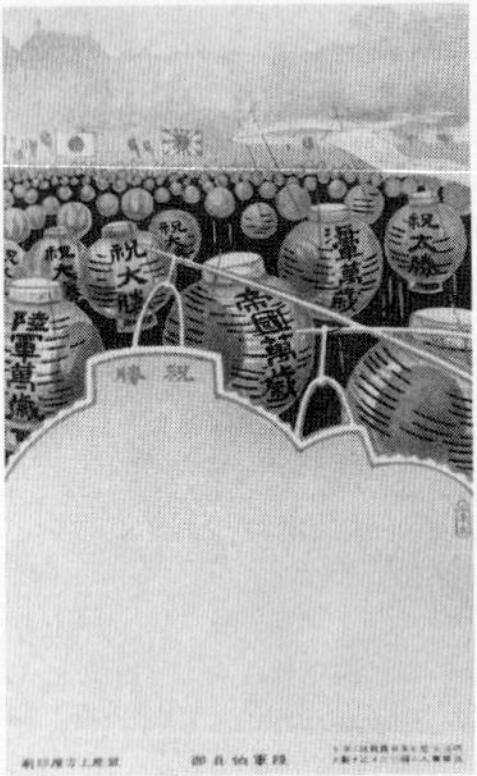

祝勝の絵ハガキ　上は、日本海海戦勝利を伝える『萬朝報』の記事に、伊東祐亨（すけゆき）・東郷平八郎らの自署を付したもの。『萬朝報』は日露開戦前に非戦論の立場をとっていた。左は、大勝利にわく市中の提灯行列を描いたもの。従軍軍人に配った。

発見、*東郷艦隊はこゝでくひとめ大海戦の末全滅させ、二、三の艦は浦塩へにげ去ったとの報に一同よろこびに涙こみ上げ、このよい日に御目出度《おめでた》いとシャンペンを上げて萬歳をとなへる。

名高い、天気晴朗なれども浪高し。なほ*三笠艦上にはZ旗上り、皇国《こうこく》の興廃此《この》一戦にあり、各員一層奮励努力せよの信号が上った。まづこれで戦争も終っ

東郷艦隊　海軍大将東郷平八郎を司令官とする連合艦隊。

三笠　連合艦隊の旗艦。

たらしく、しかしまだあとしまつがつくまでは皆々とゞまる。

もっとも日々の日記によれば、伊都子が日本海海戦の勝利を知ったのは皇后誕生日の翌日である。五月二七日と二八日に、戦捷の記事はない。

バルチック艦隊と東郷艦隊と対馬沖に於《おい》て出合たりとの事。（明38・5・27）

午前十一時参内、祝賀言上。いまだ御仮床《おかりどこ》中に付、拝賜《はいし》なし。*典侍《てんじ》より申入後、豊明殿《ほうめいでん》に於《おいて》、御祝酒頂戴《ちょうだい》。十二時前退出す。天気快晴あたゝかし。

海戦だん／＼御都合よろしきよし。（明38・5・28）

二九日になってはじめて、「号外来り。みれば対馬沖の海戦、我軍大勝利。敵艦ほとんど全滅との快報に接す。萬歳々々」とある。

典侍　最高位の宮中女官。

大勝利帯留

旅順陥落以後の戦捷で、宮中や市中が喜びにわいているころ、「大勝利帯留《おびどめ》」「大勝利紙入《かみいれ》」など、「大勝利」という言葉のついた小物が流行した。伊都子はこれらを来客に配っている。

戦捷で景気がよくなったのか、この年の日記には親類縁者間の贈答品が頻繁《ひんぱん》に記されており、そのなかに以下のような記事が散見できる。

大勝利帯留をさし上る。（明38・1・19）

大勝利紙入。（明38・1・30）

大勝利ふくさ、同しほぜ*紙入れ。（明38・2・5）

記念勝利のボタンをやる。（明38・4・21）

大勝利記念ボタン（カフス）をやりたり。（明38・7・30）

祝捷会もつづく。たまに雨で中止となることもあった。「お祭り好き」の伊都子は、祝捷会の中止がよほどつまらなかったらしく、わざわざ日記に書いている。

*しほぜ　羽二重ふう厚地の織物。

けふは祭日*に付、東京実業団体の奉天《ほうてん》占領祝捷会にて、旗行列するとのゆへ、各宮様と申合、二重橋へ行つもりでゐたるに、あやにく雨でやめとの事なり。しかたなし。終日家に居る。夕より又々雨なり。けふはつまらぬ大祭日なりし。（明38・4・3）

旗行列があるとの情報を聞き、みずから出むいたこともある。

今日の砲兵工廠《こうしょう》職工の祝捷旗行列あるを聞《きき》たれば、桜田《さくらだ》門より入りみたるに、丁度《ちょうど》今、二重橋前にくり出しゐたる最中故《ゆえ》、しばらく横に馬車を留め見物し、萬歳をとなへたる後かへる。実に見事なる事。（明38・4・16）

五月四日には、靖国《やすくに》神社で戦死者臨時勅祭《ちょくさい》があり、伊都子も参拝している。

*祭日　神武天皇祭。四月三日は神武天皇の命日とされる。

日比谷焼打ち事件

明治三八年（一九〇五）九月五日、日露講和条約が結ばれた。この日、憲政本党の河野広中《こうのひろなか》、黒龍会系の頭山満《とうやまみつる》らが日比谷公園に国民大会を開いていたが、講和条約の内容に不満をもって集まった民衆は、警官と衝突し、国民新聞社や内相官邸・キリスト教会・警察署・交番・派出所・電車などを襲い、放火した。いわゆる日比谷焼打ち事件である。戦争による増税や物価高への不満が、右翼政治家たちの挑発によって暴発したものであった。

けふは平和条約同盟国民大会を日比谷公園にて催すはづなりしに、いかなる事にや、同会を禁止せしより大さわぎとなり、国民おこり出し、各所にさわぎおこり、火事が出るやら大そうどう。夜更《ふけ》るまで、しづまらず。（明38・9・5）

又々、国民さわぎおさまらず、諸火事おこり、さわぎ也《なり》。（明38・9・6）

昨日、かい厳令*発布されしため、少しはおさまりたり。（明38・9・7）

かい厳令　戒厳令。九月六日発令。天皇大権のひとつで、軍隊の力で秩序回復をはかろうとしたもの。関東大震災や二・二六事件のときにも発せられた。

国民の暴状、少しはやみたれども、いまだにさわがし。しかし火事等の事はなし。（明38・9・8）

凱旋

明治三八年（一九〇五）一〇月二三日、日本海海戦で英雄となった東郷《とうごう》平八郎《へいはちろう》大将らが凱旋《がいせん》した。

けふは東郷大将以下凱旋に付、午前九時半より海軍省へ行（方子《まさこ》・*マス・*シュン）。門内の桟敷《さじき》にて、*内親王殿下御はじめと御一所に迎ふ。やがて花火打上、皇祝砲等にて、しづ〳〵

凱旋門 神田・万世橋に建てられたもの。門をくぐる市電や車を引く庶民がみえる。

マス 梨本宮家老女林マス。
シュン 梨本宮家侍女近藤春。
内親王殿下 常宮・周宮・泰宮・富美宮ら明治天皇の皇女。

と陸軍の儀仗兵《ぎじようへい》を先に、馬車にて通る。萬歳《ばんざい》の声ひゞきわたり盛なり。それより内親王様方御同列にて、宮城前より帰路、三越呉服店*横より通りへ出、日本橋・京橋・新橋迄《まで》行。各所の凱旋門を見、十二時一寸過《ちよつとすぎ》家にかへる。上々天気。(明38・10・22)

三越呉服店　日本橋駿河町に所在した。前年一二月に三井呉服店を改称して三越呉服店となった。

翌二三日、凱旋艦隊の観艦式のため伊都子は新橋から横浜へ行く。この日、東京湾上を二〇〇隻《せき》の艦艇がにぎわしたという。二四日、凱旋祝賀会。その後も各所で凱旋祝賀会が連日つづく。

けふは東京市にて東郷大将以下将校等を招待し、凱旋祝賀会を上野に開く。

全市大々賑《にぎわ》ひ。イルミネーション等あまたあり。凱旋門も中々うつくし。(明38・10・24)

天皇陛下、此度《このたび》凱旋艦隊の将校を浜離宮《はまりきゆう》へ召され、御食事。感状たまはりし人及び大本営幕僚等へ天盃下賜《てんぱいかし》。(明38・10・27)

午後二時三十分より、此度凱旋艦隊乗組の佐賀県出身の将校を鍋島*招待して園遊会催すに付、学校の帰り*に鍋島家へ立寄《たちより》、各将校へ会《あう》。午後四時ごろより立食開、しばらくして武富少将*の初声に帝国海軍の萬歳をとなへ、次に梨本宮妃殿下萬歳と次に鍋島家萬歳、各将校の萬歳。（明38・10・30）

鍋島　当主直大。
学校の帰り　華族女学校の秋季運動会に招待されての帰り。
武富少将　武富邦鼎（くにかね）。日露戦争では第三艦隊司令官などをつとめ、樺太占拠にも参加。

一二月になると、満州軍総司令部と第一軍司令部が凱旋した。翌年一月、守正《もりまさ》も凱旋。

目出度《めでたく》、本日は宮様御凱旋の日なり。

午前十時、いつ子新橋へおもむく。同十時三十分といふに、いさましく軍楽隊はじまり、其内に列車到着。奥第二軍司令官をはじめ各幕僚と丶もに、宮様にも御機嫌《ごきげん》いとゞ御うるはしく御着。一同御挨拶《ごあいさつ》申上、握手などにて非常なる歓迎人プラットホーム一パイなりし。萬歳歓呼のうちをわけつゝ、司令官とともに宮中よりさしまわしの馬車にて、ぎ仗兵付で宮中に御参内。いつ子は直に家に帰る。

午後、久邇宮《くにのみや》両殿下をはじめ各兄弟姉妹様方御出、御帰邸を御まちになる。ほどなく三時過に御帰邸。直にシャンパンをあけ、立食にて、皆々様御帰り。

四時過、宮様御湯をめし、御ゆるり御成被遊《おなりあそばさる》。御夕食も上り、めで度、八時過御寝被遊。表*一同、御錠口*にて萬歳を三唱す。（明39・1・12）

表　宮家の公務を担当した男性職員。私用担当の女性を「裏」といった。
御錠口　表と裏の境。

守正が出征のため留学先のフランスから帰国したのが、二年前の四月。その年の六月に出征。およそ一年半ぶりの帰邸であった。守正帰邸の朝、伊都子は五時半に起き、翌一三日は七時半に起きている。いつもは日記の起床欄に時刻を記すことはない。この帰邸の日と翌日のみ記された。守正の帰邸を待ちわびていた伊都子の心にふれたような気がする。

日英同盟

北清《ほくしん》事変後のロシアの中国や朝鮮への進出にたいして、明治三五年（一九〇二）一月三〇日、軍事義務をともなう同盟条約が日英間で調印された。この日英同盟により、日本は中国や朝鮮における特殊権益をイギリスに認めさせ、イギリスは日本を「極東における憲兵」にしようとしたのである。期間は五年であった。日露戦争ののち、日露講和第一回会議がポーツマスで開かれ、その二日後の明治三八年八月一二日、日英同盟は改定された。そして朝鮮にたいする日本の保護権が承認され、条約期間が一〇年となった。

一〇月一一日、英国艦隊が横浜に入港する。伊都子は日記の上部欄外の中心に交差する「日の丸」と英国の国旗を描き、日記にはやや大きめの字で「英国艦隊横浜着港」と記した。翌一二日、英国艦隊歓迎園遊会がおこなわれ、前日同様、伊都子は日記の上部欄外に交差する「日の丸」と英国の国旗を描いて祝した。

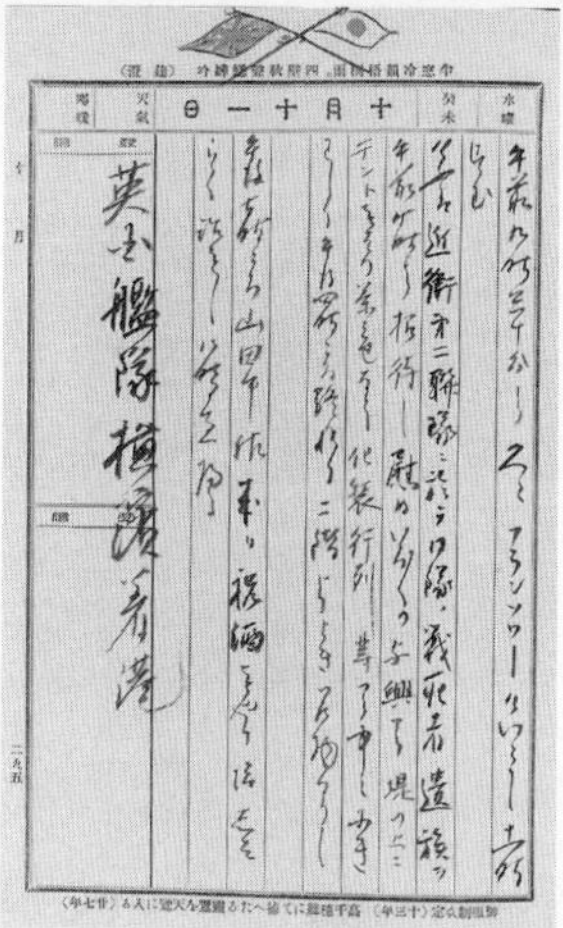

「日の丸」と英国旗　明治38年10月11日の日記。遺族慰安の余興もおこなわれた。

けふは英国艦
隊の将卒入京。
日比谷公園にて

市*の歓迎園遊会。花火其他、様々《さまざま》の余興《よきょう》にて賑々《にぎにぎ》しく、市中至《いた》る所、日英の国旗を交叉《こうさ》し、イルミネーションの花電車等にて大に賑々し。（明38・10・12）

＊市　東京市。昭和一八年（一九四三）七月一日、東京都となる。

一三日から一五日までは、日記欄外の右上に「日の丸」を、左上に英国国旗を描いた。

けふも昨日同様、日比谷にて歓迎園遊会。市中も昨日同様。午後、赤十字社本社へ行（例会）。途中、吾水兵と英国水兵、或《あるい》は下士等相互に手を引、片手或は帽に両国旗をたて、いと愉快らしく、三々五々あゆみ居るを見、実にうれしかりける。（明38・10・13）

一六日も、日記上部欄外に交差する「日の丸」と英国国旗を描いている。

英国公使館にて英艦隊のため夜会催し、午後九時半より、いつ子も招待受けたるに付、時刻行。いと賑々《にぎにぎ》しく盛会にて、十一時過立食、十二時過帰る。*カドリールをおどる。*小村全権帰京。（明38・10・16）

カドリール　社交ダンスの一種。方陣をつくって四人一組で踊る。
小村全権　小村寿太郎。ポーツマス講和会議全権。

この後、東郷艦隊や満州軍総司令部などの凱旋《がいせん》祝賀会がつづいた。その間、伊都子は「舞踏さらひ」（ダンスの練習）をしている。夜会や舞踏会の機会がふえたからであろう。

伊都子の「舞踏さらひ」は翌年もつづき、二月の英国皇族コンノート殿下の来日をはじめ、ドイツ・ポルトガル・フランス・イタリアなど各国公使との交流の場でいかされることになる。

午後九時より実業団体よりコンノート殿下を御招き申上、われらも一緒にまねかれ、歌舞伎座にて芝居を御らんに入るとの事。同刻より同所へ行。非常におもしろく、翌二十五日午前一時半過帰る。曾我夜討・日英同盟昔物語三幕・ほりもの師の夢。（明39・2・24）

けふは東京市のコンノート殿下を歓迎申上る日比谷公園にて、正午、公園内食堂にて午餐《ごさん》。宮様ならせらる。午後二時より園遊会に付、いつ子行。非常なる人なり。三時ごろ式場へあつまり、*尾崎市長の歓迎文朗読、つゞひてコンノート殿下の*令旨《りょうじ》、それより余興の大名の行列、日本橋芸者の手おどり・コマ、ワシ・百面相・*太かぐら等にて、四時過帰る。(明39・2・26)

尾崎市長　尾崎行雄。政党政治家。
令旨　皇太子や親王らの命令書。
太かぐら　太神楽。獅子舞い・曲芸・掛け合いなど。

四月二六日、伊都子の長女方子《まさこ》は、大砲など日露戦争の捕獲品を見に二重橋前にでかけている。世界強国の一員として自信に満ちた日々であった。

韓国の鶴

日露戦後の伊都子《いつこ》の日記を見ると、おみやげに卵をやったり、もらったりする記事が多い。卵は貴重品であった。

卵折をやる。(明39・6・5)

百個入卵一箱持参の事。（明40・12・20）

卵のほかにも、当時としては珍しい品が、おみやげにやりとりされていた。

御所より御猟場の兎《うさぎ》のみそ漬《づけ》御拝領。（明39・4・14）

ますのかす漬一尾と、青山*のいちご二箱。（明39・5・31）

両陛下より御交魚*、ブドー酒一ダース。（明39・8・9）

松平家より越前《えちぜん》のカニ来る。（明40・1・28）

巴里《パリ》より持帰りたりとて、白粉《おしろい》・香水・梅酒漬献上す。（明40・3・16）

鴨《かも》二羽献上。（明40・3・28）

日高*、韓国より帰る。鶴*一羽、其他みやげにくれる。（明40・4・2）

明治四〇年（一九〇七）六月、日本の朝鮮保護国化の実情を世界に訴えようと、朝鮮皇帝高宗《コジョン》の密書をハーグ万国平和会議にもちこもうとしたハーグ密使事件がおきた。

青山　梨本宮邸のあった渋谷宮益坂周辺をいう。もと久邇宮家の果樹園であった。

御交魚　鯛一種ではなく、数種の魚をまぜて祝儀として贈るもの。

日高　梨本宮家家令の日高秩父。

鶴　食べると美味であったという。包丁始めなどにも用いた。

しかし、ハーグ密使李儁《イジュン》らは平和会議への参加を拒否されてこの試みは失敗。伊藤博《ひろ》文《ぶみ》朝鮮統監は高宗を譲位させ、高宗と閔妃《ミンピ》の子である純宗《スンジョン》を皇帝とした。また高宗と厳妃《オムピ》の子で、のちに伊都子の長女と結婚する李垠《イウン》を皇太子にして日本へ留学させた。

欧州旅行

流産、出産、そして渡欧

明治三九年（一九〇六）五月二〇日、伊都子《いつこ》は流産する。日記には妊娠《にんしん》の告知から流産までの経過が記されている。

浜田博士来診。いよ〳〵妊娠なりとの診断なり。（明39・5・11）

今夜、伊都子、如例《れいのごとく》何の変りなく、九時寝に付したるに、十時二十分ころ俄《にわか》に出血、下り物す。驚き手あてし、又静に臥《ふ》す。後、十一時四十分ころ又々便に行。又々出血多量、之《これ》によりおどろき、当直をおこし、電話を以《もっ》て家令及浜田博士

へ通す。博士は直《ただち》に来診の赴《おもむき》を通す。一同大さわぎ。（明39・5・17）

午前一時半ころ浜田博士来診。このまゝとまれば良好なれども、万一流産するかもしれざる故《ゆえ》、万一のため産婆岩崎なほを呼《よん》でおけとの事。あとはなるべく安静にすべしとの事。二時過三時ころに岩崎来る。其後、一いき寝る。四時ころ薬来りたれば、これをのむ。此時迄は熱三十七度四分。

暁、浜田はかへる。出血はほんの少量づゝなれどもやまず。午前七時ころ、熱三十七度八分、食慾《しょくよく》進まず、頭痛はげしく、うつ〳〵と睡《ねむ》るのみ。正午八度に登り、午後四時、博士来診、変化なし。夜はよくねむる。終《ついに》、大かたねむりつゞけ、頭痛やまず。冷水にてひやす。夕八度八分。宮様、朝御出まし、午後四時御かへり被遊《あそばさる》。夕、ヒマシ油を飲みたれども、あまりよくきかず。灌腸《かんちょう》をなして中量の便通あり。（明39・5・18）

午前六時過めざめ、八度二分。やはり頭痛やまず。目あけられず、いまだ食事つかず、やうやく、おもゆにミカンの汁《しる》

位。出血同じく少量。朝、浜田博士来診、同様。（明39・5・19）

同じく頭痛やまず。体温もあまり下らず。朝、灌腸をなし多量の便通あり。こゝちよし。午後浜田来診、もはや流産せしなり。しかし、あとは経過よし。（明39・5・20）

やうやく熱も降り、七度八分位。順々に平温に復す。（明39・5・21）

哀悼の意味だろうか、日記に印刷されている「五月二十日」と「二十一日」の「日」の箇所は黒く塗りつぶされている。

八月一一日、守正《もりまさ》は留学先のフランスへもどった。守正が渡欧して半月もたたないうちに、伊都子は妊娠の兆候をみせた。伊都子は腹痛に悩まされ、九月六日、妊娠の可能性を告げられる。翌日から「ここちあしく、食欲進まず」という状態がつづき、一〇日には嘔吐《おうと》した。

けふも又々雨。朝食後むかつきて少々はく。午後四時、浜田博士来り。充分なる消毒をなし、子宮の位置を正位に復し、

伊都子と娘たち　明治40年ごろ。右は長女方子、左は次女規子。洋行前にパリからとどいた服を着て。

これを固定する為にペッサリンを用ゆ（器械をはめたり）。少のさわりなく無事すむ。夕、めまひしゐたれども、直になほる。夕食はおいしく食す（西洋）。こゝ二、三ヶ月は注意、からき物など食《くわ》ぬやう。器械は此まゝ二ヶ月間用ゆる事等。（明39・9・23）

午後四時、浜田博士来診。いよ〳〵妊娠確実せり。四ヶ月の初期と存ずとの事。其他いろ〳〵摂生《せっせい》方を申され帰る。大に安心す。後、入浴もなし、さつぱりとす。（明39・10・13）

こうして明治四〇年四月二七日、伊都子は無事に出産。のちに広橋家に嫁いだ次女の規子《のりこ》である。

午前二時半ころより少々腹痛し、十五分めに陣痛おこる。三時十分、水おりる。直に産婆・医師・看護婦等へしらせる。それより自分にて灌腸をなしたり。四時ころ岩崎来る。五時過より第二期陣痛にうつり、もはやせん／＼はげしくなり、めで度、安々と六時十二分分娩《ぶんべん》せり。女子。非常に健全。同四十五分、後産下る。終日とゞこほりなく経過良好。（明40・4・27）

八月二一日、日高御用掛は守正のいるフランスへ派遣され、一一月一六日帰朝した。このとき、日高が伊都子へみやげに持ってきたのは「身長増加器」であった。伊都子の身長は「四尺九寸八分」とあり、約一五一センチである。身長の低さは悩みだったようだ。

明治四一年夏、伊都子は留守番の気分転換に神奈川県片瀬にある曾禰荒助《そねあらすけ》韓国副統監邸ですごした。日々、海水浴を楽しみ、守正不在の心を慰めていた。

八時半ころ朝香宮*・東久邇宮*、御出に相成たり。九時過より御一所に海岸へ行。東久邇宮と家従《かじゅう》とは江の島へ御出、あ

朝香宮　鳩彦（やすひこ）。
東久邇宮　稔彦（なるひこ）。敗戦後の首相。ともに守正の実弟。

とは皆海水浴をし泳ぐ。十一時ごろ上り、御湯に入。朝香宮は、いつ子のゆかたをめし、おもしろし。（明41・8・16）

九時半より、いつ子はじめ海水浴に行。昼少し前かへる。いつ子も大かたおよげる様になり、一しほおもしろし。（明41・8・30）

このころ、伊都子渡欧の話が極秘にすすめられていた。九月二一日決定。

本日いつ子洋行の事に付、宮内大臣*より内許《ないきょ》の旨《むね》、達せられたるよし。実にうれし。（明41・9・21）

* 宮内大臣　田中光顕。伯爵。もと警視総監。

洋装の伊都子　明治41年４月。洋行前パリから送られた帽子とドレスでの撮影。

また、「九月中行事予記」欄には「Je suis tres content 17 Septembre（私はとても満足しています。九月一七日）」

と伊都子の喜びがフランス語で綴《つづ》られている。なお、『永代日記』には、つぎのようにある。

兼て一生の望み故、殿下の御迎として、伊都子渡欧到度《いたしたき》旨《むね》それ〴〵相談中なりしが、ほゞ話も成り、宮内省より五万円、鍋島家より凡《およそ》三万円、宮家より二万円程出るよし。実に幸なること。（明41・9・12）

ドリアンの味

伊都子《いつこ》は明治四二年（一九〇九）一月、渡欧する。お付き武官・家令・医師・侍女ら十数名とともに、日本郵船の「賀茂丸」でインド洋・地中海をまわり、フランスのマルセイユ港にはいった。フランスの陸軍大学留学を終えた守正《もりまさ》が帰国するさいに、伊都子同伴で欧州各国の王室を訪問することになったからである。

フランスで守正と再会した伊都子は欧州の王室を歴訪した。帰途は、シベリア鉄道でロシアを横断し、満州と朝鮮を経由した。下関《しものせき》についたのが七月二五日、半年以上の海外旅行であった。日露戦争後の日本の国際的地位の向上が守正夫妻の王室訪問を可能にし、また、彼らの王室訪問によって、日本の印象を高める効果をねらったといえる。

一月一三日、出発の日。雪が降っていた。日記には、「渡欧記念日」「いよ〳〵本日を以て、伊都子、欧州へ向け出発の日なり」とある。伏見宮貞愛《さだなる》・閑院宮載仁《かんいんのみやことひと》はじめ各皇族が見送ってくれた。

甲板《かんぱん》で輪投げなどしながら、神戸・下関を通過。下関では「安徳《あんとく》天皇御陵へ参拝」。

二〇日に、中国の呉淞《ウースン》につき、上海《シャンハイ》総領事などに会った。翌日、日本郵船支店長・三井物産支社長・上海婦人会の婦人らの出迎えをうけ、「なでしこ・スミレ、其他の花をもりたる花籠《はなかご》」などをもらった。

二五日、香港《ホンコン》着。ここでも、領事・日本郵船支店長・三井物産社員らに会い、二六日、「香港公園」で遊んだ。三一日、シンガポール着。二月二日、「一番くさきドリアン」を食した。

ドリアンについて、『欧州及満韓旅日記の追加』には、こうある。

これを切った時の其《その》くさい事〳〵、何ともいひ様がなく、尿《にょう》のくさった様な香《にお》ひ故《ゆえ》、どこでもきらふので、領事館の屋上にて切ってたべさせてくれた。これもはなしのたね。味のよいので大さわぎ。船にもってかへるのは御ことわりとの事であった。

この日は伊都子二八歳の誕生日であった。「東京ならば寒くていつも雪が降るのに、こゝはゆかた」「甲板に出るも月もよくふしぎなかんじ」とある。

印度洋の紀元節

二月八日、コロンボ着。

ガンヂー停車場へ着。馬車にてクインホテルへ行、昼食をすまし、それより湖水のほとりをドライブし、寺へ行。シャカの歯を埋めたる堂、其他、色々見物。(明42・2・9)

コロンボの宝石屋来り。各種の宝石を買ふ。手品つかひ来り。色々手品をし、蛇《へび》もつかひなどす。(明42・2・10)

一一日、紀元節《きげんせつ》。一、二等の日本人船客が集合し、会費をだして祝賀会を開いた。昼の部は、二時から甲板上で運動会。賞品がでた。「中々面白く盛会なり」「午後六時、綱引にて目出度《めでたく》閉会」とある。夜は晩餐会《ばんさんかい》。

君ヶ代二回合唱、萬歳三唱、其他色々あり。終りに又、帝国萬歳三唱、梨本宮両人萬歳三唱等にて、午後十一時、無事閉会す。（明42・2・11）

マルセイユ着

二月二二日、スエズ運河に到着。

いよ〳〵スエズ運河に入る。夕日のくるゝ迄《まで》、甲板にて、両岸のけしきをみる。らくだなどみえたり。

夜はサーチライトを付《つけ》、あかるくして進行す。（明42・2・22）

二三日、スエズ運河の地中海口にあるポートサイドにつく。「梨の花の印」をつけた煙草《たばこ》などを買った。

ポートサイドで六時間停泊し、地中海の旅にはいった。二七日、出生の地イタリアを通過。三月二日、イタリアのジェノバ上陸。

*キヨソネといふ人のあつめし日本のものをならべし*ミュゼーへ行、見物す。（明42・3・2）

三月三日、船旅の終着点であるフランスのマルセイユについた。マルセイユには夫守正《もりまさ》が出迎えにきていた。三年ぶりの再会であった。『欧州及満韓旅日記の追加』の記事。

まちに待ったマルセーユも、はるかにみゆる。だん〳〵近づくにつれ桟橋《さんばし》もみゆる。さすがに胸もはずむ。マルセーユに船がつく時は迎へに行くとのおたよりであったから、もうおいでになってをるだろうとあたりをみまはすが、中々あたりがにぎやかでみえぬ。外人の一人が、むかふ

キヨソネ　イタリア人銅版画家。明治天皇をはじめ維新の元勲の肖像画を残した。
ミュゼー　ジェノバのキヨッソーネ美術館。

の高い所に日本のゼントルマンが帽子をふって立ってをる、あれは殿下ではないかと知らせてくれたので、いそぎ反対側のデッキに行く。

やっとみつけて、うれしく、むねをとゞろかせ、こちらもハンカチをふって御挨拶《あいさつ》をする。早く桟橋に船のつくのをのみ待つ。三年ぶりに御対面。

やがて上陸して、ノートルダムに行き、上までのぼり、町の見物。はじめて欧州に足をふみ入れたうれしさ。キョロキョロしてをる。

パリの風景　伊都子が欧州旅行中にパリで購入した絵ハガキ。中央がエッフェル塔。セーヌ川で遊ぶ人や働く人の姿がある。

東洋の田舎者

明治四二年（一九〇九）三月四日、伊都子ははじめてパリへ足をふみいれた。西洋文明を前に、驚きばかりであった。各国訪問にそなえて、伊都子はパリで衣装を整える。パリのファッションは、伊都子をかなり満足させた。『欧州及満韓旅日記の追加』で、伊都子の旅を再現しよう。

昼の汽車で急行。とても〳〵早くて、けしきなんか何にもみえず、停車した時だけ。実に田舎《いなか》もの丶おどろき。午後十時ころ巴里《パリ》につく。とても寒い、アーーこれが巴里であるかと目をパチ〳〵してながめる。

直《ただち》に仮邸*、プラスドブロトイユ八番といふアパートに入る。アーとう〳〵巴里にきてしまったとホッとする。

やはり三月二日*といへば、まだ〳〵寒く、やはり日本と同じ。翌日から色々の支度《したく》にとりかゝり、大使夫人と丶もに、あれこれに出かける。田舎もの丶如《ごと》く、たゞキョロ〳〵ばかりして、店をみてもほしいものばかりでこまる。

日本では何でもあるデパートは三越《みつこし》だけであったから、巴里にきてみるとルーブル・ボンマルシェー*等、大きなもので、毎日の様にかよひ、色々買物をする。又、仕立屋はレッドフ

仮邸　パリ滞在中の仮りの住居。各国訪問がはじまるとひきはらい、ホテルに宿をとった。

二日　四日の誤り。

大使　特命全権大使加藤高明。夫人は春路。

ルーブル・ボンマルシェー　安売りのデパート。

ローブ=デコルテ
上は、明治42年3月、パリのノピルー写真館での撮影。右は、明治42年5月。フランス製デコルテ。白地織物に金銀のビーズ刺繍で、銀のバラをあしらったもの。英国皇室で謁見式に参列したときに着用した。長いトレーンが印象的。当時伊都子は28歳。

エルムがいきな上等の仕立屋で、コスチュームを誂《あつら》へる。又、ワレス・ウォルト等にも仕立ものをたのむ。

*パレーロワイヤルといふ所は中店《なかみせ》の様な店がならんでをる所で、昔から名高いとみえ、巴里に行った人々は、よくこゝのはなしをしてをったから、一度みて置度《おきたく》、見物に行く。なるほど、ほしいものばかりで、ハンカチ・指輪など買ってかへる。

三月下旬、ぞく〳〵と誂へた衣服、其他出来てきた。モードの本から抜け出た様な、あでやかなるものばかり。日本で作ってきたものなど、そばにもよりつかれず。

欧州歴訪

四月四日、パリを出発。各国訪問の旅にでる。はじめはスペイン。ここで闘牛を見た。

世界で有名の闘牛をみに行く。皆着かざって見物してをる。

パレーロワイヤル　アーケード式商店街。高級品をあつかう。

スペインでの記念撮影　明治42年４月16日、トレドにて。前列に守正と伊都子。同行の山内豊景侯爵夫妻（夫人は伏見宮禎子）が後列左から４人目と中列左から４人目にいる。右は、パリ郊外のベルサイユでくつろぐ守正夫妻。

其闘牛は中々立派ないでたち。度々出るが一々神に祈りをさゝげて出るよし。一番立派にやってのけたものに煙草箱を遣したが、どうもざんこくで夕食がまずかった。

異国で出会った日本人の曲芸に、同胞意識を抱いたりもした。

外国にきて日本人の曲芸をみるとは、実にふしぎ。この小屋は大きく、丁度《ちょうど》見物してゐたら、上の方の席に皇帝・皇后と他の方、御見物中にて、私どもをみつけて早そく侍従が御使いにみえて、私に花束を被《く》下《だ》された。これにつけても日本人の曲芸どうかうまくやってくれと心の中で祈りつゞけた。

一七日、パリにもどり、大統領を訪問。

再び巴里。今度は表向き大統領に会見する。あとは少し休養。すべて外国は公式と私用とはっきり区別がつけてあるからやりよい。たとへ町の中で皇帝なり大統領などに出会っても、私用の時期ならば一旅行者として取あつかはれるから、とても気楽である。

二七日、モナコ着。カジノ見物。

さすがに世界で有名な賭博場《とばくじょう》だけあって、小さい国ながら、

皇帝 アルフォンソ一三世。第一次世界大戦後、プリモ＝デ＝リベラの独裁を承認。一九三一年、共和革命によりイタリアへ亡命。

大統領 アマン＝ファリエール。このころパリでは逓信従業員のストがあり、クレマンソー内閣は大量解雇を断行した。しかし日記にはなにも記されていない。

カジノの絵ハガキ　欧州旅行中に購入したもの。ルーレット・トランプ・チップなどが配されている。伊都子の気をひいた場所のひとつ。

いたる所、立派な家、質屋のごときもの多く、そこら〳〵で賭博で目の色かへてをるもの多く、一ヶ所見に行ったが、実にさかんな場面で、只おどろくばかり。
先年、日本人で大使館付武官もこゝにはまりこみ、とう〳〵負けて、どうにもならず、とう〳〵海に身をなげて死んだとい

イタリアでの梨本宮夫妻　明治42年5月、イタリア皇帝がみずから写したもの。前列右が守正と伊都子。その左隣がイタリア皇后。

ふはなし。おそるべきところ。

翌二八日、生まれ故郷のイタリアにはいり、自分の生家を訪れた。ポンペイとベニスも見物した。

こゝは何といふても私が生まれた土地なので、何となくなつかしく思はれ、何も知らぬ内に日本につれてかへった故《ゆえ》、何にもおぼえもないが、何となくなつかしい。

五月八日、オーストリアにむかう。ブダペストにて皇帝のフランツ＝ヨーゼフ一世に会った。五年後の一九一四年、甥《おい》のフランツ＝フェルディナント皇太子がセルビアの民族主義者に暗殺されて第一次世界大戦勃発の誘因となる。

伊太利とかはり、またすっかりしづかなる国であった。皇帝は八十歳の御高齢なれども御元気。先年、皇后*は人にかゝり崩御ありし。美人の御方であったとの事。

皇后　皇后エリザベートは、一八九一年、スイスで無政府主義者に暗殺されており、オーストリアは「内憂外患」の時代であった。

五月一七日、伊都子ら一行を乗せた列車は、オーストリア国境を越えてロシアにいたる。伊都子の席の窓は、多くの花束でかざられた。バラの香りが「一しほ」よかったという。

ニコライ二世

オーストリアからロシアにはいった伊都子は、ロシア皇帝ニコライ二世に会った。ニコライ二世は皇太子時代に来日し、明治二四年（一八九一）五月一一日、大津で巡査の津田三蔵《つださんぞう》に襲われ、頭部に傷を負っている。

とくに日露戦争の後のことゝて、外の国でも今日本の光りは特別。すべて叮寧《ていねい》にしてくれる。中でも、この露西亜《ロシア》では

ロシア大使館での梨本宮夫妻（左）　右はニコライ二世肖像。額の傷は大津事件でのものだが、日露開戦時の日付のある砲弾が突きささっている。

何となくへんな心地。あちらでもとても叮寧になされ、くすぐったい様な心地がする。

こゝに記してよいかわるいか知らねども、ハッと思ったのは皇帝の御顔を拝した所、御ひたいに傷のあるのをみあげた。それは以前この皇帝が皇太子殿下の時、日本へお出ましになった事があった

ベルリンでの記念撮影　明治42年６月、晩餐会に出席する直前。左から伊都子、久邇宮邦彦・俔子夫妻、守正、山内豊景・禎子夫妻。

が、神戸より御上陸、大津にて人力車に召されて御見物のをり、悪かん出て刀できりつけ大さわぎとなり、車夫がとりおさへた事があり、大した御傷ではなかったが、早そく御引かへしになり、神戸の軍艦にて御静養。明治天皇は一方《ひとかた》ならず御心痛遊ばし、わざ〳〵神戸まで行幸あり、御見舞い遊ばした事を話に聞《きい》てをったから、アーあの御傷だなと思ってくるしかった。

　しかし、そんな事は何もなかった様に（日露戦争も日本が勝って日の出のいきほひであった）、色々御ていねいにして被下《くだされ》た。

　何といふても露国はかはった国がら。むかふでもどう考へてをるかちっともわ

馬車に乗る梨本宮夫妻　ベルリンでの王室の晩餐会に出かけるところ。儀仗兵が前後を護衛した四頭立ての馬車に迎えられた。玄関には、山内夫妻の姿がある。久邇宮夫妻は、すでに出発したのだろう。

からず、何となくほがらかになれない。

保田孝一『ニコライ二世の日記』によれば、ニコライ二世のほうは、梨本宮夫妻にたいして特別な感想は残していない。ただこれより一か月前に対面した久邇宮邦彦《くにのみやくによし》については「小柄で不恰好《ぶかっこう》なでぶ」と評していたという。

五月二七日、ドイツにはいり、首都ベルリンについた。「カイゼル御自慢の大観兵式」に参列する。

六月五日、パリからロンドンへむかう。

ことにうれしかったのは、松平*夫婦。信子には久方ぶりの対面。ものも

松平夫婦　英国大使館在勤中の松平恒雄とその妻信子（伊都子の妹）。このときおなかにいたのが長女の節子、

急に出ず、涙が出てきた。一郎も生れ、今は大きなお腹をかゝえてをる。

松平信子、たゞでないからだながら元気故《ゆえ》、あれこれに案内してもらひ、買物などする。二人で歩いてをると実にうれしく、昔の子供の時の様な心地がする。

両陛下*に正式謁見もとゞこほりなくすみ、皇太子*殿下の園遊会もすみ、何といふても英国はきちんとして昔ながらの儀式などちゃんと守ってをるので、何となくいゝ心地がする。

ことにこの英国で有名な、年に一回の謁見式とでもいふのか、高位高官・貴族等、夫婦揃《そろ》って参内、両陛下はじめ御着座の前にすゝみ御じぎをしてさがる。それが中々大へんなさわぎ。丁度六月十一日が其日なので、吾々も参列させていたゞく事になり、トレーン*其他も着してから誂《あつら》へたり、色々支度《したく》をとゝのへ出席する。丁度、日本の正月の朝拝の様な事。

伊都子は英国が一番気にいったようである。六月一三日、伊都子ら一行はふたたび

のちの秩父宮妃勢津子である。

両陛下　エドワード七世とその妃。外交に関心をもち、君主の地位についてのイギリス憲法の規定に忠実であった。

皇太子　ジョージ五世。エドワード七世の二男。

トレーン　裳裾。

パリにもどる。日本への帰路は、米国経由・インド洋経由など候補があったが、けっきょくシベリア鉄道で帰ることになった。

シベリア横断

「永久に欧羅巴《ヨーロッパ》の花たる此巴里《パリ》を、はなるゝ事となりぬ。再び見らるゝや否《いな》やわからずと思へば、猶《なお》さら残り惜しく、今さらながら窓を開きて凱旋門《がいせんもん》やボアドブーロンギュ（ブーロンギュの森、パリ郊外の公園）をはるかにながめ、下を通る人々をも気を付けて見るやうな心持す」と、パリを離れるときの感慨が『欧州及び満韓旅行日記』に記されている。

明治四二年（一九〇九）六月二八日、伊都子を乗せた列車はパリを出発。二九日、ベルリンにつき、さらにロシアにはいった。

七月二日、ウラル山脈にかかり、七日、イルクーツクにつく。ここからハルビンへむかう。

ゆけども〳〵はてもない原っぱ。たまに牧場らしく、さくがしてあるのをみる事がある。ちらほら牛がみえるが、何十里か何にもない所が多い。こんな広い土地をもってをりながら、どうして露国の人はよその土地がほしいのだろう。この草原をたがやしたら何でも出来るのだろうに、きっと人間がすくないのだろう。

五日も六日も走り通し、大分いやになった。

七月七日イルクーツクに着き、こゝで*東清《とうしん》鉄道とのりかへる事になってをるが、吾々の箱だけは其まゝつないでくれて、ハルビンまでこのまゝ行けるもの。

バイカル湖を過ぎて、車はくね〳〵と岩山にかゝり、機関車を二ツつけて登りながら行く。こゝだけはとても景色よし。だん〳〵暑さも加はり、いかにも満州らしい心地がする。

七月九日、ハルビン着。

*川上ハルビン総領事などの出迎ひ。又、露国の軍団長、他数名が出迎てくれ、午後十一時ハルビン着。日本人も多数出

東清鉄道　ロシアが中国東北部に建設した鉄道。

川上ハルビン総領事　川上俊彦。ロシア通の外交官。旅順開城のとき通訳にあたる。ハルビン総領事として北満地方の調査に従事した。伊藤博文が暗殺されたとき、被弾して重傷を負った。

迎ひを受けて、くらがりの停車場からゴロ〳〵石の敷た道路をきみわるく馬車にゆられて、とび上りながら、まづ無事、領事館につく。

こらへにこらへた長い汽車の後、いくらおそくとも、まづ入浴をとたのしみゐたるに、なさけなや茶色のどろ水。よい水を少しもらって顔を洗ひ、あとは其どろ水でとにかく入浴をすまし、衣服を改めて、床に入る。

ベットにかけてある白い蚊*《か》やはよいけれども、其外に一面蠅《はえ》がとまってをるのでゾッとしてしまったが、まづベッドでぐっすりねむれた。

かねて満州は蠅が多いといふ事は聞てゐたが、食事でもはじまるとワーンと時のこえを上げて集ってくる。追へども追へどもつきぬ。

日露戦跡

七月一〇日、伊都子はハルビンでロシア軍団の記念祭に招かれた。

蚊や　蚊帳。蚊をふせぐために吊りさげるおおい。

十日、露国の軍団の記念祭に招かれたる故《ゆえ》、出かける。読《ど》経《きょう》、祈り等の後、観兵式のごときものあり。小隊が一寸《ちょっと》演習の如きものをみせてくれた後、領事館にかへる。とても大したほこり。帽子《ぼうし》からそこら砂ぼこりつもる。

どうもかんじのよくないところ。こんなところに長くゐたら、道路はゴロ〱石の上をとび上りながら車にゆられてゆくので身体がへんになりそう。一泊でよかった。

ハルビンでの印象を悪くしたまま、長春《しょうしゅん》を通過。南満州鉄道の管轄区域で、伊都子は一息つく。しかし、警備はきびしくなり、早朝から出迎えに動員される人びとがふえた。

列車の両方に護衛の兵がのりこみ、歩哨《ほしょう》も立ってをるさわぎ。

列車の通過のをり、夜中といえども中々警戒厳しく兵隊が立ってをった。

朝早く六時ころ鉄嶺《てつれい》駅あたりでも軍人・学校生徒などならんでをって、気の毒の様《よう》であった。

一二日、奉天《ほうてん》着。

八時、奉天に着。とても出迎ひ人、多数。中々の暑さであった。満鉄のクラブに入る。こゝは入口は支那家屋《かおく》なれども、奥に純日本風の御座敷で貴賓室《きひんしつ》といふてをった。やっとホッとして、まづ入浴をして、今度は清き御湯にて、とてもこゝちよく、髪まで洗《あら》って休む。

守正ら一行は体調をくずし、「皆下痢《げり》をしてをる」状態であった。

たぶん気がゆるんだのと、ハルビンであまりはへが多かった故《ゆえ》、何かあたったのではないかと思はれた。大した事もな

＊鉄嶺　奉天の北東。農産物・綿糸布の集散地。

いが皆ヒョロ〳〵した姿。あはれなり。

伊都子はさらに南下して、旅順《りょじゅん》へむかう。車中で日露戦跡の説明をうけた。

宮様は戦争中の事ども思ひ出され、よくもこゝまで美しくなつたもの、しかしまだ中には露国風の家など多く、思出ふかく御らんになってをる。

旅順では日露戦争戦跡を見学する。

戦争のおそろしさ今さらながら思はれた。名高き東鶏冠山《*ひがしけいかんざん》北砲台にて、実戦者吉永中佐・秦中尉の戦

東鶏冠山北砲台　日露戦争で旅順攻撃のときの激戦地であった。陸軍測量部が撮影したもの。

東鶏冠山　旅順攻略のときの激戦地。突撃をくりかえす日本軍の屍が山腹をうめたといわれる。

闘概要をはなしてくれ、実におそろしい心地。

この砲台を吉永砲台と名づく。こゝを第一隊長として戦ひ、占領して負傷した勇士。

一六日、二〇三高地見学。

一本の木もなく石ころのがら〳〵、蟻《あり》がはっても上からみえるといふほどの山の下から日本軍が攻めるのを、上から露兵が機かん銃でバラ〳〵うつからたまらぬ。出ても〳〵全滅といふ有様。いまだに人骨が出るといふはなし。何とも血なまぐさいところ。

韓国皇帝謁見

旅順《りょじゅん》・大連《だいれん》をへて韓国にはいり、伊都子の旅も終わりにちかづく。韓国では、純宗《スンジョン》皇帝と会っている。純宗皇帝はハーグ密使事件で譲位した高宗《コジョン》のあとを継いで、明治四〇年（一九〇七）七月即位した。純宗皇帝の弟の李垠《イウン》は一一歳で皇太子となり、伊藤博文によって日本へ留学させられた。明治四三年の韓国併合で、純宗は昌徳宮李王《チャントククンイワン》となり、李垠は王世子《おうせいし》と称した。のちに、伊都子の長女方子《まさこ》は、この王世子李垠と結婚する。

明治四二年七月一七日、伊都子は旅順を出発し大連にむかう。一八日、大連を出港、仁川《インチョン》にいたる。しかし濃霧のため到着が遅れた。

仁川から京城《けいじょう》へむかい、二〇日、韓国統監官邸にはいった。韓国統監は、かつて伊都子が一夏その別邸を借りたことのある曾禰荒助《そねあらすけ》であった。曾禰は明治四二年六月、伊藤博文にかわって韓国統監の職についたばかりであった。

李垠と伊藤博文　伊藤は朝鮮支配を強硬にすすめ、李垠を日本に留学させた。

渡韓した伊藤は七月六日、曾禰統監とともに純宗皇帝に会って離任の辞をのべている。この日、日本政府は韓国併合の方針を決定していた。二一日、伊都子夫妻は純宗皇帝に謁見。

謁見後、勲章を下され、引きつゞ

き午餐《ごさん》。食後、秘苑*をも拝見して、宿舎にかへる。夜は一同を招きて食事。
　とてもあつく九十度*近くあるらしく、とにかく韓国としてはあまり外国のお客もすくなく、ことに日本の皇族はあまりお出なく、とても御叮寧《ていねい》であった。

秘苑　昌徳宮内の庭苑。
九十度　摂氏三二度。

　伊藤博文がハルビン駅頭で安重根《アンジュングン》に射殺されるのは、この三か月後、一〇月二六日のことである。

帰国

　明治四二年（一九〇九）七月二四日、伊都子は京城を出発し、日本へむかった。一月一三日の出港以来、約半年ぶりの日本であった。
下関《しものせき》についた伊都子は偶然、小村寿太郎《こむらじゅたろう》に会う。当時、小村は第二次桂太郎《かつらたろう》内閣の外相として、韓国併合や関税自主権問題にとりくんでいた。伊都子は下関から広島へ行き、宮島《みやじま》と尾道《おのみち》にそれぞれ一泊し、長旅の疲れをいやした。二八日、帰京の途につく。二九日早朝、神奈川県山北あたりを通過。富士山を見、鮎《あゆ》ずしを食べる。新橋駅には、方子《まさこ》や伏見宮はじめ各皇族、鍋島の両親らが迎えにきていた。

つら〳〵かへりみるに、わづか半年あまりではあったが、欧州各国満韓の旅も何のさはりもなくすまし、大ひなる知識を得た事は実にうれしい。ことに欧州にて、とても叮寧《ていねい》なるおもてなし。一番感じた事は、外国にて君ヶ代の楽を耳にした時は実にうれしく、何ともいへぬこゝち。其上この様な手厚き賓客の御扱ひを受けるにつき、つく〲陛下の御威徳のかゞやきの光りにふれた心地で、外国に出て、はじめて身にひし〳〵とかんじ、有難涙が出るほどで

帰国後の梨本宮一家　明治42年10月、欧州からの土産として持参した洋服を方子と規子に着せての記念撮影。

ある。

伊都子が帰邸した番町の家は、かつて三浦梧楼《みうらごろう》が建てたものを宮内省が買い、梨本宮邸になったという。三浦は長州出身の陸軍軍人で、朝鮮公使をつとめ、のちに憲政本党にはいり、枢密顧問官《すうみつこもんかん》になった。「朝鮮の国母」といわれた閔妃《ミンピ》（純宗皇帝の実母、明成皇后）を暗殺した張本人である。

伊都子が帰国した翌年の八月二九日、日本は韓国を併合する。

明治のくらし

種痘

伊都子《いつこ》の父である鍋島直大《なべしまなおひろ》は、日本における最初の種痘《しゅとう》体験者といわれる。

幕末期における佐賀鍋島藩は、西洋先進技術を積極的にとりいれた。西洋式反射炉《はんしゃろ》を日本で最初に築き、大砲製造技術はもっともすぐれていた。アーム＝ストロング砲を率先して導入したのも佐賀藩である。

慶応《けいおう》四年（一八六八）三月、開国後はじめての海軍観艦式の指揮をとったのは佐賀藩士石井忠亮で、旗艦は佐賀藩の電流丸であった。種痘の話も、先進的な近代西洋医学を積極的にとりいれようとした開明的姿勢のあらわれであろう。

伊都子も、近代西洋医学への興味がつよかった。赤十字社における実習には興味をもって参加しており、前述したように、重傷者の義手補助具まで考案していたことには驚かされる。さらに出産状況を克明に記録する姿勢は、伊都子が筆まめであったこともあろうが、先進的な西洋医学にもとづく保健衛生技術への関心の深さもあったろう。また、血脈を重んずる皇族妃として当然の配慮ともいえる。

明治四二年（一九〇九）の日記に、「新工夫の月経帯」と記された用紙がはさんである。この用紙には、ふたつの図とその説明が記されている。おそらく欧州旅行のさいに利用したものを書きとめておいたのであろう。第一図は正面図で、第二図は側面図である。説明にはこうある。


第一図は、前面から見た所で、後方のボタンにかける紐《ひも》をはづした所です。

第二図は、使用した所を側面から見た図です。

イは腹部にまとふ腹帯。前の方は口のボタンで止める。後

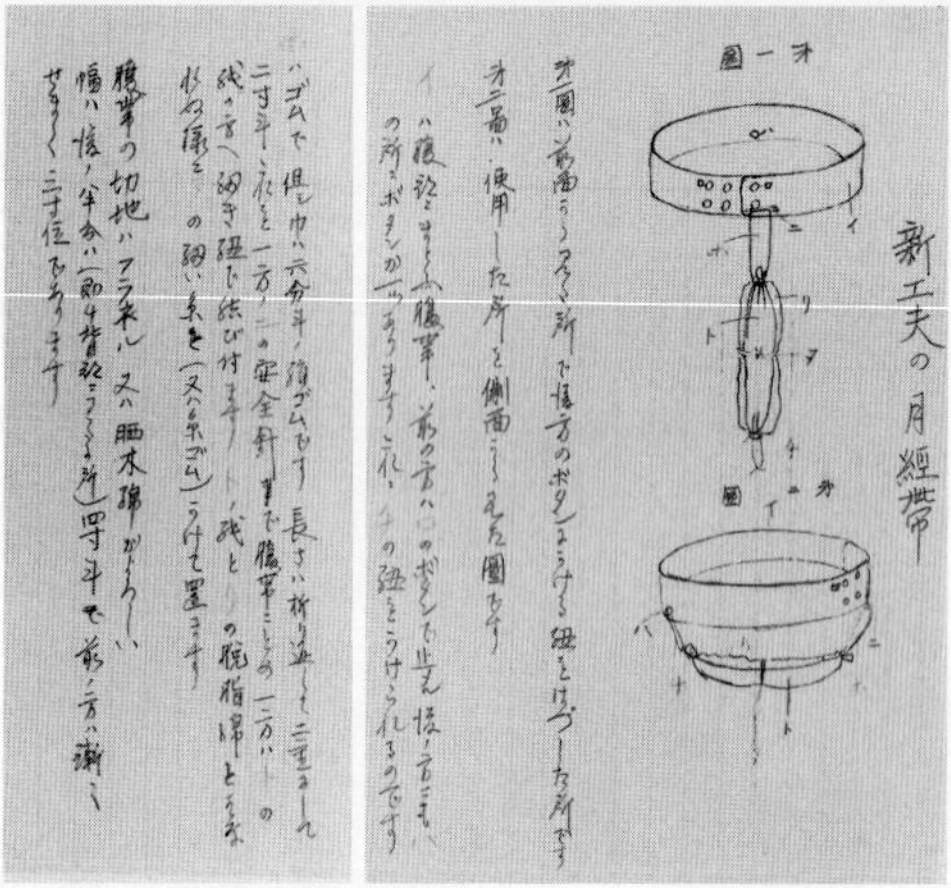

新工夫の月経帯　伊都子考案として日記のあいだにはさまれていたメモ。衛生問題に関心をよせていたことがわかる。

の方にもハの所にボタンが一つあります。これにチの紐をかけられるのです。

ホはゴムで、但し巾は六分《ぶ》斗《ばかり》*の絹ゴムです。長さは折り返して二重にして二寸《すん》*斗。これを一方の二の安全針で腹帯にとめ、一方はトの紙の方へ細き紐で結び付《つけ》ます。トの紙とリの脱脂綿とはなれぬ様にヌの細い糸を（ヌは糸ゴム）をかけて置《おき》ます。

腹帯の切地はフラネル又は晒木綿《さらしもめん》がよろしい。幅は後の半

六分　約一・八センチ。

二寸　約六センチ。

分は（即ち背部にわたる所）四寸斗で前の方は漸々《やや》せまく三寸位であります。

ところで、伊都子が渡欧する前年の『婦人世界』二月号には、資生堂《しせいどう》薬局のつぎのような広告がある。

月経時の衛生法は私が申上げずとも、医師の訓戒をお守りになればそれに越した事はありません。

たゞ一つ私どもの家族が用ゐて居ります「月の帯」と云う物があります。

これは旧東京慈恵《じけい》病院の産婆で有名な山田逸子が、欧羅巴《ヨーロッパ》へ行て西洋夫人の用ゐる月経帯を調査し、日本婦人に適する様に改良を施し、新たに拵《こしら》えたものであります。

此の「月の帯」はゴムと伊太利ネルで出来てピンで留めますので極《ご》く軽く、腰の具合も自由で大層都合《つごう》が宜《よろし》いさうです。

そして、この「月の帯」は「各種の生殖器病を予防し、往来・運動・起居等、婦人の動作を快活ならしむるを以て、貴婦人・令嬢・教員・事務員・女学生・看護婦・女芸人等には欠くべからざる品」とされている。伊都子は、この「月の帯」を改良し、腹帯と分離できるようにしたのであろう。

『婦人世界』の翌月号には、「婦人衛生問答」欄があり、そこに「二年前、月経中忍《しのぶ》紙《がみ》入りたる儘《まま》、とらずとも差支《さしつかえ》なきや。又、月経中神社へ参拝するも差支なきや」という愛読者からの質問が載っており、これの答えに、「経行時に紙などを用ふるは、二十世紀的ならず。以後は脱脂綿なりガーゼなりを用ひらるべし。二年前に入りたる紙が、今日まで出でずにあらば、必ず何等かの故障を生ずる筈《はず》なり」「経行中神社への参拝差支なし。併し遠路ならば、御自分の身体の為に見合はさるべし」とある。回答者が、質問者の知識の欠如にたいして、衛生医学的立場から答えている。

当時、多くの一般女性は最新の衛生医学の知識に乏しく、またその知識を活用する経済力も十分ではなかったろう。その意味では、伊都子が書き残した「新工夫の月経帯」は、当時としては斬新なものであった。

上流階級の家政

近代日本の華族《かぞく》は、明治一七年（一八八四）の華族令によって設置された。公侯伯《こうこうはく》子男《しだん》の五爵あり、公・侯爵はおもに旧藩主と明治維新の功績者で占められた。華族といっても、その経済基盤と経済力は多種多様であった。多額の金禄公債《きんろくこうさい》を受領した旧藩主は高額所得者として長者番付の上位に位置していたが、伯爵・子爵のなかには経済的に困難な状態にある家もあった。伊都子の日記には、すでに明治の後半に、経済的困難を訴えている華族があらわれており、その欠損を裕福な親族が補うという方法がとられていたことを示している記事がある。

かねて織田家の御家政むき御こまりの事承《うけたまわ》り、御気の毒に故、宮様の方へもいろ〳〵御話申上し所、御沙汰《ごさた》御返事来り。当分の内、月々あつ子*様御小遣として拾五円《じゅうごえん》づゝさし上る様に申来りたる。（明41・5・27）

織田家の家政が困難になったので、守正の承認をえて、「あつ子様」に月々一五円を渡すことにしたというのである。五月二九日、伊都子は織田家へ「五六両月分三十円、後半期分九十円」を送った。

さらにこんな記事もある。

*あつ子　織田純子（あつこ）。久邇宮朝彦の九女で守正の実妹。子爵織田秀実夫人。

*竹内絢子《あやこ》様、此ほど御補助金の御礼とて御入、御ゆるり
被遊《あそばさる》。（明41・5・30）

竹内子爵家も家政が困難になっていたことがわかる。

明治四三年（一九一〇）三月二四日の日記には、伊都子の実母の実家である広橋伯爵家が家政困難になっているという記事がある。二一日に当主の広橋賢光《まさみつ》が亡くなり、それをうけての記事である。

広橋家、近年*家経困難のよし故《ゆえ》、伊都子よりとして、特に
一百円棺前へ御そなへ。（明43・3・24）

「一百円」とは、当時どのくらいの値打ちだったのだろう。明治三七年九月発行の『女学世界　秋季増刊』には、当時の「大名華族・高等官吏・大阪商人・牧師・巡査・海軍士官・新聞記者・東京細民・奥州漁民・農家・俳優・力士・本願寺門跡」などの生活が記されており、そのなかに、大名華族の家政の参考として、「某伯爵家一ケ年諸費予算表」が付されている。これによれば、某伯爵家の年間予算総額は五万七

竹内絢子　久邇宮朝彦の五女で守正の実姉。子爵竹内惟忠夫人。

家経　家政経営。

二二〇円、そのうちの賄費《まかない》総額が一万六八〇〇円、賄費月額が一四〇〇円という。賄費のうち、米穀が一六〇円、魚肉一三〇円、野菜果物九八円、菓子七六円、茶・珈琲五〇円、鳥獣肉四五円、和洋酒類七八円、味醂《みりん》・醤油《しょうゆ》・味噌《みそ》三八円、薪炭六八円、鶏卵《けいらん》・鰹節《かつおぶし》五五円、砂糖六〇円、洋食品料一二八円、猟犬七頭食料三五円、庖厨《ぼうちゅう》諸費二二〇円、台所臨時費用月割一五〇円という。

また「東京細民」の項に、人力車夫は、健康で足がつよい者は多いときで月に一二円稼ぐとある。ほかに、その車夫の長女の収入が一か月約三円六〇銭あり、家賃や車の歯代などをひくと、一家五人が月八円か九円で生活することになるという。これは上等のほうで、多くは月六円で生活せざるをえない状況にあったらしい。

ちなみに、伊都子は結婚のとき、小遣いがないと心細いだろうと、化粧料として鍋島の両親から月々五〇円もらっていたという。さらに、伊都子が第二次世界大戦後にまとめた『思ひ出るまゝを書きつゞる』には、「吾々の生活費として宮内省から来るのは一年間四万五千円。吾々両人の生活費と職員、表六人、奥五人、下女三人其他をつかってもたりてゐた」とある。

韓国併合と辛亥革命

韓国併合の前から、のちに伊都子《いつこ》の長女方子《まさこ》の夫となる韓国皇太子李垠《イウン》は、しばしば守正と会っていた。

午後二時四十分ころ、韓国皇太子殿下、当邸へならせらる。暫時《ざんじ》、御話など遊ばし、三時十五分ころ還御《かんぎょ》相成たり。（明42・9・14）

午後四時十三分名古屋*着にて、韓国皇太子殿下御着に付、宮様、停車場迄《まで》、御迎にならせらる。又、午後六時、右皇太子より御案内にて、名古屋ホテルにならせられ、御会食。八時過、還御。（明43・5・8）

韓国併合にかんする日韓条約公布。

本日、日韓合併発表せられたり。夜は提灯《ちょうちん》行列あり。家にても方子はじめ提灯行列をなし、祝ふ。（明43・8・29）

名古屋　守正は、当時名古屋歩兵第六連隊長。守正と伊都子は明治四二年三月一八日、名古屋城に居をかまえ、翌四三年二月末に長塀町に居を移した。

李垠は一四歳、方子は一〇歳であった。

歩兵第六連隊の将校婦人会でも、いくつか催しものがあった。

いつ子は、午前九時より将校婦人会へ行。佐藤高等女学校長の日韓合併についての講話あり。十時かへる。（明43・9・20）

午後一時より、いつ子、将校婦人会に付、偕行社《かいこうしゃ》へ行。けふは東京より岡崎光男（号楼洲）といふ、さつま琵琶《びわ》名人、来名に付、それをよび、びわをきく。中々おもしろく、午後三時半かへる。一、金剛石。一、石童丸。一、韓国併合。一、台湾

方子と規子　明治43年11月。方子10歳、規子４歳のときのもの。この年、韓国併合。

偕行社　名古屋偕行社。名古屋城跡内東南部に所在した。

金剛石　以下、忠君愛国などをテーマにした曲名。

入。一、小楠公《しょうなんこう》。一、吉野落。（明43・10・12）

愛国婦人会の動きもあった。

華族会館に催されたる愛国婦人会の朝鮮観光団歓迎午餐《ごさん》にのぞむ。（明43・10・31）

朝鮮と異なり、台湾はすでに日清戦争後、日本が接収し、植民地化をすすめてきた。当初、台湾島民は日本の接収に抵抗して蜂起《ほうき》したりした。明治四五年五月一三日には、当時台湾の高山族のなかでも、もっとも原始的な生活を営んでいたといわれた「生《せい》蕃《ばん》」五三名が、名古屋の歩兵第六連隊を訪れた。伊都子は彼らをめずらしげに見物している。

昨夜来名したる生蕃人、師団司令部より北練兵場へ出たにて、砲兵の演習及東練兵場にて六連隊の一中隊の演習等を拝見するよし故《ゆえ》、九時ころより、伊都子、運動がてら北練兵場

へ行たる。（明45・5・13）

ところで、当時の中国本土の政情は、どうだったのだろうか。

此度《このたび》、清《シン》国に我在留人保護のため出発の第三十三連第□大隊一隊及五十一連隊の機かん銃隊、本日午後七時五十分と九時と、名古屋を出発す。（明44・11・28）

この四日前から連日、師団長会議が開かれ、守正の帰りが遅くなっていた。当時、清国は、清朝を打倒して共和制を導入しようとした辛亥《しんがい》革命の最中であった。四川《しせん》省で口火をきった革命運動は、三民主義を掲げた孫文《そんぶん》を大総統に推した。しかし、軍閥の袁世凱《えんせいがい》と妥協せざるをえず、翌年清朝の溥儀《ふぎ》は退位して、袁世凱が大総統となった。この辛亥革命は、清朝の封建勢力を利用して中国の植民地化をすすめていた日本や欧米列強への民族的抵抗でもあった。こうした中国の民族運動にたいして、日本は「在留人保護」の名目で、名古屋第三師団を構成する名古屋の歩兵三三連隊と津の歩兵五一連隊を派兵したのである。さらに明治四五年六月には、名古屋の歩兵第六連

＊**第三十三連**　名古屋第三師団を構成する歩兵三三連隊（名古屋）。「第□大隊」については欠字のため不明。

隊からも派兵があった。
日本は辛亥革命にさいして清朝援助の政策をとり、英米に共同干渉を提案したが、英米は清朝の滅亡を見とおして、これを拒否した。伊都子の日記にある出兵の事実は、日本側の干渉の動きを示している。
このころ、赤十字における いささか衝撃的な記事がある。

赤十字社へ行。いつもの講義。北川博士、四、五日前、鉄道にてけがしたるうでを切断したるものを持参し、実地につきいろ〳〵説明す。（明45・6・5）

「切断した腕」というのは生々しい。日露戦争も数年前の話となり、弛緩《しかん》してきた気分をひきしめようとしたのだろうか。このころの伊都子の体重は一二貫七八〇匁、およそ四八キロ。日露戦争当時より八キロふえていた。

皇室と民心

明治末の伊都子の日記には、明治天皇や皇太子嘉仁《よしひと》、幼年時代の裕仁《ひろひと》らの性格の一面をうかがわせる記事が、わずかながらある。
　明治四二年（一九〇九）八月、欧州旅行から帰国した守正と伊都子は葉山御用邸におもむいた。

　葉山に行。十一時頃、御用邸に着。*三皇孫殿下の御機嫌《ごきげん》を伺ひ、拝賜《はいし》をなし、此度《このたび》持帰りたる軍艦を献上せしに、大へん御よろこび被遊《あそばされ》たり。
（明42・8・11）

三皇孫殿下　裕仁・雍仁・宣仁。

裕仁とその弟たち　右から７歳の裕仁、３歳の宣仁（のち高松宮）、６歳の雍仁（のち秩父宮）。

　裕仁は明治三四年四月二九日生まれで九歳。伊都子の長女方子《まさこ》と同年である。のちに昭和天皇となる。雍仁《やすひと》は明治三五年六月二五日生まれで八歳。のち秩父宮。宣仁《のぶひと》は明治三八年一月三日生まれで五歳。のちの高松宮。
　伊都子は欧州で購入した軍艦の玩具を、幼い三皇孫に献上したのである。

九月一三日、宮中晩餐会。明治天皇は伊都子の手をとり、先導した。

両陛下、第一に握手を賜《たまわ》る。次に陛下より、本日御出の各皇族を御紹介被下《くださ》る。御食堂に行時《いくとき》は、陛下は伊都子の手を、皇后陛下は宮の手を御取り被遊る。各親王方は妃及女官等の手を取らせられ、其他は手は引かず食堂に入る。

食後も同様。退出の時は、もとの小サロンにて、両陛下及各皇族方に御いとまごひ申上て退《さが》る。皇后陛下及他の女の御方には此室限り。

陛下は伊都子の手を御取に相成、御車寄の馬車の所迄《まで》、御送り被遊。他の親王方も御車寄迄。（明42・9・13）

明治四四年一〇月一八日、皇太子嘉仁は歩兵第六連隊の演習に参加。病弱な大正天皇という印象とは異なった嘉仁の姿が、ここにはある。

午前七時二十分ころ東宮《とうぐう》殿下、本地ヶ原へ御成（騎兵の演

習のため）とて、当家の門前、御通り被遊。御乗馬。（明44・10・18）

伊都子の日記には、皇室を敬愛する地方の人びとの動きも綴《つづ》られている。明治四二年八月三一日、皇太子三〇回目の誕生日。皇太子は避暑のため滞在中の日光で、町民から祝福をうけた。守正と伊都子も日光に滞在中で、午前中に東宮御用邸におもむいて、祝詞をのべている。

また、軍事演習が皇族軍人と地方有力者との縁を深めた例も多い。

午後、滋賀県加茂郡玉尾村大字定原、西沢久平といふ人来り。さきに演習の折、殿下御昼餐《ごちゅうさん》を召し上りたる所とて、御礼かた〲御機嫌伺として。右のもの、蛍《ほたる》献上す。（明43・6・10）

第一中学校々長、日比野来り。自製の日本臣道といふ本、桐箱入を献上す。（明44・1・27）

明治四五年五月一日には、守正が演習のときに宿泊した桑名町の伊藤紀兵衛がきた。六日、守正と伊都子は桑名へ行き、船遊びをする。

いっぽう、梨本宮家の財力に着目し、邸内に忍びこんだ者もいた。明治四三年六月一四日、名古屋の伊都子へ東京から電報があった。盗難にあったという。

東京より電報にて「サクヤ　ゴテンニ　トウナンアリタ　シヨウノ　ソンガイアルミコミ　イサイハ　ユウビン　ゴン　ジヨウアリタシ　カレイ」との事。実に、おどろきたり。（明43・6・14）

居間にどろぼう入り、いつ子の黒ぬり小簞子《たんす》をあけ、中の金属製のものを十五種ほど、とりたるよし。（明43・6・15）

皇族の権威にあやかろうとする人びともいれば、財産の一部を失敬しようとする者もいる。民心はさまざまである。この泥棒は、二年後の明治四五年二月二五日、神戸で逮捕された。

ところで、当時の伊都子にとって、盗難よりも気になるはずの事件がおきている。

大逆《たいぎゃく》事件である。明治四三年五月、長野県の職工が爆裂弾を製造所持していたことが発覚し、これを契機に、政府は全国の社会主義者数百名を検挙、そのうちの二六名を天皇暗殺未遂の大逆罪で起訴した。翌年一月、幸徳秋水《こうとくしゅうすい》ら一一名が死刑に処せられた。事件には政府の作為があり、社会主義運動の弾圧に利用されたといわれている。

しかし、この大逆事件について、伊都子は日記になにも記していない。「鍋島直大公略伝」には「明治四十四年一月廿四日、幸徳秋水等の悪逆事件が公表せられた。公は之《これ》を知り、大《おお》に憤慨《ふんがい》し、要するに我国肇国《ちょうこく》の精神歴史を知らず、徒《いたず》らに外国の悪思想に感染したものであると、日記の中に憤慨して書て居らるゝ」とある。伊都子が感想をのべるとすれば、父直大と同様のものであったろうか。

明治末の社会と世相

伊都子の日記のなにげない記述から、皇族のくらしや、上流階級の見た明治末の社会と世相の一断面を知ることができる。贈答品・出入りの商人・日用品・自然現象・社会問題への言及など雑多な記事のなかに、明治末の風景がある。

三越をよび、紋付《もんつき》そめ物申付たり。（明42・9・3）

高島屋へ行、屏風《びょうぶ》、其他二、三品、買上。(明42・9・30)

寒く、火鉢《ひばち》を入る。(明42・10・19)

招魂社《しょうこんしゃ》の祭に行、ゆるりと曲馬など見物。(明42・11・7)

日本花火大会の夜の部、別館よりみゆる故、皆にて見物す。(明43・4・15)

招魂祭(合祠)に付、一斗《と》の御鏡餅《かがみもち》を御そなへ。(明43・5・6)

十一時過、英国皇帝陛下崩御あらせられしに付、向ふ二十一日間、宮中喪*仰出さる。(明43・5・8)

今日はハレー彗星《すいせい》、太陽面を通過するとの事なれども、何の異変なし。(明43・5・19)

活動写真。消防出初式《でぞめしき》・羽後国男鹿《おが》半島・運動好の婦人・印度コロンボ行。(明43・7・13)

暴風にて土砂を吹上、家も外もざら／＼なり。(明43・9・6)

宮中喪 友好関係にある外国からの訃報にたいして適用される。

夕、入浴のはづながら、あまりてりつゞきのため井戸水出ず。風車もまわらず。それがため入浴やめ。（明44・1・4）

方子・さだ*等にて活人画*をして御らんに入、中々好評におわる。番組、左のごとし。一、紫式部。二、太田道灌《どうかん》。三、こごう局。四、神功皇后《じんぐうこうごう》。五、橋弁慶。（明44・3・21）

午後、御馬（八年）、俄《にわか》に飛出し、大さわぎしたるに、騎兵連隊へ行ゐたるよしにて、やがてかへり来る。（明44・7・4）

午後十二時五十一分、名古屋発にて、いつ子帰京す。汽車中、幸に、せん風器あり。大にしのぎよし。（明44・7・17）

天賞堂より蓄音器《ちくおんき》の板とりよせ、ためしてみる。（明44・9・2）

御鏡開き。鴨の御雑煮《ぞうに》。御木本《みきもと》真珠店来。各種持参指輪、買上。（明45・1・4）

服部《はっとり》時計商より色々時計持参。買上品あり。（明45・3・9）

陸軍記念日。軍隊は皆、陸軍共同墓地に戦友をなぐさむる

さだ　御用取扱の東貞子。のち宮中に出仕。

活人画　適当な背景の前で、ある人物に扮装して動かずにいるもの。

ため、お参りす。（明45・3・10）

方子・規子にて余興*を催し、活人画（春日の局・竹千代君御遊びの場・北条時頼《ときより》呼びもどしの場・神功皇后）をなし終る。午後七時より、又、奥一同の仮装行列。方子、琴平参りの田舎者。千代うら*、書生。スマ、権兵衛のたねまき。松、潮くみ。玉、常磐御前《ときわごぜん》。タカ・小林幸子・千代、こむ僧。キク、牛若丸。カツ、弁慶。サダ、てこ舞*。（明45・4・5）

新聞にてみれば、英国汽船タイタニック号、大西洋上にて氷山にぶつかり沈没せしよしにて一五百人ほど死したるよし。右に付、今夜の英大使館の夜もやめになりたり。（明45・4・18）

方子事、午前七時出門。華頂宮《かちょうのみや》*御主催の汐干狩に赴く。品川の万清に集まり、それよりわたり舟にて羽根田沖へ出かけ、終日非常なる愉快な清遊をなし、得《え》*ものも多く、午後六時二十分ころ帰邸す。（明45・4・21）

シンガーミシン買上。七十五円。（明45・6・21）

余興　延びていた守正の誕生祝いである。

千代うら　女中頭。

てこ舞　男装でみこしの先ばらいなどをすること。

華頂宮　博忠。華頂宮邸は東京湾にちかい三田台町一丁目に所在した。

得もの　獲物。

「長き眠りにつかれ給ひたり」

伊都子が明治天皇の容体悪化を伝えられたのは明治四五年（一九一二）七月二〇日である。この日、渡辺千秋宮内大臣から至急の手紙がとどいた。「㊙」とあった。「聖《せい》上《じょう》陛下《へいか》、去る十四日来、御腸胃症に被為罹《かからせられ》候処、翌十五日より少々御嗜眠《しみん》の御傾き被為在《あらせられ》、昨十八日来、御睡眠一層御増加、御食気御減少。本日午後より御精神少しく恍惚《こうこつ》の御状態にて、御脳症被為在、今夕方より突然御発熱、御体温四十度五分に御昇騰《しょうとう》、御脈百四至、御呼吸三十八回。右の御症状に付、容易ならざる御容体に奉伺候《うかがいたてまつりそうろう》」。

日記には日々の容体の変化が記されている。

陛下御容体は日々御通知にて拝見したり。御病症は数年前よりのジン臓炎よりおこりし尿毒症にて、御脳にあらせられ、御熱も四十度、或《あるい》は九度位の時もあり、御脈不整にて、あまりおもしろからず。恐入《おそれいり》たる次第なり。（明45・7・21）

二二日、守正が名古屋から帰京。二三日、守正と伊都子で参内。二四日、守正がひとりで参内し容体を聞いた。「夕刻、少々御病勢つのらせられ、御脈あまり御よろしからざる御様子」とある。

二六日「あまり御よろしからぬ御容体との事」、二七日「けふは少し御よろしきとの事」と一進一退の状況があり、二八日、危篤《きとく》。

入浴などして色々支度《したく》しゐたるに、やがて大臣より通知あり。何時《いつ》心臓マヒをおこさせらるゝやもしられざる御容体故《ゆえ》、直《ただち》に御参内のやうとの事故《ことゆえ》、両人、桜井御供にて直に参内す。皆々様、御揃《おそろい》に相成たり。此時皮下注射をさし上たる結果、一時御*ひらき御時遊ばし、とにかく只今御危険と申事にてはあらざるべしとの事故、一同退出してもよろしからんとの事、皆々退《さが》り家にかへる。

又々午後九時過、電話にて御容体来り、重くせられしよし故、又々支度し、此度は馬車馬つかれゐる故、人力車にて全速力にてはしり、やう〳〵参内す。皆々様御揃ひに相成ゐたり。しかし又々注射にて御もち遊ばしたり。

御ひらき…意識をとりもどし、の意。

明朝二時ころが御大切との事故《ことゆえ》、皆々其まゝのこりて、ひかへゐたり。（明45・7・28）

翌二九日午後、「四時ころ拝診の結果、御手足の御指のさきは紫色をあらはし、冷《ひえ》て、御呼吸はいよいよ御困難のよし、実に恐入たる御容体」であった。

十時半ころ奥より御むかへ来り、御一同御そばに参れとの事、いそぎ御前に参れば、御病床のぐるりには皇后陛下も連日連夜の御看護に御つかれも遊ばされず、しほ〳〵と御座《ござ》あらせられ、其わきに皇太子同妃両殿下、各内親王殿下御付そひ遊ばし、猶《なお》、岡侍医頭をはじめ三浦・青山両博士も御付きりにて御手あて申上つゝあり。

一分ごとに御呼吸もかすかにならせられ、御のどに御たんのかゝりしやうにて二、三御せきばらひのやうに遊ばし、次第《しだい》〳〵に御呼吸もきえがちにて、十時半をチンとうつころしん〳〵となり、御呼吸もはや御たえ遊ばしたらん。一同たゞ涙のむせぶ音のみ。二、三分して俄《にわか》にふとき御声にて二言斗《ばかり》オホン〳〵とよばせられたる故、皇后陛下は「何にてあらせらるゝやら」と御伺遊ばしたれども、其後は何の御音もなく只スヤ〳〵と眠るがごとくにて遂に長き眠り*につかれ給ひたり。ア、実に何にたとへんか。一同しばし御そばはなれ得ず。御なごりおしくも御じぎ申上退《さが》る。

それより直に賢所大前《かしこどころおおまえ》にて東宮《とうぐう》殿下 *践祚《せんそ》の御式あるに付、宮様方皆々様御参列、其後皇族会議との事故《ことゆえ》、われ〳〵女は御さきに退り帰邸す。表向き、十時四十三分の時、御危篤にあらせらるとの号外出たり。（明45・7・29）

七月三〇日、「聖上陛下、本日午前零時四十三分崩御《ほうぎょ》あらせらる」の号外がだされ、明治は大正と改元された。

公式発表では、明治天皇が永眠したのは明治四五年（一九一二）七月三〇日午前零《れい》時四三分である。『明治天皇紀』でも、「三十日　御病終《つい》に癒《い》えさせられず、午前零時四十三分心臓麻痺に因《よ》り崩御したまふ、宝算《ほうさん》実に六十一歳なり」とある。

長き眠り　明治天皇は、嘉永五年（一八五二）生まれの六一歳。

践祚　天皇の位をつぐこと。

しかし、伊都子の日記によれば、明治天皇は公式発表時刻の二時間前、二九日午後一〇時四三分、すでに皇后や伊都子ら皇族に見守られながら黄泉《よみ》の旅路《たびじ》についていた。坂野潤治『近代日本の出発』（「大系日本の歴史13」）は、海軍次官財部《たからべ》彪《たけし》の日記から死亡時刻を「十一時十分位前」としているが、この推測は正しい。伊都子の日記には、一〇時半をすぎて二、三分してから、明治天皇が「ふとき御声にて二言斗《ばかり》オホン〳〵」と皇后をよび、皇后が「何にてあらせらるゝやら」と応《こた》えたが、そのまま長き眠りについたとあるからだ。

日記には、さらに「表向き、十時四十三分の時、御危篤にあらせらるとの号外出たり」とあり、この危篤の時刻こそが死亡時刻であった。つまり空位期間は二時間一七分であり、この二時間一七分のあいだに、皇位継承の準備がととのえられたのである。

喪服の宮妃

黒い顔かけ

乃木希典と昭憲皇太后

大正期の伊都子《いつこ》の日記には、喪中の記事が多い。元号によって区切られる時代区分は、当然のことに、「雲上人《うんじょうびと》」にとっては喪ではじまり、喪に終わる。それにしても、大正期は、伊都子の周辺の多くの人びとが他界した。たとえば、学習院長であった乃《の》木希典《ぎまれすけ》陸軍大将、皇太后美子《はるこ》（昭憲《しょうけん》皇太后）、父の鍋島直大《なべしまなおひろ》らが逝《ゆ》く。

とくに大正一二年（一九二三）には病気・事故・関東大震災などにより、幾人かの皇族の訃報《ふほう》がつづき、伊都子自身「いやな年」と記している。

大正元年（一九一二）九月一三日、明治天皇の喪儀が青山葬場殿でおこなわれた。伊都子は、この日の感慨を、つぎのように記している。

ア、これにて、明治天皇は再びこの宮殿には、帰りましまさぬかと思へば、云《い》ひしれぬ悲しさ胸にせまりぬ。御楽の音もかなしく、ことに*轜車《じしゃ》のきしる音、実にあわれなり。（大1・9・13）

轜車　棺をのせてはこぶ車。

明治天皇の葬儀　9月13日、青山葬場殿でおこなわれた。柩は翌日京都にはこばれ、桃山御陵に葬られた。この日、乃木大将夫妻が殉死した。

翌日、乃木大将殉死《じゅんし》の報がはいる。

午前四時ころ少しく休み、眠る。午前七時、起床。今朝は新聞もをそく、何事もなし。

午前十時半頃《ころ》、方子《まさこ》、鍋島家より帰り来り。御母様、大変な事が出来ましたと云ふ故《ゆえ》、何事やときけば、昨夜八時、*霊轜《れいじ》正面御出まし

霊轜　遺体をのせた霊柩。

の時の弔砲《ちょうほう》を合づに、乃木大将夫妻、麻布の本邸に於《おい》て殉死をとげられたりとの報、今朝《けさ》きゝましたと。あとは涙にむせびたり。あまりの事に驚き、言葉さへ出ずなりぬ。後、新聞をみれば、事実にて再び驚きたり。（大1・9・14）

一七日、学習院小学科在籍の長女方子が霊前に御菓子を供《そな》える。一八日、乃木大将夫妻の葬儀。

三時三十分ころ弔砲はひゞきぬ。旅順《りょじゅん》にての戦死者の遺族、其他、廃兵*等、皆会葬し、竹原・臼井らも自個*にて参拝す。凡《およそ》、会葬者、学習院の男女は無論、十二万余人との事。（大1・9・18）

廃兵　戦争で負傷して戦闘能力のなくなった兵。
自個　自分個人の意か？

一〇月一日、名古屋にいた伊都子のもとに東京から喪服用の「黒の顔かけ（ベール）」がとどく。当時、守正《もりまさ》は名古屋の歩兵第六連隊長であった。一四日、皇太后美子《はるこ》が桃山御陵《ももやまごりょう》参拝のため、名古屋に一泊した。二四日、伊都子は帰京。

三越をよび、子供らの黒の洋服あつらへる。大の方、二十五円位、小の方、十七円五十銭位。(大1・10・30)

一二月二九日、明治天皇の「御遺物拝領」。守正は、料紙《りょうし》・硯箱《すずりばこ》・金巻絵・七宝花《しっぽうか》瓶《びん》・刺繡《ししゅう》の衝立《ついたて》・手釦《てぼたん》(カフス)・莨入《たばこい》れなど、伊都子はダイヤ入り指輪・象牙《ぞうげ》の布《ほ》袋《てい》置物などであった。

大正二年五月一四日、守正の祖母(実母原田光枝の母)が死去。つづいて有栖川宮《ありすがわのみや》威仁《たけひと》の危篤。

有栖川宮殿下、昨夜八時過より御きけんの御容体にならせられ、引きつゞき御危篤に陥らせらるゝ旨《むね》申来る。(大2・7・6)

有栖川宮は表むき一〇日まで重体とされた。しかし、『永代日記』には、七月六日の記事として「有栖川宮威仁親王、薨去《こうきょ》あらせらる(舞子にて)」とある。舞子は、神戸市の景勝地で、有栖川宮家の別邸があった。

七月三一日、明治天皇の喪明け。

八月三一日、あらたな天皇誕生日であるが、祝日は一〇月三一日となる。『永代日記』は、「天長節は八月三十一日なれども、暑気の時分に付、十月三十一日を以て、天長祝日と仰《おお》せ出《いだ》されたり」と説明している。

初天長節に付、ことの外《ほか》、天気も長閑《のどか》なり。午前八時、御出門。青山練兵場にて観兵式を行はせらる。午後二時、御召しにより、いつ子、宮中御内儀*に参り、両陛下に拝謁《はいえつ》し、後、御内宴*をたまはる。三時退出。

午後八時四十分、出門。外務大臣*催しの夜会にのぞみ、カドリール・ランサー等舞ひ、立食もいつものごとく、御にぎ〳〵しく、十二時四十五分帰邸す。

子供らは、午後四時より市中見物に出かけ、花電車をもみるべく、日比谷の大竹へ行。（大2・10・31）

宮中御内儀　宮中の「奥」。典侍はじめ女官らがとりしきる。

内宴　内裏でおこなわれる宮中の私宴。

外務大臣　牧野伸顕。大久保利通の二男。のち宮内大臣・内大臣と宮中の要職を歴任した。

翌大正三年一月一二日、桜島《さくらじま》が噴火、大隅《おおすみ》半島と地続きとなった。死者は三五名といわれる。翌一三日の日記には、「九州桜島大爆発。鹿児島全滅との事」とある。三月二七日、沼津で静養中の皇太后美子《はるこ》（昭憲《しょうけん》皇太后）の容体が悪化。

皇太后陛下、昨日午後より御胸痛あらせられ、昨夜、御安眠あらせられず。早速、拝診のもやうによれば、狭心症との事。（大3・3・27）

皇太后陛下、只今俄《にわか》に御急変。実は崩御《ほうぎょ》になりしなれども、いまだ御発表なく、御重体との事。（大3・4・9）

午前二時十分、崩御の事、御発表あり。（大3・4・11）

このころ、伊都子は異常現象を記している。

昨今、太陽赤く、少しも光なく、又、月も赤く、実にこゝろもち悪し。たぶん、いづれか火山の、はれつの先ちょう*なりらんとの事なりき。（大3・5・8）

＊先ちょう　前兆。

「悲しきこと」

皇太后美子が亡くなった大正三年（一九一四）には、小松宮家に不幸があった。大正二年八月末に守正は宇都宮歩兵二八旅団長となり、当時伊都子は宇都宮にいた。

東京より電話にて、小松宮妃殿下*、只今御急変との事。とりあへず申上。又六時過、電報にて薨去《こうきょ》のむね申来る。（大3・6・26）

七月一三日には、閑院宮季子《かんいんのみやすえこ》重体の知らせがとどく。一七日、「午前〇時十分、季子女王薨去のむね、宮内大臣より通知あり」。閑院宮季子は守正の叔父閑院宮載仁《ことひと》の三女である。

大正八年四月二三日には、竹田宮恒久《つねひさ》の訃報《ふほう》がはいった。竹田宮恒久と守正は従兄《いと》弟《こ》である。

そして、大正一〇年六月、伊都子の最愛の父、鍋島直大《なおひろ》が他界した。

午前四時過、沼津駅につけば、電報受け取。何事ならんと

小松宮妃殿下　小松宮彰仁の妃、頼子。小松宮彰仁は守正の叔父。

みれば、「ナベシマコウシヤク　ヨウダイ　ヨロシカラズ」との事。いかゞならんと気づかはれ、八時、東京駅へつくや、いそぎ自動車をはしらせ、鍋島家へ直《ただち》にいたり、いつ子だけ上りて、御見舞申。宮様は御帰邸あらせらる。

父上様は昨夜より御容体かはり、御熱等も多く、もうろうとして重体。しかし、いつ子がかへりし事申せしに、アーと仰せられたり。かく四、五日間にてやつれ給ひしかと、みるから涙をもようせり。（大10・6・11）

午前一時、御脈九二、呼吸三〇。同一時半、八八、呼吸二八。二時は、八四、呼吸二二にて、次第〳〵にうすく、二時一〇分になるや、消ゆるがごとく御脈はたえたる故《ゆえ》、御母様をはじめ、一同、末期《まつご》の水を御口にすゝめ参らせ、消ゆるがごとく、二時二十分薨去あそばさる。

ア丶、何たる悲《かなし》みぞや。長き病《やまい》につかれ給ひ、出来得るかぎりの手をつくし、御心尽しのかひもなく、一同にまもられながら、此世《このよ》を終り給ひぬ。しかし、かくもおもきやまひにかゝらせられても、少しの苦痛もなく、常におだやかなるは人物なりし。終りにいたるも、御かわりなく、いとにこやかに、ねむるがごとく終らせ給ひしことの、せめてものおもひなり。（大10・6・18）

いやな年

伊都子は、年末に一年の感想を記すことがある。

大正三年のとしも、はやなごりにて、諒闇《りょうあん》中にて儀式的の事なく、くらす。（大3・12・31）

別にしるすべき事もなく、めで度《たく》、大正四年もすごす。（大4・12・31）

おだやかなる日となりぬ。色々取かたづけ、明年のかざりつけもなし、万事ことなく、午後二時、職員一同の歳末祝詞を受け、入浴もすまし、午後五時、運そば*も食事し、めで度、大正五年もことなく終りぬ。例年の如《ごと》く、鍋島家より、ぶり*

運そば　大みそかに食する年越しそば。
ぶりのほうちょう　ぶりを煮て調理したもの。

のほうちょう来りぬ。めで度し。（大5・12・31）

はれ。いよ〳〵めで度、大正七年も終る。（大7・12・31）

この大正七年（一九一八）七月から九月にかけて米騒動がおこった。米騒動とは、シベリア出兵を前にして米価が高騰《こうとう》したため、富山県魚津《うおづ》村の漁民の妻たちが米の県外移出に反対して暴動をおこし、全国にひろがって米屋などが襲われた事件である。

当時、京都にいた伊都子は、八月一一日の日記に、つぎのように記した。

米の高いため一揆おこり、夜に入りて出兵のさわぎ。三八*より百名、騎兵より五十名出兵。鎮静す。（大7・8・11）

大正八年、朝鮮では独立をもとめる三・一運動、中国では日本による山東省旧ドイツ権益の継承に抗議する五・四運動などがおこり、日本国内でも、労働争議や小作争議が続発した。この年の同盟罷業《ひぎょう》四九七件、参加人員六万三一三七人。小作争議三二六件であったという。

三八　第一六師団歩兵第三八連隊（京都）。当時、守正は第一六師団長。

そうじ、其他もすみ、とゞこほりなく大正八年も無事に終る。

＊うみに山に　遊びくらして　昨日今日　としのくれとも

おもはざりけり

（大8・12・31）

朝まだきより雪にて、何となく寒く、ことしは終りもまづ事なくすみ、また一とせ重ねんことのなさけなさ。一同無事、大正九年も了《おわ》りぬ。夕《ゆうべ》に御祝御膳、御そばなど祝ふ。（大9・12・31）

うみに山に…　大磯や日光の別邸での生活をさす。このころの日記に、朝鮮や中国、さらには国内での民衆運動の高揚にかんする記事はなく、伊都子の関心の低さがうかがえる。

大正一〇年二月、北海道の蜂須賀《はちすか》農場の事務所が、一五〇人ほどの小作人によって襲撃された。これを契機に有数の資産家であった侯爵蜂須賀家が没落する。また七月には、戦前最大の争議といわれる神戸三菱造船・川崎造船職工三万人のストがおこり、軍隊が出動した。時代は動いていたのである。しかし、伊都子には「同じやうなる此平凡の日」であった。

ふたたび同じとしはめぐり来《きた》らねども、同じやうなる此平凡の日は、又《また》くり返し来るべく、こんとしも又平《たい》らかに幸《さち》多かれといのりつゝ、此書をとづ。（大10・12・31）

大正一二年。この年、伊都子は、皇族はじめ親類縁者の多くが急死する事態などにあって、つよい衝撃をうけた。年末の感想は、とりわけて長い。

皇太子裕仁と渼子　欧州旅行中ゴルフを楽しむ裕仁（前列右）と、お伴をする前田渼子。渼子はこののち、パリで客死した。

ア丶ことしほどいやなとしはなかった。

一月は東宮《とうぐう》殿下昨年よりの御麻疹《ましん》のため拝賀もなく、さながら喪中のごときこゝちせられてとしを重ねしに、あんに相意（ママ）なく二月には三日といふに伏見宮貞愛《さだなる》*親王の薨去《こうきょ》

伏見宮貞愛　陸軍元帥。皇族の長老として重きをなした。

に引つゞき、七日*有栖川宮董子《ありすがわのみやただこ》妃殿下急性肺炎にて薨去あそばし、寒気もつよき二月はごた〳〵に過て、やれ〳〵御*五十日もすみたると思ふに、四月一日は又々*北白川宮巴里《パリ》郊外にて不事の御出来事、北白川宮御薨去、妃殿下及朝香宮《あさかのみや》は重傷といふ報に接し一方《ひとかた》ならぬさわぎ。

又、四月の十七日は長く病気なりし*前田侯夫人渼子《なみこ》は遂《つい》に巴里にて長きねむりにつき、いかなるとしにや、かくもいやな事のみき丶て、六月二十九日、湯ヶ原で御養生中の*有栖川宮慰子《やすこ》殿下又々薨去の報に接し、三十日午後九時東京へ御かへり。此同じ日に渼子の遺骨東京へ着したるも何かの縁のつきぬ事なるべし。これにてことなかれかしといのる。

七月、八月ことなく、われらは新築せし大磯へ気もゆるやかにこ丶ちよく休み中を過し、八月二十九日一同うちつれて帰京す。あにはからんや九月一日の大震災、又々未曾有《みぞう》の出来事。*三殿下の薨去、其他此震火災のためにほとんど九月以後は何事も滅し、夢の間に十二月となり、只々おそろしきは

有栖川宮董子　有栖川宮熾仁の妃。
五十日　五十日祭。仏式と異なって神式では、翌日祭・十日祭・二十日祭・三十日祭・四十日祭・五十日祭・百日祭がおこなわれる。
北白川宮　北白川宮成久。自動車事故による死。
前田渼子　伊都子の実姉朗子（さえこ）の長女。
有栖川宮慰子　有栖川宮威仁の妃。
三殿下　閑院宮寛子・山階宮妃佐紀子・東久邇宮師正。

なし、あろふなら、ものがたりに日を送り、実にいく度くりかへしても此年ほどいやなとしはなかった。

終りに十二月二十七日、議会開院式に行啓の*摂政殿下《せっしょうでんか》の御自動車にむかって発砲したる不敬事件。実に重ね〳〵いまわしき年であった。

摂政殿下…　難波大助が皇太子裕仁に発砲した虎ノ門事件。

第一次世界大戦

青島攻撃

大正三年（一九一四）八月、伊都子は大磯の別邸で第一次世界大戦の開始を知った。この年六月にオーストリア皇太子がセルビア人に暗殺され、七月、オーストリアがセルビアに宣戦、八月にはドイツ・オーストリアと英・仏・露のあいだで戦闘状態となった。植民地拡大をはかる列強による初の世界戦争である。日本は日英同盟を理由に参戦。中国の青島《チンタオ》を攻撃し、山東《さんとう》省のドイツ利権などの獲得をめざした。

塞*・墺*の戦端開かる。（大3・8・2）

塞　セルビア。
墺　オーストリア。

墺・塞の外交破裂して、欧州一体総乱《(ママ)》おこり、独仏国境にても、独白*にても、英独にてもはじまり、中々そう〴〵しき事なり。
地中海にて仏独の海戦あり。仏大捷《たいしょう》。
北海にて独英海戦にて、英の大捷。（大3・8・7）
午後四時、御前会議の結果、独乙《ドイツ》に対し最後の通牒を発せられたり。（大3・8・15）
いよ〳〵今日は、日独最後回答の来る日。
正午迄《まで》の約束なりしに、遂に回答来ず。よって午後七時、天皇陛下は宣戦の詔勅《しょうちょく》を下したまひたり。（大3・8・23）

一〇月五日、守正の任地、宇都宮での伊都子の活動がはじまる。

午前中、栃木支部の赤十字社主事、小山をよび、時局にさいしての当地の行動を色々きく。早々繃帯《ほうたい》製造の準備にかゝる事をきめてかへす。（大3・10・5）

* 白　ベルギー。

此度《このたび》、当市宇都宮将校婦人会より、慰問袋出すに付、いつ子も其内へ加へんとて、三十袋出す。手拭《てぬぐい》にて袋をこしらへ、中には凡《およ》そ二十銭《せん》位のところとの事なれども、四十銭になる。一銭七厘《りん》の半紙五帖《じょう》、鉛筆三本（一ダース十八銭）、百枚八銭の封筒五十枚。やうじ五本、九銭の巻紙一、ライオンはみがき小袋三。右一袋分。（大3・10・14）

いつ子は、午後一時より赤十字社篤志婦人会にて繃帯製造開始に付《つき》、出席。会員とゝもにて繃帯をまき、三時四十分ころ、きり上げてかへる。（大3・10・22）

一〇月二六日に上京。渋谷の本邸へもどる。三一日は天長節。「今日の佳節《かせつ》なれども、諒闇《りょうあん》中に付、何事もなし」。昭憲《しょうけん》皇太后の喪中のため、特別な行事はなかった。この日、「青島《チンタオ》総攻撃開始」とある。

午後一時より赤十字社病院に行、繃帯製造にて（此度は仏国へ出す分）。

篤志看護婦人会へ各宮妃全体より、金五百円下賜。（大3・11・6）

午前七時、青島陥落。

午後二時、仏国大使ルニョール夫妻、此度、連合軍傷病兵へ寄付したる御礼に来り。色々はなしてかへる。（大3・11・7）

赤十字社支部へ繃帯材料として、金二万疋《びき》を寄付す。（大3・11・16）

一二月一八日、花の日。青島守備軍司令官の神尾光臣《かみおみつおみ》中将が凱旋《がいせん》。東京駅の開通式でもあった。

神尾中将凱旋。東京駅開通式に付、市中、中々の賑《にぎわ》ひ。山の手は何もなけれども、日比谷付近より下町は、大々にぎわひのよし。又、花の日とて、各貴婦人発起にて、菊の花を売て、其売上高を軍人遺族救護にあてるよし。中々盛んなり。みうちも二十五円買上、皆々胸につく。（大3・12・18）

平和の祝賀

大正三年（一九一四）一二月三一日を最後に、第一次世界大戦について直結する記事は、日々の日記から、しばらく消える。第一次世界大戦についての記事がふたたびあらわれるのは、四年後の大正七年一一月二一日である。

休戦祝賀。東京市の祝賀会（日比谷）。夜は六万人の実業団提灯行列。学校も休み。（大7・11・21）

青島《チンタオ》陥落から、第一次世界大戦終結まで、具体的な記事はなかった。しかしこの間、日本は欧州での混乱に乗じて、朝鮮や中国での支配力をつよめていた。大正八年三月一五日、第一六師団長として、守正は師団とともに満州への出張が決定した。四月二〇日、守正は満州に渡る。六月一八日、地中海方面に出動していた艦隊が凱旋する。ドイツの潜水艦になやまされたイギリスの要請で派遣されていたものであった。

巴里《パリ》に於《おい》て平和の調印すむ。（大8・6・28）

平和の大観兵式の予行あり（代々木にて）。御倉*の二階より、よくみえたり。（大8・6・29）

平和の祝賀とて東京市も府も皆休み。宮内省もやすみ。学校もやすみ。午前八時より代々木にて観兵式行なわせられたり。皆々御門まで陛下を拝しに行。われらは御庫の二階より拝す。記念絵はがき、スタンプなど発す。

東京市長*催し、帝国ホテルにて平和祝賀の夜会。満州へ記念はがき二枚出す。（大8・7・1）

平和祝賀の為、宮中にて一同を召、晩餐《ばんさん》を催させらる。五百余名。礼服・小礼服・デコルテー（午後七時より）。（大8・7・12）

倉　梨本宮家の蔵。甲乙二つの蔵があった。倉・庫・蔵などと表記している。

東京市長　田尻稲次郎。元大蔵次官。子爵・貴族院勅選議員。

国内では平和祝賀がつづくが、中国大陸での動きは緊張していた。七月一九日には、満州寛城子《かんじょうし》で日中両軍の衝突があった。八月一日、守正からの報告だろう、満州の情勢が記されている。

満州は百四十度*、室内、夜でも九十二度もあり、近来まれなる暑さのよし。実に恐入《おそれいり》たる事。其上、支那のごたごたにて色々御心遣ひあり。方々《かたがた》御こまりならんと拝察す。（大8・8・1）

一〇月二五日、守正病気の電報がはいる。

午後二時ころ電報にて、遼陽《りょうよう》の殿下御風気にて、御発熱、三十九度二分。演習地より御帰還あらせられ、御治療中のよし。実にこまりたる事。どうか一日も早く御快方にあらせらるゝやう、只々いのるのみ。（大8・10・25）

又々御熱上り、気管支炎併発のよし。心配なり。（大8・10・28）

今朝、電報にて御熱・御脈すべて御平常にならせられ、御平癒と伺《うかが》ふとの事にて、大《おお》に安心す。（大8・10・30）

一一月一一日、守正の帰国が決定し、二五日、軍事参議官となった。

百四十度　摂氏六〇度。現在、遼陽のある遼寧省の夏の平均気温は二二〜二六度。百四度（摂氏四〇度）の誤記であろう。なお、華氏九十二度は摂氏三三度。

李王家との婚儀

方子

伊都子の長女方子《まさこ》は、朝鮮王族の李垠《イウン》と結婚した。韓国音は「イ＝バンジャ」。明治三四年（一九〇一）一一月四日、東京で生まれ、平成元年（一九八九）四月三〇日、八八歳で他界した。

方子は大正五年（一九一六）七月、李垠と婚約し、大正九年四月に結婚。方子の縁組みは、韓国併合後の融和政策といわれた。

明治三五年の方子の目方がある。「八十四日めにて、一貫《かん》四百二十匁《もんめ》（約五三〇〇グラム）」。二月一一日、「今日は百日目にめかたかける。一貫五百七十二匁」。

けふより俄《にわか》に方子語り出したり。（明35・2・23）

午前、蔵より、いつ子のひゐな出す。午後、方子のもかざる。（明35・2・27）

方子は学習院女学部に入学した。大正二年四月、伊都子は守正の赴任先の名古屋におり、東京の侍女から手紙をもらっている。

方子事、昨日より経水出《い》で、一人前の女となりたるよしなれども、別に気分其他、何ともなきよしなり。

赤の御飯に、おなます・かますのおやきものをするやう、申てつかわしたり。（大2・4・16）

方子が一三歳のときであった。伊都子は、この日の記事の上欄に三重丸をつけている。また、大正五年六月二八日に、つぎのような記事がある。李垠との縁談が伝えられる一か月前の記事である。

三時半、三輪博士来りて方子をみて、かっけなれども、大したる事なし。しかし、方子はもはや小児科のみるとしにてあらざる故《ゆえ》、内科の医者にみせるやうとの事。（大5・6・28）

縁談

大正五年（一九一六）、方子が一六歳のとき、朝鮮皇太子の李垠との縁談が決まった。『宮様の御生ひ立から御一生あらまし』には、こうまとめられている。

「陛下の思召《おぼしめし》により梨本宮第一王女方子を朝鮮王族李王世子*の妃として遣《つかわ》す様に」との御沙汰《ごさた》となった。これでは否応《いやおう》なしに御受けしなくてはならぬ事になった。そこで大臣*にも相談して万事不都合でない様にすべてたのむ旨《むね》を申、大臣も承知して其御心配無用、御入費の事はこちらで考へてをります。又一生御不自由なき様取りはからひますといふ返事であった。

王世子　朝鮮王族の世継ぎ。
大臣　宮内大臣波多野敬直。

しかし「天皇の御沙汰」について、じっさいの経緯はちがっていた。梨本宮家が適齢期になった方子の相手をさがしていたのである。『永代日記』にはこうある。

宮内大臣（波多野）参られ、伊都子に逢《あい》たき旨故《むねゆえ》、直《ただち》に対面す。外《ほか》にはあらず、兼々《かねがね》あちこち話合居《はなしあいおり》たれども色々むつかしく、はか〴〵しくまとまらざりし方子縁談の事にて、極《ごく》内々にて寺内*を以て申こみ、内実は申こみとりきめなれども、都合上、表面は陛下思召により、御沙汰にて方子を朝鮮王族李王世子垠殿下へ遣す様にとの事になり、同様、宇都宮なる宮殿下すでに申上たりとの事、有難く御受けして置く。しかし発表は時期を待つべしとの事。（大5・7・25）

寺内　寺内正毅。明治四三年朝鮮総督。大正五年一〇月首相となる。

八月三日、方子の縁談がもれ、新聞にでた。「こまる」と、日記にある。

高宗の急死

伊都子は、御木本《みきもと》に「一万二千円」で冠をあつらえさせるなど、方子《まさこ》の結婚準備をすすめた。大正六年（一九一七）の日記には、伊都子と御木本とのやりとりが記されている。

御木本など来り。宝石に付相談。（大6・11・29）
御木本も下絵をかき来る。（大6・12・6）
御木本来り、色々きめ、一万二千円にて冠をあつらへる事。

（大6・12・10）

御木本、下絵を持参。

あまり気に入らず。再考。

（大6・12・15）

方子納采式の記念撮影　左から方子・守正・伊都子・規子。大正7年12月8日。方子は18歳であった。納采は、結納のこと。

いっぽう、方子の婚姻について、政府内で皇室典範上の問題がもちあがっていた。つまり、皇族の子女は皇族および華族との縁組みを許されていたが、朝鮮王公族との縁談のことは明確な規定がなかった。このため、皇室典範の改正が重要な課題となっていた。『原敬日記』には、この皇室典範改正にかんする一連の記事がある。

つまり、大正七年九月二七日、米騒動の責任を負って寺内正毅《てらうちまさたけ》内閣が辞職し、原《はら》敬《たかし》に組閣の命が下った。この日、寺内からの引き継ぎ事項として、方子の縁談の件があった。

一一月二八日、原内閣のもとで皇室典範増補が公布され、皇族女子は王族または公族に嫁しうることとなり、一二月五日、方子と李垠との結婚に勅許《ちょっきょ》がでた。

大正八年一月、婚儀を目前にして、方子の周辺はあわただしかった。伊都子の日記からも、あわただしさが伝わってくる。六日、方子は勲二等宝冠章を授かる。九日、方子に同行する侍女たちの荷造り。一〇日、宮中への挨拶《あいさつ》。一一日、学校関係者や縁故者を招待。一二日、調度品の陳列。一五日、調度品かたづけ。この日、「学校の同級生、願ひかなひ、四十八名来り」。一八日「荷物かたづけにて、さわぎ」。一九日「けふは、御道具を長棹《ながさお》に入れこみ、そこらかたづけて終る」。

御荷物送り開始。宮内省の自動車二、通運会社の三にて、
それ〴〵はこび、
午前中に四回、
午後二回にて、
午後二時めで度
終り、一同へ酒
肴料。（大8・1・21）

おすべらかしの方子　大正８年１月、結婚を目前にして賢所参拝に参内し、天皇・皇后に別れをつげた。

しかし、夕方、一通の悲報がとどく。

夕刻、電報にて李太王*御危篤《きとく》のよし来り大さわぎ。（大8・1・21）

李太王　高宗のこと。

二二日、高宗の死が伝えられる。死因は脳溢血《のういっけつ》であったが、毒殺説も流れた。伊都子は突然の事態に、放心状態となった。

いよ〳〵李太王御危篤、薨去《こうきょ》のよし。王世子殿下午前八時三十分にて帰国のよし。実に、言葉にも筆にも尽されぬかなしさ。何事も手につかず、只ぼんやりとした事なり。（大8・1・22）

高宗の葬儀は三月三日。朝鮮の独立を求めた三・一運動の二日後のことである。

「大に安心す」

方子《まさこ》の婚儀は延期となったが、婚約者の李垠《イウン》は、梨本宮邸にかようようになる。方子と二人で時をすごすこともあった。

かねて御約束の如《ごと》く、午後二時ころより王世子殿下ならせられ、御庭やら色々。御やつに紅茶と西洋菓子上《あがる》。写真なども写し、其内に小雨降出したれば、居間にて、*どう球などし遊び、五時より御食事上《あげ》、ゆるりとめし上り、後、方子と二人にて琴を弾《ひく》。

又、殿下はピヤノを御弾になり、トランプなどもして、九時過、御かへり相成たり。御みやに、果物頂戴《ちょうだい》す。（大8・6・4）

午後二時より王世子殿下ならせらる。いつものごとく御二階にて色々遊び、御やつ、御夕食事も上げ、ゆる〳〵遊ばし、十時、還御《かんぎょ》相成たり。（大8・9・7）

午後二時より王世子殿下御出《おいで》。いつものごとく色々して、御やつ後は玉突して、皆々大にぎわひ。

御夕食後も玉にて、十時ころ御かへり相成たり。（大8・10・

どう球　撞球。ビリヤード。

19) 大正九年、喪もあけ、無期延期となっていた婚儀が無事におこなわれた。四月二八日、婚儀の日。「はれわたる空に、のどかなる若葉の風そよ〳〵とふく」。

正九時といふに萬事の支度《したく》も出来、方子はいよ〳〵かど出の用意。美々しき御馬車は玄関にあり儀仗騎兵《ぎじようきへい》は*一小隊。すみわたりたる日和《ひより》をあびて、しづ〳〵と出立《いでたち》ぬ。次の馬車に*高事務官、次に南部、次に坪井にて、帰路、*王世子邸へ赴《おもむ》きぬ。

御玄関側には御縁故の人、みうちの人、御出入りの人、数十人ゐならび、御見送り申。終りて、人々へ御祝酒、御*白むし、御まんぢう等被下《くだされ》、にぎ〳〵し。

十時、両人と中島・沢田、御供にて王世子邸へ。十時二十分御式御はじまり、新古まじりて、いと神々《こうごう》しき御式にて、めで度《たく》、十一時過終り、退出す。(大9・4・28)

一小隊　軍隊で最小単位。七〇名前後。
高事務官　高義敬（コヒギョン）。
王世子邸　当時、麻布区鳥居坂に所在した。
白むし　小豆をいれない白いこわめし。赤飯にたいしての語。

なお『永代日記』には、方子の服装について、「白紋織デコルテに白繻子《しゅす》にバラの縫あるトレーンを引、ダイヤモンドの冠、胸飾り万々神々しくよそほひ」とある。

四月二八日、婚儀の日の日記の最後。

　御色直し、其他、とゞこほりなくすみ、九時三十分、御床に入らせられしよし、電話にて承《うけたまわ》り、大に安心す。（大9・4・28）

李垠と方子の結婚　大正９年４月。方子20歳。垠24歳。垠は陸軍歩兵中尉に昇進し、大勲位菊花大綬章が授けられた。

　この日の『原敬日記』には、「朝鮮李王世子、梨本宮女王と結婚成る。故伊藤公の苦心も現はれ地下に喜び居る事ならん」とある。この婚儀が、伊藤博文《ひろぶみ》の朝鮮政策の路線上にあることを、原は知っていたのである。

消化不良

大正一〇年（一九二一）八月一八日、方子《まさこ》にはじめての子供が生まれた。伊都子《いつこ》の初孫になる。伊都子は日記に喜びを綴《つづ》った。二か月前の六月一八日に、最愛の父、鍋島直大《なおひろ》を亡くしているだけに、喜びはひとしおであった。

午前二時、王世子邸より電話にて、いよ〳〵妃殿下御もようしとの事故《ことゆえ》、直《ただち》に支度《したく》して居り、出かけんとする所へ又々電話にて、二時三十五分御分娩《ぶんべん》。御男子御誕生との事に、大よろこび。其まゝ王世子邸へ、いつ子は行。丁度《ちょうど》、御あと産のころにて、いろ〳〵御しまつすむまで殿下と御書斎に御まちして後、御やゝ様みに行く。かわゆらしき御子様なり。（大10・8・18）

二四日、伊都子の初孫は晋《チン》と命名される。一〇月六日、初参内。一二月一五日、御箸初《はしぞ》め。翌一一年四月、結婚後はじめての挨拶《あいさつ》のため、李垠《イウン》は方子と晋をつれて朝鮮へ渡る。出発前の日記。

いつ子は王世子邸へ赴く。方子少々風気《かぜ》にて床に居る。しかし熱も平熱になり大した事なし。晋様元気にて午後まであそび四時ころかへる。（大11・4・18）

四月二三日、朝鮮にむかって出発。「特別急行にて出発、帰朝の途につかせらる。京都に二泊。二十六日、京城《けいじょう》へ着のはず」。

朝鮮からもどる直前、晋の容体は悪化。五月九日、京城から「晋殿下御発熱」の電報がはいる。

晋殿下御発熱の為、御出発延期の旨《むね》申来。直《ただち》に御見舞電信を発す。御病気は消化不良のよしにて、今日午後は大分御よろしきよし。（大11・5・9）

晋殿下、其後の容体はあまりおもしろからざれども、体温も三十八度前後にて、昨日より今朝は便通も黄にて少々ねん液を混ずる位なれども、何もめし上らざる故《ゆえ》、少しく御つかれのもやうありとの事なり。朝の体温は三十六度七分なり。
（大11・5・10）

一一日、つぎつぎと電報がとどく。

多くの電報着し居て、晋殿下の容体、今朝来衰弱加はり、三十八度九分、脈百五十、呼吸七十にて重体との事。食塩の注射もせしよしなれどもおもはしからず。以上十一時発。午後二時発のが六時ごろ着、容体危篤《きとく》に落入たりとの事。次に午後三時十二分薨去《こうきょ》せられたりとの事着電。実に〳〵口《くち》惜《お》しいやらなさけないやら、とても筆にも尽しがたく何といふいたましき事ならん。アー。（大11・5・11）

かなしき一夜はあけて、朝より色々の人々くやみに参られ、人に逢《あ》ふ度《たび》ごとに、色々おもひ出し、かなしき事のみなり。
（大11・5・12）

晋の死因について、方子は自伝『すぎた歳月』のなかで、「原因は牛乳だと思います」と記している。さらに、伊都子は『三代の天皇と私』のなかで、「帰国の前日にして、消化不良の自家中毒という電報ではありましたが、毒殺以外には考えられませんでした」とまで、のべている。その背景には朝鮮王朝末からの親日・親露・親清の三派の対立抗争があるというのである。

また、『朝鮮王朝最後の皇太子妃』をまとめた本田節子は、韓国側の証言を集めた。「晋の死因については、『毒殺です』と言下に答える人、『真相はわかりませんが、毒殺に違いないと思います』という人、ほとんどの答えがこのどちらかであった」という。理由としては、高宗「毒殺」の仕返し説がもっとも多く、李垠の当初の婚約者であった閔甲完《ミンカプワン》側の怨恨説、日本側が李王家の血筋を絶やすためにおこなったという説などがあるという。日本側首謀説には、方子が「石女《うまずめ》」で子孫を残さないと思われていたのに子を生んだためという話までついている。晋の診察にあたった医師のひとりは「疲労からくる消化不良」説をとっているが、その医師が実行犯では、という説まである。

晋の急死とその原因をめぐる諸説は、当時の日本と朝鮮の複雑な関係を表現しているといえる。

規子と徳恵

李方子には、二人の妹がいた。ひとりは実妹規子《のりこ》。伊都子の次女で、明治四〇年（一九〇七）四月二七日生まれ。もうひとりは義妹徳恵《トケ》。李垠の妹で明治四五年五月二五日生まれ。規子と徳恵は五歳ちがいである。

規子については、父守正とのあいだのいさかいの記事などが残されている。

朝、食前、規子、父上様にしかられる。パンをストーブで焼てはならぬと申てあるのに、バタのにほひした故《ゆえ》、やいたろうと仰《おお》せられ、やかぬといふ。うそを付《つい》てはならぬといへば、やかぬ決してやかぬといふて、なく。それでよし。（大11・3・22）

「それでよし」という伊都子の感想は、守正と規子のいさかいに親子らしい姿をみたからか。当時、軍人として地方勤務の多かった守正は、規子と生活をともにする時間が少なかった。

規子の成績来り。やはり理科が丙《へい》*なり。こまりたる事なり。（大11・3・27）

朝、新聞をみて居ると、食事をはこんできた。まだ規がみてゐたら、父がひっぱったら新聞がやぶれた。そしたらカンシャクをおこし、ピリ〱にやぶってしまい、あとからよめるやうにしろとは、何といふ暴行だろう。他の人だったら、しかへしをしてやりたいが、そうもゆかず、不愉快に食事して終る。御留守になって、規は一人蔵に入りてやぶれた新聞をつき合せた。（大13・7・24）

この年、前年九月の関東大震災で妻を亡くした山階宮《やましなのみや》武彦の後妻に、規子が求められる。

山階宮より、

丙　成績で、甲乙についで第三番目の成績。

大磯別邸にて　左から守正・伊都子、18歳の規子。大正13年8月撮影。

かねて規子をもらひ度《た》いと御申入ありしが、いつ子入院中*とて、のばしありしとて、御相談。とくと考へ、規子にもはなして承知したれば、いよ〳〵きめる事にす。（大13・11・10）

*入院中　一〇月一二日、左側卵巣嚢腫のために手術した。

一五日、規子婚約。規子の結婚準備がすすむ三月三〇日、徳恵は日本へ到着。朝鮮の日の出小学校から女子学習院へ転校させられた。四月六日、参内ののち、はじめて梨本宮邸を訪問した。

徳恵さま、御参内のよし。

午後六時、はじめて王世子両殿下は、徳恵さま御同伴にて御出になり、あちらより御ともせし侍従長の如《ごと》き人もよび、食事をともにす。（大14・4・6）

四月二九日には、伊都子夫妻はじめ、規子や徳恵も、皇太子裕仁《ひろひと》の誕生日に招かれている。また五月三一日、李垠夫妻と徳恵は、梨本宮邸でテニスをした。大正一五年（一九二六）四月二六日、李垠の兄、純宗が亡くなった。垠と徳恵は葬儀のため一時帰国。七月一四日、山階宮の病気で規子との婚約破棄となる。一五日、伊都子は規子に婚約破棄の旨《むね》を伝えた。

朝の内、規子によく〳〵武彦王の御事をはなし、御病気ゆへ何ともいたし方なく、くるしからんが、あきらめてくれと申わたす。なみだながらに、よくきゝわけ、やむを得ぬ事と申。実にかはいそうなる事なりき。(大15・7・15)

この後、規子と広橋真光《ただみつ》との縁談がまとまり、一二月二日、めでたく式をあげた。広橋家は伊都子の母方の実家である。

臼井*は色々御手許《おてもと》の金の事にて規子の所へ参り、帳面をみせ、色々はなし、これから父宮様より月五十円づゝ御化粧料として送る旨《むね》、伝へわたしてかへる。

猶《なお》、広橋家財産、鍋島侯爵より五万円、後室*《こうしつ》より二万円、七万円なれども、結婚に一万五千円入りたる*に付、六万五千*

臼井　臼井兵作。宮内省属。梨本宮付。
後室　鍋島栄子のこと。栄子は広橋家の出身。
入りたる　出費があった。
六万五千円　一万五千円かかったので、梨本宮家が一万円たして六万五千円としたという意か？

円として、全部こちらであづかり、皇后陛下より思召《おぼしめし》にて賜《たま》はりたる金五万円を合せて財産として、其利子で暮す事に相談一決し、全部宮家*にてあづかる事になる。（昭1・12・31）

宮家　梨本宮家。

関東大震災

地震発生

大正一二年（一九二三）九月一日、午前一一時五八分、マグニチュード七・九の大地震が、関東地方を襲った。地震は、関東各県に大きな被害をもたらし、とりわけ東京や神奈川は、地震のあとの火災で悲惨な状況となった。家屋の全壊一二万八千戸、半壊一二万六千戸、焼失四四万七千戸、死者九万九千名、負傷者一〇万四千名、行方不明四万三千名にのぼった。

伊都子は地震が発生した九月一日から、戒厳令《かいげんれい》が施行されたあとの一〇月一九日まで、克明な記録を残している。『大震災之記』と記されたこの記録には、地震発生から、戒厳令の施行、戒厳令下のくらしなどが詳述されており、皇族妃が残した震災の記録として希有のものといえる。たとえば、「朝鮮人の暴徒おしよせ来り今三軒茶屋のあたり三百人も居る、それが火をつけてくるとの事」といううわさを聞き、義弟の松平恒雄とその息子の一郎が「護身用のピストル・鎗《やり》等持ちて家の付近を警戒するよし」との記述がある。
また、朝鮮王世子李垠《イウン》の動向もわかる。伊都子が描いた、地震発生時に松につかまった自分たち、テントに避難した家じゅうの人びと、警備の武装の兵士、山手線で避難する人びとの絵なども興味深い。

朝より晴たる。空はすみて、さほど暑くもなく風もありたり。平穏なる一日なり。丁度《ちょうど》、正午、昼の食事をなさんと食堂に入り、今や三人とも箸《はし》をとらんとするや、異様なる音とともに地震ゆりおこり、すわ大なる地震と口にはいわねども、三人とも重なり合ひて奥の居間までたどりつきたるころは震動甚《はなはだ》しく、あゆまんとすれども畳《たたみ》は〳〵〳〵とまわり一歩もすゝむ事出来得ず、いかにせんか。此まゝつぶるゝにやと力を入れて、やう〳〵あゆみて段よりとびをり（はだしのまゝ）、やうやく二、三歩行きし時、屋根の瓦《かわら》は一大音響と

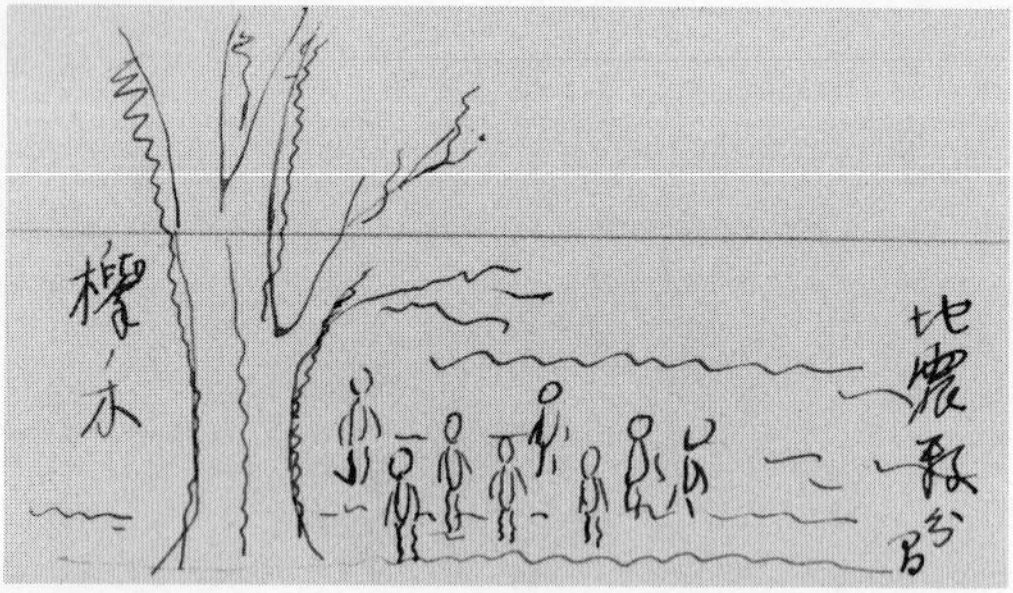

欅の木の下に集まる人々　伊都子自筆の絵。『大震災之記』の上欄に描かれたもの。

ともに落下し来り。あぶなき事なり。

大欅《おおけやき》の木に一同集りたるに、又々地震中々つよくとても地の上に足を置くこと出来ず、ふら〳〵まわさるゝやう。いかになり行ならん。二階屋などのゆれる様、さながら棹《さお》を立て打ふるが如《ごと》し。又々瓦の落る事しきりなり。こゝにても危険ゆへ、さらに芝ふの中の松の根もとにはしる。

此間十数分なれども、おそろしき事いわん方なく、又々続けてゆり、其度《そのたび》にドーンゴーと地なりしてはゆり、とても芝の上で立つ事出来ず。ほとんど松の木にぶらさがるやうにしてやうやく難をのがる。いつまでたてどもやまず、遂に只々恟々《きょうきょう》として松の木により、居る間二時間ほどになりぬ。や丶間のありし故《ゆえ》、木かげに入り、さて食事はいかになりしかと、人々もとの食堂に入れば、お膳《ぜん》は其ま丶なれども、其上にデンキのほや*のこわれ、マントル*の落ちたり、瓦のおちしため、土ほこりは山とちり、とても其ま丶食事はおぼつかなく、さりとて御清所《*おきよどころ》は火災をおそれて、すべての火は皆々手早く消してしまひたる所ゆへ、御ひつの上かわをとりのけ、内部の所の御飯をすくひ、漬物《つけもの》などにて立食をなし、次のものも、あり合せのものを食してすまし、一ト先《まず》、気もおちつきたり。此時もたへず震動し居り。（大12・9・1）

地震が「小やみ」となった午後三時すぎ、守正《もりまさ》は摂政《せっしょう》であった裕仁《ひろひと》の安否を気づかい、赤坂離宮にでかけた。裕仁は宮中におり、庭に避難していた。帰路、守正は閑院宮《かんいんのみや》邸と永田町の鍋島邸を見舞う。

ほや　火屋。ランプやガス灯などの火をおおうガラス製の筒。
マントル　ガス灯の火炎をおおい、火光を発するもの。
御清所　台所。勝手元。

松の木につかまる人々　「松の木につかまらねば立って居れず」とある。『大震災之記』

夕方になっても余震はおさまらず、伊都子は不安を隠せない。

　十五分乃至《ないし》三十分の内には、かなりつよき地震あり。少しもおちつくひまとてもなく、びく／＼してくらす。少々日も西にかたぶきたるに付、こゝろぼそくなり、五時ころ、あかりは無論つかず、火の用心もあしくゆへ、どうにかこしらへたる夕食（皆外にてしたもの）を、又々芝ふへもち来り、食す。しかし今日

は、朝買し魚などありて御馳走《ごちそう》なり。かたづけものも、あかるい内にしてと、いそぐ。（大12・9・1）

夕食のかたづけを急ぐころ、下町方面から火があがった。

此ころ、下町方面より立ちのぼる火事のほのふは天をこがし、雲が烟《けむり》が一つとなりものすごき有様、何ともいわん方なし。風はなけれども、水道はとまり消防のせんなく、やくるがまゝにして居《お》るとて、次々と火災の報つたへられたり。ソラ今銀座は、ほのふにつゝまる、三越はやけおちた、やれ芝にきた、田町《たまち》から溜池《ためいけ》、さて新宿とほとんど山手をのぞくの外《ほか》は火の海と化し、避難する民左右にさまよひ、みるかげなきありさまなり。燃熱《ねんねつ》地獄なり。今後、いかになり行《ゆく》らん。（大12・9・1）

午後より汗《あせ》は出るし、こゝちあしく、少しく地震も間隔ありし故《ゆえ》、湯殿《ゆどの》の外にドーコ*をわかし、取あへず、われら三人*、

＊ドーコ　銅壷。銅製の湯わかし。
＊三人　守正・伊都子・規子。

行水《ぎょうずい》をかゝり、衣服など取かへたり。其後の湯にて、次の人々、外にて湯をかゝりたり。（大12・9・1）

午後、松平恒雄夫妻と長女節子《せつこ》が梨本宮邸にきていた。恒雄の妻は、伊都子の実妹の信子である。長男の一郎は大磯にでかけており、皆が心配していたところ、三時半ごろ「ヒョッコリ」帰ってきた。

六時ごろ、渋谷の松濤園《しょうとうえん》に避難する伊都子の実母栄子《ながこ》が、梨本宮邸前をとおる。永田町が火災との知らせに驚く。こうして日は暮れ、灯火もないまま、伊都子は不安の一夜をむかえた。

火の手は四方へひろがり、天は赤くかゞやきて、いつはつべき様子《ようす》なし。そも／＼この地震の震源地*はいづこなるらんと、人々言ひ合ひ居れども、いまだわからず。只われ／＼の考へに、いつもドーンとひゞく音が南の方より来る故、大島あたりか房州《ぼうしゅう》の海岸方面なるならんなど、色々相想《あいおもう》なり。日はくれる、燈下《とうか》はなし、いかにもせんなし。時々地震は

震源地　相模湾。伊豆半島と大島の中間。

ゆれども、大胆にも家に入り、少しにてもとかや*に入り寝る
つもりなれども、地震のため、おどろかされ、気は立、いか
にもねむれず。ぐづ〱して居ると、火災はます〱つよく、
人心悩々《きょうきょう》としてくらす。（大12・9・1）

*かや　蚊帳。

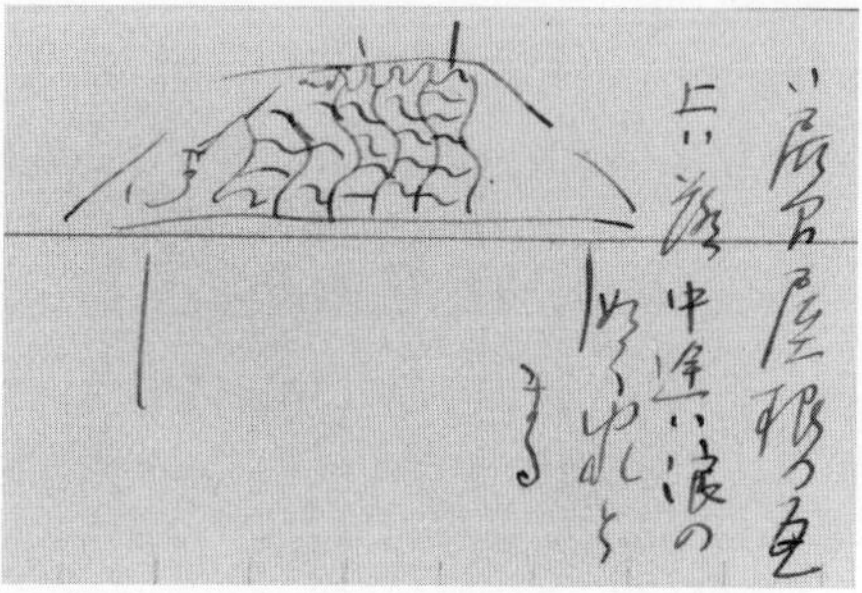

屋根瓦の絵　屋根瓦が波のようにゆれているようすを伊都子が描いたもの。『大震災之記』

この日の記録の上欄には、欅《けやき》や松の木につかまる人びとと、波打った屋根瓦の絵がある。屋根瓦《やねがわら》の絵には「御居間屋根の瓦、上は落、中途は浪の如くゆれ、とゞまる」と記されている。また、王世子夫妻の安否や、近衛歩兵第四連隊の兵士が手伝いと警戒にきた記事もある。

流言蜚語

関東大震災の惨劇は、地震と火災による被害のみではなかった。根拠のない流言蜚語《りゅうげんひご》によって多くの朝鮮人や中国人が殺害されるという痛ましい事態が

おき、また、震災の混乱のなかで、平沢計七《けいしち》ら労働運動家一〇名が亀戸《かめいど》署で軍隊に殺されたり、無政府主義者の大杉栄《おおすぎさかえ》が憲兵隊内で扼殺《やくさつ》されたりする事件もおきた。朝鮮人殺害をひきおこした流言蜚語は、朝鮮人が放火したり井戸へ毒を投げたり暴動をおこしたりしたというものであった。この流言蜚語の発生源がどこであったかは定かでないが、内務省警保局は九月二日に「東京における朝鮮人暴動」を打電し、各府県知事に警戒をよびかけていた。

たとえば埼玉県では、県内務部より一市九郡をへて各町村にたいし、「東京に於《お》ける震災に乗じ暴行を為《な》したる」朝鮮人多数が「川口方面より或《あ》いは本県に入り来《く》るやも知れず」という通牒《つうちょう》が発された。このため県内各町村に、当局の指導によって、日本刀・竹槍《たけやり》・鳶口《とびぐち》などで武装した自警団が出現し、各地に検問所を設けて警戒した。不審な人物は発音などを調べ、朝鮮人とわかると警察に連行し、あるいはその場で処分するなどの暴行を加えた。こうして虐殺された朝鮮人は、六千名をこえるという。

二日、午前一時すぎごろ、李垠《イウン》と方子《まさこ》が避難してくる。

二日午前一時過とおぼしきころ、庭の方よりこえあり。王世子両殿下、火災近づき危険に付、御避難のため御出になったとの事。直《ただち》にテント内に出、御迎し、今の内に御手まわり品をはこんで置た方よろしからんと、王世子の自動車とこちらの自動車にてかよひ、御手許品・衣服などもてるだけはこぶ。（大12・9・2）

火はひろがり、被害の状況が伊都子の耳にもはいってくる。伊都子夫婦は、渋谷松濤園《しょうとうえん》に避難した鍋島一家を見舞い、永田町の鍋島邸が全焼したとの話を聞いた。

両人は九時過より一寸《ちょっと》出かけ、松濤園に御見舞に行。とう〳〵永田町は全焼し、新館の一部のこるのみとの事。鍋島直《なお》明《あきら》*の所に避難遊ばし居れり。午後に至《いた》り火勢も次第におとろへ、麻布は全く安全のよしゆへ、午後二時ころ御むかへの自動車来《きた》れる故《ゆえ》、王世子両殿下と一と先《まず》、御かへりになれり。（大12・9・2）

鍋島直明　男爵。陸軍少将。貴族院議員。邸は渋谷区神山にあった。

天皇嘉仁《よしひと》は日光におり、侍従武官が飛行機ででかけ地震の状況を説明した。

東京の内、宮城《きゅうじょう》の外、青山・赤坂のある部分、麴町《こうじまち》の一部、小石川・四谷《よつや》も一部、牛込《うしごめ》等の町々をのぞく外は、全部焦《しょう》土《ど》と化す。

二日、早朝より陸軍の飛行機出動して偵察の任にあたり、大阪へも通報に。又、日光へ侍従武官同乗して、地震の情況を上奏のため赴く。毎日二回位づゝ飛びて偵察す。地震は少しく間多くなりたれども、いまだ中々ゆれて、こゝろもとなし。（大12・9・2）

夕方、伊都子は「朝鮮人暴動」の流言を聞く。伊都子は、「色々大切なる品々とりあつめ鞄《かばん》に入れ、衣服をきかへ、立のきの用意」をした。松平恒雄は、護身用のピストルと鎗《やり》などを持って、付近を警戒した。夜になると、梨本宮邸の外では、今こっちへ朝鮮人がにげこんだ、いやあっち、という声とともに、ピストルを撃つ音や小銃の音がし、戦場のようなありさまとなった。

テントと武装兵士　テント内でのごろ寝のようすと武装兵士の絵。テント内には、伊都子の妹信子とその長女節子もいっしょに避難している。『大震災之記』

夕刻、又々行水《ぎょうずい》して、はじめて家の内にて夕食をなし、追々おちつくならんとよろこび居たるに、火事の鐘《かね》の音きこえたる故《ゆえ》、裏に出みるに、人々さわぎ、いたづらに、やけない家に火をつける人がある、大へん〳〵と云《い》ひつゝ通る人あり。又、東北の方にあたり火の手はエン〳〵とあがり、又々、昨夜の如《ごと》く雲もあつくなりつゝあり。いづこなるらんと思ふ内、宮様、表よりかけてならせられ、朝鮮人の暴徒おしよせ来り今三軒茶屋のあたりに二、三百人も居る、それが火をつけてくるとの事。

これは大へんと家に入、色々大

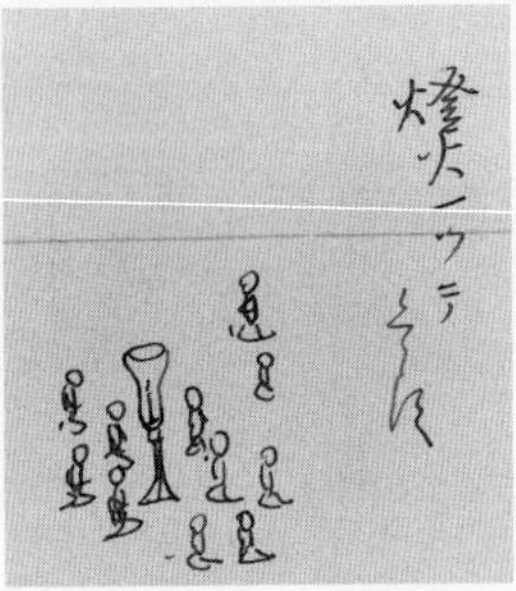

灯火ひとつでくらす　ろうそくも貴重品であった。『大震災之記』

切なる品々とりあつめ鞄《かばん》に入れ、衣服をきかへ、立のきの用意し、庭のテント内に集り、家中の人々、皆々庭に出、火をけし、恟々《きょうきょう》たる有様。日はくれる。心細き事かぎりなし。遠くにて爆弾の音などどする。

松平信子は節子をつれ避難し来り。恒雄・一郎は護身用のピストル・鎗《やり》等持ちて家の付近を警戒するよし。其内、兵隊十二名・憲兵三名・巡査も来り、邸内のすみ〳〵それ〴〵かため、テントのまわりも兵と家の人々にてかため、いつにても夜はふせぐ有様ものすごし。いまだ、もう、せんなし。運は天にまかせ、もろ〳〵の神の御守護をまつのみと、一日おがみてしづかにテント内に居る。

やがて、門内には町よりの避難民ぞく〳〵入りこみ、玄関前など二千人余も居る。此時の心といふものは何もなく、只《ただ》、無事ならん事のみ、心に神をいのるのみ。

十時ころ、よびこの音して町の方そう〳〵しく、何かと思へば、今こっちへ朝鮮人にげこんだ、いやあっちと外は外にて人ごえ多く、兵は猟銃をつけ、実弾をこめてはしる。其内にピストルをうつ音、小銃の音、実に戦場の如《ごと》し。やがて又静かになる。今、宮益《みやます》にて百数十名、六本木にて何名とつかまったとの事。夜通しおちつかず。一同テント内にて、夢うつゝの如くしてくらす。（大12・9・2）

*宮益　渋谷区で古くから栄えた商店街。梨本宮邸にそって宮益坂があった。

この日の日記の上欄には、「二日夜のテント内、ゴロ寝の有様」「武装の兵士」「燈火一つでくらす」と題された三つの絵が描かれている。

三日、午前二時ころより、少しく静かになり、少しく居寝るやうになる。暁ちかくなれば、下弦《かげん》の月は、ものすごくりて、漸次《ぜんじ》、夜は明けかゝりぬ。

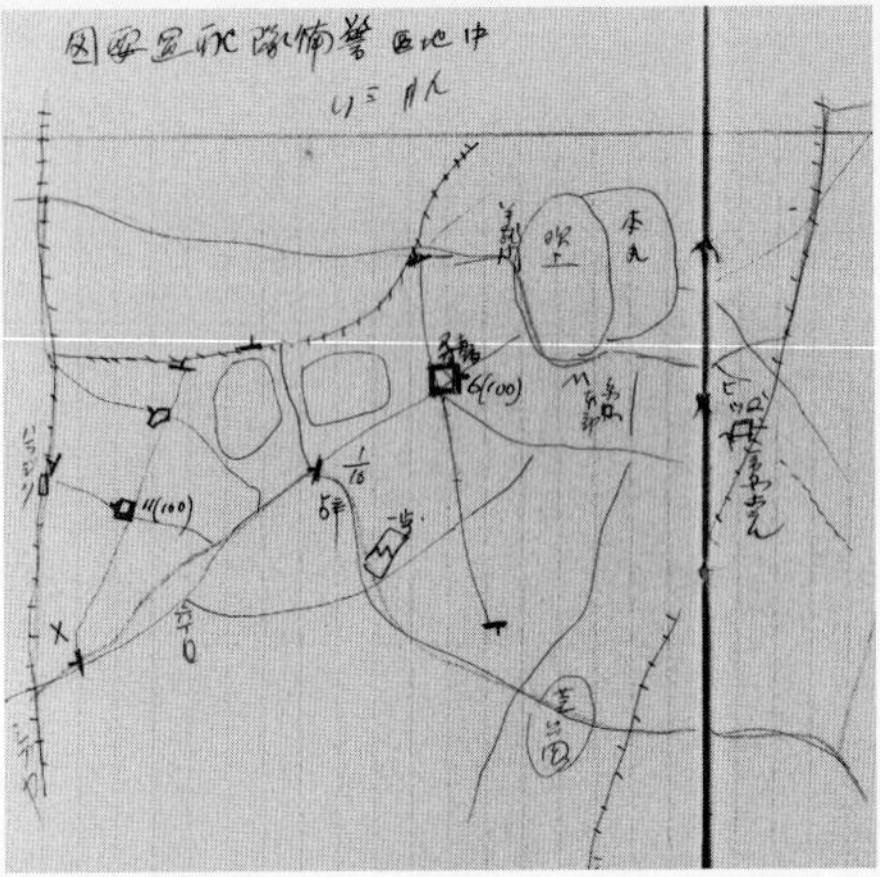

警備隊配置要図　左下の×印が渋谷の梨本宮邸。その右上の鳥居坂の李垠邸にも警備隊が配置されている。『大震災之記』

五時、夜明くれば、人々の心も安心出来、避難民も少々づゝ引上ぐ。しかし兵隊は其まゝ警戒しつゝあり。午前九時ころ、御兄上様・直泰*・直明、三人、御礼及御《ご》機《き》嫌《げん》伺《うかがい》に御出になり、これから永田町の焼跡をみに行との事なりき。（大12・9・3）

飛行機は盛んに飛んで偵察。次々に報道しつゝあり。横浜*は火災のため、全滅。鎌倉も同様。大磯付近も惨害多。箱根も全滅。小田原も火災をおこして全滅のよし。（大12・9・3）

直泰　伊都子の兄直映の子。

横浜…　横浜でも火災の被害は多く、工場や加入者電話機の九〇パーセントが焼失、焼死者も多かった。また箱根の温泉地では旅館が渓谷に落下した。鎌倉の山階宮別邸、藤沢の東久邇宮別邸、小田原の閑院宮別邸などが倒壊し、山階宮妃佐紀子が圧死したりした。

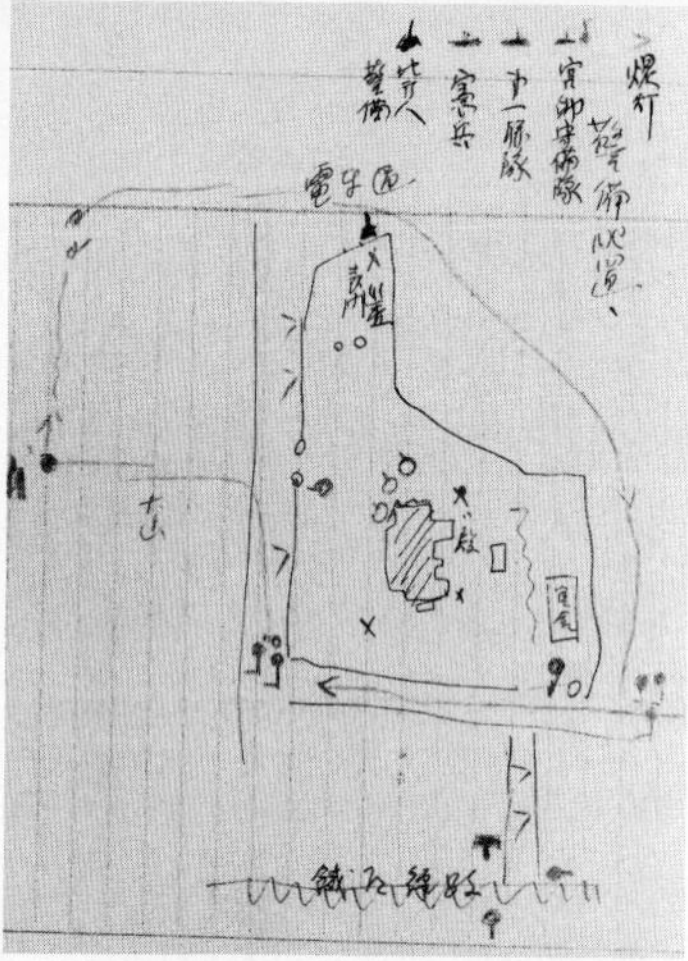

梨本宮邸警備配置　軍隊・憲兵・巡査などによるものものしい警備のようすが描かれている。『大震災之記』

李垠《イウン》夫妻は宮内省に避難した。流言を信じて暴徒と化した人びとから守るためだろう。「又々」とあるところから、何度か宮内省に身を寄せたと考えられる。

伊都子は赤坂見附・原宿・渋谷周辺の「警備隊配置要図」と、梨本宮邸の「警備配置」を描き、「警備の兵隊は、昼間といへども、たへず邸の内外をみまはり居り、もはや大丈夫なり」と記した。

そして、「朝鮮人暴動」がデマであったことがわかる。

追々考へてみると、朝鮮人の暴徒は全くうそにて、神奈川県*にて罪人をはなしたる故《ゆえ》、それらの人々色々流言を以《もっ》て人々を

神奈川県…　横浜刑務所では、二四時間以内に帰ることを条件に、囚人たちを釈放した。

さわがせ、朝鮮人も多少居ったにはちがひないが、皆悪るい心はなく思ひちがひのためひどい目に会ったものもあり、後それらの事わかり、悪くない朝鮮人はよく集め、ならし野*に送り保護する事となれり。（大12・9・3）

*ならし野　千葉県習志野。騎兵連隊・鉄道連隊などの軍事施設があった。

「ならし野に送り保護する事となれり」という記事は、気になる。千葉県内で軍隊がおこなった朝鮮人虐殺のほとんどが習志野連隊によるもので、平沢計七ら社会主義者を殺害したのも同連隊であったからである。九月二日の真夜中から五日にかけて、習志野近辺で朝鮮人一六名と、日本人八名が殺害されたという。そして、習志野収容所内で虐殺された朝鮮人もいた。

戒厳令下のくらし

大震災後の戒厳令下で、伊都子はどのようなくらしをしていたのだろうか。

余震は度々《たびたび》あれども、第一日よりはよほど少なく、半分ほどになれり。しかし、夜中多し。大かた庭にてくらし、夜に入りて少しおちつきたる故《ゆえ》、入浴して食事をなし、一同つかれたるに付、一つは燈火の節約のため、七時過に寝につく。まづ〳〵心も少しくおちつきたり。（大12・9・3）

蠟《ろう》そく不足に付、なるべく使用を節約し、奥は一本をつけて、一同詰所にあつまり、早く寝《ね》り、暁明くれば起きいでるやうにする。宮内省にもらひに行けるに、わづか白黒まぜて十本くれた。其後、久邇宮《くにのみや》より二、三本被下《くださ》る。大《おおい》にたすかる。しかし、いつまでつゞくかもしらぬ故、なるべく倹約して、やはり一本づゝつけて、ほとんど暗やみでくらす。（大12・9・3）

四日になっても、人心はおちつかない。

四日、午前一時ころ又々外の町の方そう〳〵しく、人声多し。何事かと思へば、やがて臼井のこえにて、申上ます、只今より五分内に大地震ゆる*といふ事云《い》ひふらし、一同大さわ

ゆる　揺る。

ぎなりとの事といふ。それゆへ一同は又々つゝみをもち、ふとんをかぶりいて庭に出、どうなるかと心配する内、五分、十分、二十分とたち、巡査はそれ〲警察に聞合せるに、全く誤伝にて流言との事にバカ〲しく再び寝につく。夜明にきて少々ゆりたれども、大した事なく朝となる。兵は同じくまわる。*（大12・9・4）

梨本宮邸内外の警備はつづく。

邸の内外、市中、すべて軍隊にてかため、それ〲警備とゝのへり。

邸内の歩哨《ほしょう》は近歩四*引上、本日より士官学校生徒二十名ほどづゝ交代にて、昼夜警戒す。昼は表車置場に、夜は御居間前テント内に。（大12・9・4）

まわる　巡回する。

近歩四　近衛歩兵第四連隊。東京。

この日の午後、山手線が復旧。上欄に「避難する人々、山手線の荷車」と記した混雑する汽車の絵がある。

本日、午後より山の手線に汽車通じ、貨車と客車とつなぎ、ゆる〳〵と運転し、避難民を運搬す。其人、多数にて、とてもはなしにならず（無賃）。人の山もり。窓といわず屋根といわず、いたる所にぶらさがり、汽罐車《きかんしゃ》にまでつかまり、少しはしらば、ふりおとされん勢なり。（大12・9・4）

五日、守正は宮内省に避難中の李垠《イウン》をはじめ、各宮を訪問。山階宮《やましなのみや》武彦と賀陽宮《かやのみや》恒憲《つねのり》は、宮内省に避難していた。また閑院宮《かんいんのみや》載仁《ことひと》と北白川宮妃富子《とみこ》は、別邸のある小田原から駆逐艦《くちくかん》で帰京していた。

守正は昼ごろ帰邸。宮内省から、米・醤油《しょうゆ》・缶詰《かんづめ》などをもらってきた。新聞もとどくようになった。

宮様は昼ごろ還御。宮内省より米・醤油・罐詰《かんづめ》等をもらひ、御かへりになる。

本日より東京日日新聞、発行。二ページなり。大阪毎日の二日三日の新聞、本日、飛行機もち来る。(大12・9・5)

飛行機や軍艦が出動し、偵察や救援物資の運搬にあたる。しかし、電気はつかず、相変わらず夜は暗い。

飛行機は戒厳司令部の命により、毎日二回づゝとび偵察し且《か》つ大阪・神戸等と連絡しつゝあり。本日軍艦にて大阪より米五十万石《ごく》来る。其他各所より糧食ぞく〳〵来る。ろうそく不足に付、夕刻やう〳〵さがし出し、あんどんを三個出し、これを諸々つかふ。あとは奥は暗黒。用事の時のみ火をつける。(大12・9・5)

大磯別邸の被害を聞く。

大磯別邸は倒壊をまぬがれたれども、多大なる損害を受け、

東京日日新聞　毎日新聞の前身。九月一日、号外と二ページの新聞を発行。その後通信がとだえて休止状態にあり、六日付で二ページの新聞が再刊された。

あんどん　行灯。油皿をそえて灯火をともす。

まづ瓦《かわら》は大かた落、雨戸は皆庭にはづれ、ガラスもこわれ、電燈は落ち、水のタンクは飛んで下の百姓家あたりに落下、モーターも飛び、煙突もとび、湯わかしもたほれ、避雷針の如《ごと》き行え不明。（大12・9・5）

五日は余震もだんだん減少。「毎一時間約五回となり、初発当時の六分の一に下れり（第一日は三百回位あり）」とある。

六日、「宮内省からあひる二羽来る。一同へわけてやる」。

七日、「皆、外をあるくには水筒《すいとう》をさげ、警視庁のゆるしを受けた印をつけなければ、出られぬよし。とても女子供らあぶなし」「公設市場は開かれたり。又各所にて食糧所の授与あり」。

先般来、色々風評あり。

守正王殿下は薨去《こうきょ》せられた、大磯にて家屋倒壊のため、などゝはり出したとておどろき、はせつけ来るもの多かりしが、皆、無事の顔をみてよろこぶ。こは、東《ひがし》久邇宮《くにのみや》第二王子師正《もろまさ》

のまちがひならん。（大12・9・7）

八日。まだ余震はつづくが、復興がはじまる。

午前一時半、二時過、三時と、丁度《ちょうど》四時ころまでに四、五回かなりつよき地震あり。一度は外に出る。

宮内省より建築及び邸内の損所を見に来る。

鉄道大隊及《および》工兵の力により、追々汽車も通ずるやうになり、本日あたり横浜へも通ずるよし。

食糧は各府県より同情を以て送り来り。続々集中し、中々多数との事、安心なり。昼ごろ宮内省より又々ブリ半尾・キヤラメル五・チョコレート（板）十二・罐詰《かんづめ》数個来る。一同にわけてやる。

猶《なお》、芝浦より軍艦に避難民をのせ清水港方面へ向ふ、毎日。

市内各所にバラックを建てゝ収容す。（大12・9・8）

九日、「午前〇時二十分、かなりつよき地震あり」。この日も、宮内省から食糧がとどいた。

又々、宮内省より醬油《しようゆ》十六本入一箱、梨《なし》一箱、さけ罐詰一ダース、＊白粉罐詰一ダース、魚来る。

渋谷町長は冷蔵庫の魚（＊カマスごと）一包献上したいとて持参す。受ける。一同に数尾づゝわけてやる。下方まで。サバ・イシモチ、凡《およそ》八十尾斗《ばかり》。（大12・9・9）

白粉　小麦粉などの食用の白い粉をいうか？　あるいは白子か？

カマス　むしろでつくった袋。

一〇日、「電車も一部通ずるやうになれる」「宮内省内匠《たくみ》より人来り。被損場所を見。又、電気の技師来り。皆しらべかへる」。

一一日、女子学習院も当分休学。「追々平穏になり、付近一帯電燈つく」。

一二日、避難民の救済のため各宮家合同で五十万円をだす。

避難民賑恤《しんじゆつ》のため各宮合同にて、金五十万円を震災救護事務局へ。及、各宮家にてわれ〳〵一同衣服を裁縫《さいほう》し遣《つかわ》す事。

二十枚づゝ。猶《なお》、自ら傷病罹災者《りさいしゃ》を慰問のため各病院へ出かける。いつ子は第一・第二衛戍《えいじゅ》病院及帝大病院。（大12・9・12）*

二五、六日。市中のおちつきが、もどりはじめる。

やう〳〵少しく静かに整理をしつゝあり。工兵も爆破などの用すみしだい帰隊するよし。各地より出来《いでき》たれる巡査及在郷軍人等も今月中に全部引上るよし。

第一・第二衛戍病院　第一衛戍病院は隼町、現在の国立劇場付近に所在。第二は、現在の世田谷区太子堂付近に所在した。

デモクラシーの風

新しい文化

娯しみ

伊都子の周辺には、どのような娯楽があったのだろう。

大正二年（一九一三）一一月一三日、学習院女学部記念日。この日の催し物は、小学科第一年級七名の遊戯「日の丸の旗」、第二年級による修身談話「子鳩《こばと》」、第三年級六名の読本朗読「ひよどりごえのさかおとし」などであった。第六年級の梨本宮方子《まさこ》と山階宮《やましなのみや》安子によるフランス語対話「記念日」もあり、このときは一同が起立した。

一一月一五日、梨本宮邸では、規子《のりこ》の七歳祝いと「大喪」で延期した守正・伊都子・方子の誕生祝いを、いっしょにおこなった。くじ・折寿司・口取り・正宗一本・料理などがでた。夜七時からは仮装行列・剣舞・長唄などで「大にぎわひ」。洋館で記念撮影をして、詰所で茶菓を食し、一〇時退散。方子の仮装は源頼朝《よりとも》であった。

大正七年一月一八日、赤十字篤志看護婦人会新年会で、「はさみの早わざ」（紙切り）などがあり、あとは茶菓子や福引などののち、四時半に帰った。大正九年六月六日には、「島津公爵邸の園遊会に行。両人と規子。余興に、狂言二、支那人の手品等にて、茶菓」とある。大正一一年一二月二五日、松平恒雄邸でクリスマス。

七時ごろ、いつ子は御むかへかた〴〵行てみる。中々よく出来たり。長唄などしてきかせ被下《くださ》る。九時かへる。＊あかり付西洋菓子一・文房具・手帳・千代紙・折り紙・チヨコレートなどさし上げる。（大11・12・25）

大正一四年六月六日、李垠《イウン》夫婦と規子をつれて、帝劇で芝居見物。

帝劇へ行。今度のは、皆、歴史的よきものばかりゆへ、御＊ゆるしいでたるなり。

1、一条大蔵卿、2、戻り橋、3、名工柿エ門、4、二人

あかり付西洋菓子　ローソクつきケーキ。

御ゆるし　守正の許可。

特に本社に謹写を許されたる
梨本宮妃殿下の御日常
—四—
たまつき

玉突きをする伊都子　大正13年３月21日付『萬朝報』夕刊の記事。腕前はよく、二女規子や宮付の事務官らと楽しんだ。梨本宮邸内での撮影。

袴。

非常におもしろく、ことに柿エ門の力のある事、実にミのある芝居なり。十時四十分はねて、十一時かへる。（大14・6・6）

そのほかに伊都子の日常的な娯楽には、「琴《こと》」「かるた」「写真やきつけ」「活動写真」「油絵」「蓄《ちく》音《おん》器《き》」「玉突き」「トランプ」「テニス」「花火」「自動車運動」「買物」「つみ草」「栗ひろい」「ラヂオ」「マージャン」などがあった。「自動車運動」とは、ドライブである。

あんパン二百五十個

木村屋のあんパンが製造されたのは、明治七年（一八七四）といわれる。一個五厘《りん》であった。しかし、明治期の伊都子の日記にカステラは登場しても、あんパンの記事はない。あんパンが登場するのは、大正末になってからである。

大正期の日記にある菓子や果物の名前を、いくつかひろってみると、「五色豆」「ビスケット」「魚せんべい」「ゑびあられ」「カステイラ」「こはく糖」「大磯まんぢう」「ウエーハス」「アイスクリーム」「台湾産のめづらしきボンタン」「栗羊かん」「台湾より献上の水瓜《すいか》」「バナヽ」「シトロン」（レモンに似た柑橘《かんきつ》類）「甘栗（七円五十銭）」「スヰートポテトース（一箱二円五十銭）」「かきもち」「おたふく豆」「八ツ橋」「桜桃」「三島のいちごジャム」「オレンヂのシロップ」「かしわもち二百」「びわ」「キャンデー（三十円）」「懐中しるこ百個」「三島のぶどう」「台湾のジャボン」（ザボン・ミカン科の常緑灌木《かんぼく》）などがある。

大正一〇年（一九二一）三月五日、木村屋のあんパンが、日記にはじめて登場した。王世子邸のひな祭りに「木村屋あんぱん、六円分持参」とある。あんパン一個の値段は、大正六年で二銭、大正一二年で二銭五厘であったというから、「六円分」は、一個二銭として三〇〇個になる。またこのころには「タートケーク二個」（あんをカステラで巻いた菓子）という記事もある。

台湾総督*田《でん》男爵より、バナヽ。（大12・5・14）
*次へ、アンパン三十五。（大12・12・1）
朝、木村屋のアンパン五十個取りにやり、出来たてを鍋島家へもたせてあげ、久々御様子《ようす》御伺《うかがい》申《もうす》。（大13・1・12）
女官方へ木村屋のアンパン二百五十個。（大13・1・18）
ショートケーキ献上、次へアンパン。（大13・1・29）

田男爵　田健治郎。大正八年から四年間、台湾にとどまった。
次　侍女ら使用人をさす。

あんパンの記事は、大正一二年の暮れから、翌年正月にかけて集中している。当時、女官や「次」の人びとのあいだに人気があったのだろう。伊都子は「御みや」にもってはいくが、もらってはいない。

飛行機の時代

大正期の伊都子《いつこ》が、もっとも関心をよせて日記に綴《つづ》っていたことは、飛行機であった。
日露戦争後、日本はフランスから飛行機四台と操縦技術をとりいれた。明治四三年（一九一〇）一二月一四日、日《ひ》野《の》熊蔵《くまぞう》大尉が代々《よよ》木《ぎ》練兵場《れんぺいじょう》でグラデー式単葉機で飛行に成功。一九日には、徳川好敏《とくがわよしとし》大尉がアンリ＝ファルマン式複葉機で飛んだ。日本における飛行機の時代の幕開けであった。

伊都子の日記に飛行機の記事がはじめてあらわれるのは、大正元年（一九一二）一〇月二七日である。

伊都子は早朝五時半に起きて待っていた。

昨夜の新聞にて、今暁午前五時半より六時の間に徳川式飛行機、所沢《ところざわ》を発し、一度代々木に着し、さらに東京市中をめぐるとの事を見たる故《ゆえ》、五時三十分より起床して二階に上り、代々木方面をみつめゐたるに、六時二十分頃《ころ》ブー〳〵と音を立、西北の方よりめざま

飛行機の時代　上下２枚の主翼をもつ複葉機にのりこむ将校。場所は、代々木練兵場であろう。中央右の洋装の婦人が伊都子か？

しき飛行機見えそめたれば、皆々全身とび立斗《たつばかり》よろこび、拍手したり。(大1・10・27)

翌大正二年二月二七日、各師団長らのために、代々木練兵場にて飛行機実見があった。

西の空に黒子《ほくろ》の如《ごと》く、一点の黒きもの見ゆるとゝもに、ブーン〳〵といふうなり聞えたる故、飛行機〳〵と大さわぎするまに、頭上高く八百メートルの所より一廻し、代々木の着陸地点に下降す。(大2・2・27)

この日は「非常な風にて、下にても、ひや〳〵するほどあやうかりき」という状況であった。三月二八日、所沢で陸軍機が墜落して初の犠牲者がでたが、伊都子の日記にはなんの記載もない。

六月二一日、第三回武総大飛行。武田少尉が事故にあう。

武田少尉は十一時三分、*国府台《こうのだい》に無事着陸。前同様、花たばをもらひ、十一時四十分、再び帰路につく。途中、時々突風に出合ひ、*中野気球隊の西北方約二里なる、板橋在赤塚村にさしかゝりたるころ、発動機に故障を生じ、危険にせまりたるよし。同少尉は冒険的、四百メートルの高所より空中滑《かっ》走《そう》をなし、無事麦畑に着陸するを得たり。幸に機体及少尉とも少しもさはりなかりしは、一同の愁眉《しゅうび》を開きたり。(大2・6・21)

飛行には、事故の危険がついてまわった。翌二二日には、海軍の飛行機が横浜の本《ほん》牧《もく》沖で故障して着水、水雷艇に救助されている。

伊都子の飛行機への関心はつよく、七月九日には野外飛行予定計画書にある飛行経路や注意事項、操縦者の名前を列挙している。八月一八日には、新聞で陸軍飛行機が六日間の大飛行をすることを知り、その操縦者と飛行経路の地図を記入した。一一月二二日、一般民衆の関心もつよく、技量の下手な飛行大会には不満もでた。宇都宮でのこと。

国府台　千葉県市川市の北西部。

中野気球隊　現在のJR中野駅の北側、中野区役所周辺にあったが、航空機の発達により衰退した。

当市宝木練兵場にて、奈良原式飛行航空大会あるよしにて、朝から花火などどうち上げ、大景気なれども、飛行はおもしろからず終りしよしなり。（大2・11・22）

今日も飛行すよしなれども、あとにてきけば、あまりよろしからず。一般観覧者より色々苦情ありしよしなりき。（大2・11・23）

大正三年、第一次世界大戦が勃発、日本も参戦。九月六日、「わが海軍飛行機、膠《こう》州《しゅう》湾上に飛翔《ひしょう》して偵察せり」とある。

大正五年四月八日、米飛行家スミスの曲芸飛行。

午後はスミスの飛行。午後二時、花火三発の後、お二階にいたれば、プルペラーの音高。やがて空中にまひ上り、千二百メートルの高さまでのぼりて、やがて白きけむりを出し、宙返り・横転・逆転・さかおとし等、実に手に汗《あせ》をにぎるは

なれわざ。二十分間にて直下、着陸せり。（大5・4・8）

六月一一日、伊都子は宇都宮でのスミスの曲芸飛行を見物、「色々はなしをなし、握手をなし、金二万疋《びき》を遣《つかわ》す」。一六日、「北海道に行しスミス氏、午後三時十五分、飛行中墜落し、大タイ骨々折との事、通知あり。実におどろき」。

大正九年三月八日、「所沢京城間、陸軍大飛行、本日開始」。一二日、「今日無事、飛行機京城に着せり」。飛行経路は、所沢・大阪・広島・大邱《テグ》・京城《けいじょう》。五機のうち二機が飛行を中止、全飛行時間は、一二時間前後であった。

大正一〇年一一月一七日から横浜大演習。前日の一六日、皇太子裕仁《ひろひと》は天皇の代理として、横浜大本営へむかう。

東宮《とうぐう》殿下、横浜大本営へ御出。飛行機のよび飛行などあり。（大10・11・16）

秋晴。暁の夢をやぶりて砲の音すさまじく、飛行機のも又《また》さかんなり。大演習も追々すゝみしならん。（大10・11・18）

秋晴よくつゞく。相かわらず飛行機ぜめ。午前十時ころ、

追いつ追はれつして、いさましき空中戦なりき。（大10・11・19）

午前四時より飛行機の音して大砲ドン〳〵はじまり、けふは*最後決戦日なり。*玉川べりにおしよせしなり。六時過一番ゴー〳〵と砲の音なりひゞき、ものすごし。〇時半、休戦ラッパはなりひゞきて無事特別大演習は終了す。（大10・11・20）

最後決戦日　陸軍大演習の最終日。
玉川　多摩川。

大正一二年九月一日、関東大震災。飛行機が情報伝達手段として有効性を発揮した。『大震災之記』には、関東戒厳司令部情報部発表の「陸軍飛行隊の活動」という文書が綴《と》じてある。同文書には「震災後、第一番に日光田母沢《たもざわ》に飛行して、天機を奉伺《ほうし》した飛行機の外に、殊勲の飛行は次の如《ごと》くである」とし、「逸早く震災を世界に伝達した殊勲飛行機」と「出動命令を急達した殊勲飛行機」の事例をあげている。

つまり、日光滞在中の天皇との連絡のほかに、東京方面の震災状況を関西に知らせ、大阪から世界各国に伝えさせたこと、通信網が切断された状況で各部隊に出動命令を伝えさせ、地方の軍隊の迅速な東京集中をなしとげたこと、これらに飛行機の活躍があったというのである。「飛行機は天候の観測もなく飛行を断行して、途中『ガソリン』が無くなって各務原《かかみがはら》に着陸」「東京の上空は火煙の上昇気流の為《ため》、飛行機が浮上《うきあが》り、下舵《したかじ》が利《き》かないで、非常な危険に遭遇した。此の事は欧州戦にも其の定例はなからふ」と、栄誉をたたえている。

ラジオ放送

大正一四年（一九二五）三月一日、東京芝浦《しばうら》放送局でラジオの試験放送が開始された。二二日、仮放送開始。七月一二日、芝愛宕山《あたごやま》で本放送がはじまり、ラジオの普及がひろまった。大阪・名古屋でも放送が開始され、ラジオ展覧会も催された。この年のラジオ聴取契約者は、東京一三万、大阪四万八千、名古屋一万四千という。受信機は鉱石式が一〇円、真空管式が一二〇円であった。

新しいもの好きの伊都子は、ラジオのとりこになっていた。

アンテナなしにて感ずる上等のラヂオ機をすゝめて、ためしてみよと持ちきたゆへ、とにかくきこうとて、夜〇時からかける。なるほど真空管も六個あり、大なるゆえ、音もよく大きくきこへたり。二、三日かりておく。（大14・6・14）

二、三日前より、ラヂオこゝろみ中なりしが、いよ〳〵よ

さそうゆへ、御買上の事になり、あらためて申遣《もうしつかわ》す。（大14・6・16）

ラヂオのカバーを作るので、手製にて、いそぎ縫《ぬ》ふ。わりにひま入る。（大14・6・17）

七月一二日、本放送開始。

いよ〳〵東京放送局も、あたごの山上に出来上り、今日より本放送にうつるに付《つき》、午前八時半より、にぎ〳〵しき事なり。後藤子*の挨拶《あいさつ》、君が代及軍楽隊の演奏。午後は十二時半より羽衣*、一時半より中村歌右衛門氏一派のラヂオ劇、桐一葉*、中々の上出来。久る島さん*のおとぎ話。午後七時半より、又々音楽、近衛秀麿*さんのオーケストラ、山田耕筰《こうさく》氏の音楽、長唄など数々あり。九時四十分終る。（大14・7・12）

後藤子　子爵後藤新平。
羽衣　能楽の曲名。
桐一葉　豊臣氏の没落を主題にした戯曲。坪内逍遙作。
久る島さん　久留島武彦。口演童話家。
近衛秀麿　指揮者・作曲家。公爵近衛篤麿の二男、文麿の弟。

大磯の別邸でもラジオを欠かさない。東京と大阪の両方の電波が届いた。

東京よりラヂオの技師二人来り。色々なほし、一寸《ちょっと》、室内だけアンテナを引、電池を取かへなどしたるに、ジー〳〵音することなく、よくきこゆるやうになる。（大14・8・6）

七時四十五分からのラヂオ、いつもの如《ごと》くきいてゐたら、丁度《ちょうど》八時二十分ころ、ソプラノがすみ、三分間休みの時、一寸針にさわったら、外の音きこえ、程よくまわしてゐたら大阪のがきこえた。琴と次がバイオリンなどなり。次には又《また》、東京のをきく。（大14・8・21）

二九日、帰京。ラジオも持って帰る。品川駅に迎えにきたシトロエン（フランス製高級車）に「そっとのせて無事かへる」。

九月一日、関東大震災二周年。

大震災二周年記念に付、昼は例により、にぎりめしに罐詰《かんづめ》。ラヂオでは色々思ひ出のものなど放送せらる。朝は増上寺《ぞうじょうじ》の僧の読経、次は神祭《しんさい》にて神田明神々官、次はキリスト教の。十一時五十分は永田秀次郎のはなしなど、色々あり。（大14・9・1）

大正一五年一月三日、百人一首朗読。

午後六時より山田均氏の百人一首朗読放送。中々めづらしく、三回のよみにて九時二十五分終了。（大15・1・3）

三月二日、アンテナをはり、大阪放送を受信。三日、名古屋放送を受信。八月一〇日、大磯のラジオが故障したので、東京のラジオをシトロエンではこばせた。守正も伊都子も、ラジオのとりこになっていた。

神祭　神道の法式によっておこなう祭礼。
永田秀次郎　関東大震災のときの東京市長。

地方のくらし

七夕まつり

大正期の守正は、名古屋歩兵第六連隊長・宇都宮歩兵第二八旅団長・京都第一六師団長などを歴任した。伊都子は守正とともに、名古屋・宇都宮・京都に居をかまえた。また、大磯・日光など別邸でのくらしも長かった。

市中は*二荒山菊水祭《ふたらさんきくすいまつり》にて、非常なる賑《にぎわ》ひ。山車《だし》なども四十余本出、にぎ〳〵しき事。人出も多し。(大2・10・26)

けふは*節分にて、諸々の社などにて除難式《じょなんしき》等あり。豆まきなどあり。午後三時半還御。夜はいり豆を年だけひろい、四つ辻にやくおとしにやる。(大3・2・4)

宇都宮にては毎年、節分の翌日、花市といふものあり。色々ゑんぎものをうり出し、ビラ〳〵のまゆだまの如《ごと》きもの、大黒様の付たるものなど、買ひたり。(大3・2・5)

二荒山菊水祭　一〇月二二日の将門の乱鎮圧にちなむ秋山祭につづく祭り。

節分　宇都宮での節分。

明日は旧二月一日の*初午《はつうま》のよしにて、当地は非常に稲荷様をまつるところとて、軒前、小ほこらあり。各方面にて、今夜より作り物などして太鼓《たいこ》をたゝき、にぎ〳〵しき事なり。（大3・2・24）

八月六日、大磯の七夕。

エントーサセー〳〵とて、さけびて来る。こゝは九時ころに参れと申やりたり。朝の散歩もすみ、九時過になれば、門前におしかけ、一ト組はみこしの如《ごと》きものをかつぎ、エントサセー、ワッショコーラ〳〵と云《い》ひ、あとのは、さゝをもち、何やらいふて後、エントサセーとて地面をたゝき、悪まはらひのよし。一同へ菓子と金とをやり、三組来りて中々やかましく、終日こゑ聞えたり。夜は提灯《ちょうちん》をつけて、組頭御礼に来る。（大3・8・6）

初午　二月の初の午の日。稲荷神社で祭礼がおこなわれる。

大正四年八月、ふたたび大磯の夏。

午前五時ころより、例の如く七夕祭りとて、村の子供ら、さゝをうちふり〳〵エントサセ、ワッショコラとて大さわぎ。九時に三組揃《そろ》って、みこしとさゝと来り。中々の賑々《にぎにぎ》しさにて、いつもの如く、お菓子と金五十銭づゝ遣《つかわ》したり。又《また》、夜は御礼とて提灯をつけて来れり。（大4・8・6）

午前九時半ころ、いつものごとく、村の子供ら盆踊りに来る。二組にて、にぎ〳〵し。例の如く御菓子と金一円をやる。（大4・8・15）

大正五年二月、宇都宮。

今日は旧の十二月三十日とて、夜はおそば、片田舎にては皆旧にてするよし。（大5・2・3）

将校婦人会

守正《もりまさ》が、名古屋・宇都宮・京都などの軍務についていたとき、伊都子は東京のみならず、任地での赤十字社看護婦人会・愛国婦人会・将校婦人会など各種婦人会活動にも臨んだ。

大正二年（一九一三）八月三一日、守正は名古屋歩兵第六連隊長から宇都宮歩兵第二八旅団長へ昇進。九月五日、伊都子は「名古屋市へ金三百円下賜《かし》」。一〇月三日、宇都宮着。

終日ひどき雨なりき。停車場より大通りには、各男女の学校生徒ぬれながらに整列し迎へたるは、実に気の毒なりき。

（大2・10・3）

いつ子は偕行社《かいこうしゃ》に至《いた》り、当地に於《おけ》る婦人、即ち将校婦人会・篤志《とくし》看護婦人会・愛国婦人会等の幹部の人々、及、廿八旅団司令部々員の婦人、六十六連隊*の上長官夫人等を招き、茶菓を与へ、ゆるりと談話をなし、三時過かへる（四十三名）。

（大2・10・20）

*六十六連隊　宇都宮。

大正三年三月一〇日、宇都宮での陸軍記念日。

今日のために東京よりとくに呼びよせたる戸山学校軍楽隊、一日滞在に付、遊ばして置くもとて、将校婦人会のために演奏会を催《もよおし》たるなり。集りたるもの、凡《およ》そ四百五十余名。非常におもしろく十時かへる。（大3・3・10）

六月、栃木県知事夫人北川小糸は、しばしば伊都子を訪問。また、第一次世界大戦勃発により、栃木県の各婦人会の銃後活動も活発となった。

大正四年三月八日、赤十字社婦人会例会「人体骨格等に付講話」。

大正五年三月八日、「参謀長夫人小野寺英子来り、逢《あ》ふ。そして来る十日の記念日にきてくれとの事に付、行くべく返事す」。この日、師団長夫人栗田富士子も伊都子を訪問。

三月一〇日、宇都宮にて陸軍記念日。

午前十時より練兵場にて連合演習・騎芸、午後は競馬（地方）・剣術・角力《すもう》等あるに付、午前九時二十分より、将校婦人会の人々ともに見物すべく行。（大5・3・10）

五月六日、鍋島邸に、赤十字社地方支部長らが集まる。伊都子の母、栄子《ながこ》が会長であった。

赤十字社総会に付、午前九時十五分出門。日比谷公園に行。皇后陛下行啓《ぎょうけい》あらせらる。午後、鍋島会長邸にて地方支部長其他会合に付、皆々集る。君様方*ならせらる。いつ子も同様。にぎ〳〵しく御庭にて、猫八*・琵琶《びわ》などあり。四時半かへる。（大5・5・6）

君様方　閑院宮智恵子・伏見宮経子ら皇族妃。
猫八　ものまねの芸。

八月一八日、守正は東京第一旅団長となり、二二日、宇都宮での別れの宴が開かれた。

大正六年一月一七日、東京。愛国婦人会新年会。「本日、愛国婦人会に金十円下賜

す」。一九日、赤十字社篤志婦人会発会、本野一郎外相夫人久子の「露国のはなし」。

八月六日、守正は第一六師団長となり、京都へ赴任。伊都子は京都では「五の日」、つまり、五日、一五日、二五日に、将校の夫人たちを五名ずつ招いている。このような夫人相互の交流は、夫である将校間の職務遂行をも円滑なものにしていたであろう。

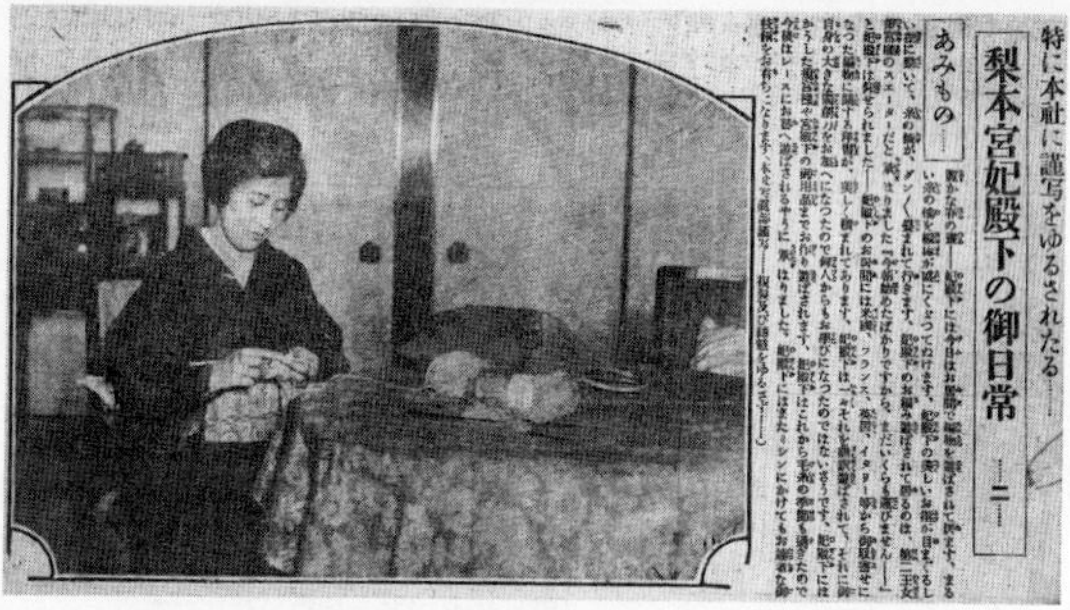

「梨本宮妃殿下の御日常」『萬朝報』夕刊の連載記事。海田なみ子が切りぬいて所持していたもの。伊都子は、編物や掃除はしたが、料理はしなかった。

各種婦人会の要《かなめ》として伊都子は、地方婦人たちを国家行事に結びつける重要な存在となっていた。

宮妃の切りぬき

大正期の茨城県龍《りゅう》ケ《が》崎《さき》町に、海田英二《かいたえいじ》という県会議員がいた。大地主でもあり、銀行資本家でもあった。在郷軍人会分会長もつとめ、さらに龍ケ崎町長を二度経験している。第一二代と第一五代で、その期間は大正四年（一九一五）四月一四日から八月二四日までの約四か月間と、大正八年九月一九日から一二年九月一八日までの四年間であった。

海田英二が第一二代町長となる前年に第一次世界大戦が勃発し、日本はドイツに宣戦布告をした。日本軍は中国山東半島を攻撃し、ドイツのアジア支配の拠点であった青島《チンタオ》を攻略した。龍ケ崎では青島陥落祝賀提灯《ちょうちん》行列がおこなわれている。第一五代町長在任中に、ソ連への革命干渉戦争であるシベリア出兵があり、黒龍江《こくりゅうこう》河口のニコライエフスクで龍ケ崎出身の部隊が全滅している。

英二の妻なみ子は、町長夫人・愛国婦人会会長として、地域の女性の指導的地位にあった。なみ子は『婦人世界』『婦女界』『婦人画報』などの婦人雑誌を定期的に購読しており、中央の情勢にもくわしかった。これらの婦人雑誌には、皇族妃などの写真が巻頭に掲載されていた。なみ子の皇族妃への関心はつよく、当時『萬朝報《よろずちょうほう》』が七回にわたって連載した伊都子の写真つき記事を、わざわざ切りぬいておいたほどである。

連載は大正一三年三月一八日から二五日までの七回分であるが、切りぬきは、第二回から第七回までの六回分が見つかっている。題は「特に本社に謹写をゆるされたる……梨本宮妃殿下の御日常」とある。記事内容を紹介すると、第一回は「お裁縫」、以下「あみもの」「御書見」「たまつき」「御製作」「おんうた」「お写真」の小見出しで、それらの業にいそしむ伊都子の和服姿の写真と、かんたんな説明記事が載っている。

第七回の最後には「謹写を許されたる御写真は、此の外にもまだ油絵の御製作やら、草花のお手入れ、御散歩などもあります。之《こ》れ等《ら》は更に機会を見て発表することにいたします」とある。これらの切りぬきは、皇族妃と地方政治家夫人とのあいだの精神的なつながりを暗示している。

なお伊都子の日記をみると、大正一三年三月一三日に『萬朝報』が写真をとりにきた記事がある。

かねて願出ありし萬朝報記者より、御家庭に於《おけ》る御写真をうつさせてとの事なりしゆへ、十三日午後一時より三時の間なればよしと申遣《もうしつかわ》したり。丁度《ちょうど》、一時半、記者及写真班同伴来る。奥御座敷

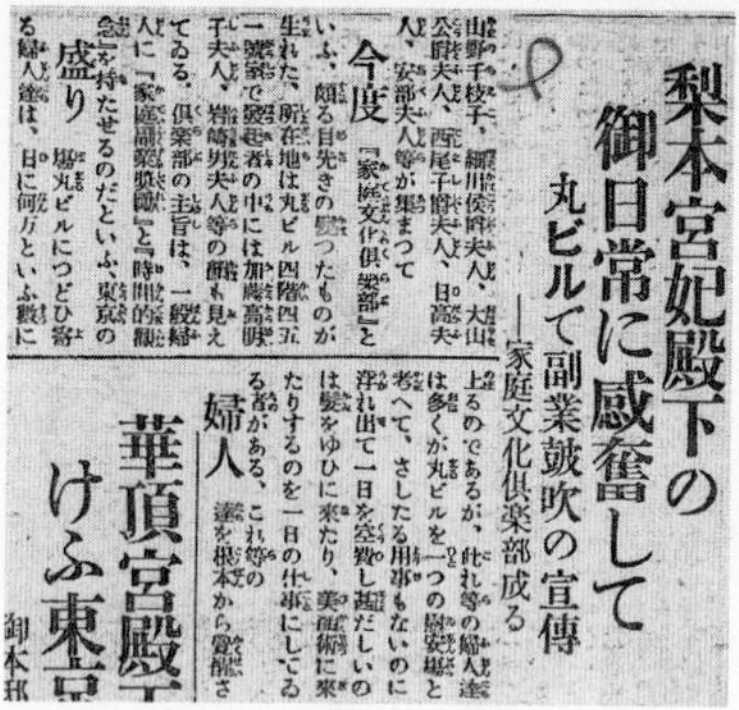

梨本宮妃殿下の御日常に感奮して
丸ビルで副業鼓吹の宣傳
――家庭文化倶楽部成る

山野千枝子、細川侯爵夫人、大山公爵夫人、西尾子爵夫人、日高夫人、安部夫人等が集まつて

今度

『家庭文化倶楽部』といふ、頗る目先きの變つたものが生れた、所在地は丸ビル四階四五一號室で發起者の中には加藤高明子夫人、岩崎男夫人等の顔も見えてゐる。倶楽部の主旨は、一般婦人に『家庭副業獎勵』と『時間的觀念』を持たせるのだといふ、東京の

盛り

場丸ビルにつどひ寄る婦人達は、日に何万といふ數に上るのであるが、此れ等の婦人達は多くが丸ビルを一つの娯楽場と考へて、さしたる用事もないのに浮れ出て一日を空費し甚だしいのは髪をゆひに來たり、美術に來たりするのを一日の仕事にしてゐる者がある、これ等の

婦人

達を根本から覺醒さ

華頂宮殿
けふ東
御本

家庭文化倶楽部結成の記事　大正13年3月24日付の『萬朝報』。これも海田なみ子が切りぬいて所持していたもの。

にて七、八枚、各種の姿、又玉突なども写し、御庭にて二、三枚とり、二時過かへる。

（大13・3・13）


ところで、第七回目の記事がでる前日、『萬朝報』は「梨本宮妃殿下の御日常に感《かん》奮《ぷん》して　丸ビルで副業鼓吹の宣伝──家庭文化倶楽部《クラブ》成る」という記事を掲載している。これは、「御日常」の連載記事を読んで、山野千枝子はじめ細川護成《もりしげ》侯爵夫人孝《こう》子《こ》（護立《もりたつ》の兄嫁）・大山柏《かしわ》（巌《いわお》の長男）公爵夫人武子（近衛篤麿《あつまろ》の長女）・加藤高明伯爵夫人春路《はるじ》（岩崎弥太郎の長女）ら華族夫人たちが、「丸ビルを一つの慰安場」と考えて「一日を空費」している婦人たちの覚醒のために「家庭文化倶楽部」を結成したという話である。

「上《うえ》つ方《かた》の妃殿下でさへ、あゝして毎日お働きになって居られるので、一つの髪を結《ゆ》うのに半日、一日を空費するやうな事があっては申訳がありません」とし、ミシンや編み物などを婦人覚醒のために教授するという。『萬朝報』の連載は、有閑夫人覚醒運動のきっかけをあたえることになったようだ。なみ子は、この記事も切りぬいていた。

有閑夫人覚醒の問題とは別に、このころ伊都子はじめ皇族女性の写真は一般の関心を集めていたようで、記者たちが、しばしば伊都子や規子《のりこ》の写真を求めている。とくに規子は山階宮《やましなのみや》と婚約中であり、関心を集めていた。

銀座の伊東屋*に行。二、三買物して、丸ビルに行。上と下、諸々あさりあるき、其内に新聞者らしきものにつけられたるゆへ、一度下りてにげあるき、又、上に上りてさけたれども、とう〳〵みつかり、一枚写真をとられる。（大13・3・26）

婦人界よりの願ひにて、規子の写真うつしに来れるなり。しかし、此ほどあまり写真をあちこちに出し、色々書たてらるに付、事務官より色々談ぱんし、あらためてあやまりたるに付、ゆるしてうつさせる。（大13・4・17）

婦人画報社より、規子の写真を出したきに付、御家庭の所をうつしていたゞき度《たい》といふから、午後一時半より来れと申。御庭やら、家やら、日本服やら、洋服やら、テニスやら色々うつしたり。（大13・6・22）

伊東屋　文房具店。

八月一二日、大磯別邸に『東京日日新聞』がくる。また大正一四年九月八日には、銀座で買い物中に写真をとられて、夕刊にでた。この当時、伊都子はよく銀座にでかけている。チャリティーバザーのブロマイドを買ったこともあった。

いつ子は銀座へ。まず*同情週間の即売店の松屋へ行しに、*名流自書の此店は、はや午前十一時で全部売きれとなりしよし。つまらぬとて早速出で丶、*白木へ行。ゆる／＼買物して、さらに伊東屋などに立より、四時半かへる。（大14・12・14）

夜に入りてから、松屋から同情週間の内の幸四郎と梅幸の写真に自書したものを、もつてきた。一枚三円。（大14・12・15）

同情週間　歳末助けあい週間。
名流自書　有名人の自筆もの。
白木　白木屋。

雲上人

鴨猟

大正期は、日本の国際社会での地位も高まり、各国大使や武官らとの親善のため、しばしば鴨猟《かもりょう》がおこなわれた。

鴨猟は、江戸中期に幕府や大名家が社交の一種としておこなっていたもので、明治になると宮内省が皇室の接待用として利用するようになった。鴨猟場は埼玉県越谷《こしがや》と千葉県市川にあった。越谷の鴨猟場は明治四一年（一九〇八）に開かれ、およそ一一万六千平方メートル、大半が沼沢と雑木林から成る。鴨は、おとりをつかって手網ですくいとり、調理して賓客に供したりした。

伊都子も鴨猟のため、越谷まででかけ、ときには百数十羽もとった。この鴨猟は、第二次世界大戦後、占領軍高官に日本の宮中制度を理解してもらうために利用されることになる。

大正三年（一九一四）三月二四日、雨中の鴨猟。イタリア大使夫妻らが参加。

今日は、かねてに、越ケ谷御猟場にて、外国使臣等へ鴨猟仰せ付るゝよしにて、いつ子へ出席いたすやうにとの事にて、あやにく朝より雨なりしが、午前八時、自動車にて出門、浅草ステーションに行。こゝより一同とゝもに越ケ谷に汽車にて、＊伏見若宮も御一緒。同九時五十分着。非常な雨故《ゆえ》、一時、

伏見若宮　伏見宮博恭（ひろやす）。

御家の内にてやすみゐたれども、中々鴨集らず、大閉口《へいこう》。ごた／＼しゃべり、とう／＼昼になり、午餐《ごさん》もともにし、午後やう／＼一回づゝ猟し、皆にて九羽とれ、二時五十分、雨中をたちて、三時五十分浅草につき、何の御みやげもなく、四時五十五分、青山の邸へかえる。ビショぬれ。（大3・3・24）

第一次世界大戦中のためであろう、こののち大正九年四月一二日まで、しばらく鴨猟の記事がない。

自動車にて越ケ谷御猟場へ赴《おもむ》く。九時四十五分着。外国大公使らは汽車にて着。十時過、それ／″＼組をきめ、始、やう／＼いつ子一羽をとる。（大9・4・12）

鴨六十六羽とれる。（大10・3・19）

浅草停車場より一同とゝもに汽車にのり、越ケ谷に行、武州大沢駅*にて降り、人力車にて御猟場へ行。昨日に引かへ、よき晴にてあたゝかく、人数もすくなく、かへって度々《たびたび》とれ、

*武州大沢駅　現在の東武鉄道北越谷駅。

大よろこび。（大11・2・28）

八十五、六羽とれて、四時三十五分帰京、五時かへる。けふは幸、四月一日故、皆々をだませ、汽車不通といふと、皆々おどろき、これもあとでわかり大笑ひ。（大11・4・1）

越ケ谷の外交団鴨猟に赴く。あまり天気よすぎてとれず。（大12・3・24）

けふは中々成績よく、百三十羽もとれる。（大14・3・17）

寄り合い

伊都子の日記には、天皇家をふくむ各宮家とのあいだの懇親会・親睦会などにかんする記事がある。子供同士の集まりもあった。

けふは、かねてより御約束にて、*子供らの御客様の日なり。あやにくの雨にて、御庭にも出られず、残念なり。

伏見若宮の恭子《くにこ》女王・敦子《あつこ》女王・知子《ともこ》女王・博英《ひろひで》王。久邇宮《くにのみや》良子《ながこ》女王・信子《のぶこ》女王・智子《さとこ》女王・邦英《くにひで》王。

*子供ら　久邇宮良子は一四歳、伏見宮博英は六歳であった。

朝香宮《あさかのみや》紀《き》久《く》子《こ》女王。九名様なり。
山階宮《やましなのみや》安子《やすこ》女王は御病気にて御ことわり。余興に二時半より天洋一座の奇術、三時過より御やつを上《あがり》、あと一寸《ちょっと》、奥にて御遊びをなし、五時より日本活動株式会社の活動*数番あり。六時より御膳を上、朝香様はこれにて御かへり遊ばし、後、又、活動二、三番して、八時過、皆々様、大々よろこびにて、還御《かんぎょ》遊ばしたり。御手みやげに、かごに西洋菓子をさし上げる。（大5・4・23）

けふは皇族親ぼく会、芝離宮。十年目位なり。めずらしき事。一家族一同、より合ふ。四十名ほど。余興は狂言（二人《ふたり》袴《ばかま》・かたつむり）・講談・しんこ細工*等にて、御池の釣《つり》もあり、にぎ〳〵しく立食ありて、五時半解散。われ〳〵は白襟紋付《しろえりもんつき》、子供らは遊仙《ゆうせん》。（大8・11・2）

活動　活動写真。映画。

しんこ細工　白米を粉にしたもので花や鳥などをつくり食するもの。

この年、ニコライ二世一家は革命勢力によって処刑された。そして第一次世界大戦が終結し、ドイツの戦争責任や山東半島権益の日本への譲渡などを明記したベルサイユ条約が調印された。さらにロシア・オーストリア・ドイツの三帝国は崩壊し、社会主義革命政権が誕生した。「十年目位なり」という皇族親睦会の開催は、平和の到来への喜びというより、ロシア革命に象徴される時代変動への危機意識の反映であったのだろう。

大正一一年六月四日、皇族一同が子供づれで懇親会を開いた。

中々あつし。兼《かね》ての如《ごと》く、午後一時より、皇族一同子供づれにて懇親会を赤坂離宮にて開催。そして皇太子・*淳宮《あつのみや》・澄《すみ》宮《のみや》を御招き申、其他、*宮内大臣をはじめ各部長等よび、色々、手品・活動・しんこ細工・切紙・狂言・自転車曲芸などにて、立食位の御茶。にぎ〳〵しく、総数百五十余名。午後六時、散会。（大11・6・4）

大正一五年六月二七日、日曜日、皇族の「寄り合い」が開かれた。

朝香宮・賀陽宮《かやのみや》主催、皇族より合。終日、きらくに遊ばん

淳宮・澄宮　淳宮はのちの秩父宮、澄宮は三笠宮。
宮内大臣　牧野伸顕。

との事にて、われ〳〵も新宿御苑に赴く。ふだん着のまゝとの事。

十一時ころより、思ひ〳〵好きな事をし、正午はうちとけて食事をなし。午後からゴルフの方やら、テニスの方やらにて、にぎ〳〵しく、四時半ころかへる。徳恵様も御つれし、御送りして、かへる。（大15・6・27）

一一月二八日、日曜日。未成年皇族の集まり。

二時より皇族の未成年の方々を御招きし、余興に百面相・紙きり・ものまねなど御らんに入れ、三時から茶菓をさし上、四時ごろ御かへり相成りたり。（大15・11・28）

皇族講話会

欧州情勢をはじめとする時事問題に、伊都子ら各皇族が関心をもっていたことを示す記事がいくつかある。とくに注目されるのは、皇族講話会の記事である。

大正四年六月一二日の日記に、「例の皇族講話会のため、伏見宮御邸へ。初会。皆々様御揃《おそろい》遊ばされたり」とある。前年、日本はドイツに宣戦布告して、第一次世界大戦に参戦、中国山東省の青島《チンタオ》を陥落させた。そして、この年、日本は中国に関東州租借《そしゃく》期限、南満州鉄道権益期限の延長などを求めた二十一か条の要求を提出し、中国では排日運動が激化していた。「初会」とあるが、明治期の日記には、守正が講話会に出席したことを示す記事があり、この年の初会という意味か。あるいはあらたに発足した会なのかもしれない。

伊都子の日記の記事からすると、皇族講話会は各分野の第一人者を講師として招いた勉強会で、月に一度ほどの割合で、おもに土曜日の午後に催されていた。

霞ケ関にて皇族講話会に付、方子《まさこ》をつれて行。加藤博士の世界に於《おけ》る婦人の位置などに関する話あり。（大4・10・9）

講話会に付、霞ケ関離宮へ行。いつもの如く細川*の話の後、大竹大佐*、世界戦乱と婦人とて色々はなし。（大5・5・27）

皇族講話会に付、霞ケ関へ行。はじめは細川の女四書*、次は阪谷芳郎*の欧州視察談にて、おもしろく。（大6・1・20）

細川　細川潤次郎。男爵。元華族女学校長・文事秘書官長（のちの内大臣秘書官長）。
大竹大佐　参謀本部付大竹沢治。
女四書　『女論語』など、女性のための教訓書四種。
阪谷芳郎　前年パリで開かれた連合国際会議に派遣委員長として出席していた。

講話会に付、芝離宮へ。例により細川。後に稲葉*といふ人の支那政府のはなし。（大6・3・17）

霞ケ関にて皇族講話会に付、いつ子は方子同伴、出席。いつもの如く細川のはなしと新渡戸《にとべ》*博士のはなし。（大6・4・14）

皇族講話会に付、霞ケ関離宮へ。○細川の話。○三上博士*の幕府時代と宮中とのはなし。（大6・12・22）

けふは皇族講話会に付、午後一時半、方子同伴、芝離宮へ赴く。けふは服部博士*と林大佐*の欧州戦争近況の話。（大7・4・20）

方子同伴、講話会に行。高柳少将*の欧州戦争と婦人といふはなし。（大7・9・28）

講話会に付、霞ケ関離宮へ行。服部博士と野村海軍大佐*の米国のはなし。（大7・10・12）

皇族講話会に付、午後二時より芝離宮へ行。市村博士*と田*中少将の西比利亜《シベリア》の近況の話。（大9・5・29）

稲葉　稲葉四郎。第一五師団参謀。中国通。
新渡戸博士　新渡戸稲造。東大教授。前年、東南アジア各地・香港・ハワイなどへ出張していた。
三上博士　三上参次。東大教授。歴史学者。
服部博士　服部宇之吉。東大教授。東洋哲学者。
林大佐　林弥三吉。参謀本部課長。のちウラジオ派遣軍参謀。
高柳少将　高柳保太郎。参謀本部第二部長。
野村海軍大佐　野村吉三郎。のち駐米大使。
市村博士　市村瓚次郎。東大教授。東洋史学者。
田中少将　田中耕太郎。海軍少将・軍令部第三班長。ロシア通。

当時、日本軍はロシア革命を干渉するためにシベリアに出兵していた。パルチザンが日本軍捕虜を殺害した尼港《にこう》事件がおきたのは、五月二五日のことである。

皇族講話会に付、芝離宮へ、いつ子は行。宮様は後楽園より王世子と御同車にて芝離宮へならせらる。かへりは御一所。市村博士と海軍少将の独乙《ドイツ》、其他、戦後視察談。（大9・6・26）

皇族講話会に付、芝離宮へ。午後一時半、市村博士と山内海軍少将の海軍と航空といふ御はなし。（大9・9・25）

けふは本年最終の皇族講話会に付、御食事あり。服部博士と山崎理学博士*の太平洋の現況といふ、おもしろきはなし。（大10・12・10）

皇族講話会を場所の都合にて当邸へ催す。閑院宮・賀陽宮大妃・山階宮大妃・伏見若宮妃・王世子妃等。あと事務官・其他にて、志賀重昂《しげたか》*氏、南亜弗利加《アフリカ》及南米パラグワイ国の話。中々おもしろし。（大12・5・5）

秩父宮邸にて、御催し。法学博士末広*の農村問題のはなし、

山崎理学博士　山崎直方。東大教授。地理・地質学者。

志賀重昂　国粋主義者。地理学者。

末広　末広厳太郎。東大教授。法学者。

及、白鶴の高野長英《たかのちょうえい》のはなし。(大13・2・23)

午後は三人*出かけ、皇族講話会にて、麻生正蔵氏の、○我国男女教育上の重要問題。(大13・4・19)

皇族講話会。閑院宮邸にて伏見宮主催。山田三良*《さぶろう》博士の日米について及排日問題についてといふはなし、及、後に貞山*の講談あり。(大13・5・24)

大正一三年五月一五日、米議会は排日条項をふくむ新移民法を可決。二六日、大統領が裁可した。

三人、皇族講話会にて東久邇宮《ひがしくにのみや》邸へ行。徳富猪一郎*《とくとみいいちろう》の歴史についてといふはなし。後、桃川若燕《じゃくえん》の講談。(大13・12・20)

夜、秩父宮邸にて皇族講話会。新渡戸*博士の国際連盟の話。(大14・1・17)

三人、皇族講話会に久邇宮邸へ行。安達*大尉の欧訪飛行経過のはなし。次に明治節*競技の活動写真あり。(大15・1・16)

三人　守正・伊都子・規子。
山田三良　東大教授。国際私法学者。
貞山　一竜斎貞山。第六代。
徳富猪一郎　蘇峰。国家主義思想家。
新渡戸博士　稲造。当時国際連盟事務次長。
安達大尉　安達二十三。参謀本部員。
明治節競技　明治天皇誕生日を記念しておこなわれた。

皇族講話会。みうちの番。霞ケ関にて開く。講師は陸軍少将松下。支那のはなし。最近の内乱、戦争に就《つい》て。（大15・3・6）

講話会に付、午後一時半、出かける。*藤山雷太《らいた》氏、南洋みやげばなし。ジャワの有益なるはなし。二時間にわたり、中々おもしろく、且《か》つよくわかりたり。（大15・4・24）

皇族講話会にて、*古谷公使のメキシコのはなし。（大15・5・22）

閑院宮主催にて、講話会のかはりに、午後六時より霞ケ関にて満蒙の活動写真と*李王殿下国葬の活動あり。中々有益にて、おもしろし。満蒙の説明は長く、あちらにはたらいた蔣《しょう》といふ人なり。（大15・7・4）

午後二時より皇族講話会。シャム公使*林のシャムのはなし。（大15・9・25）

皇族講話会に付、午後二時、霞ケ関に行。徳富の（赤穂義士の源といふ）はなし。中々よくわかり、おもしろくきく。（大15・10・16）

藤山雷太　実業家。台湾の糖業・パルプ業発展に貢献するなど、財界に重きをなす。

古谷公使　古谷重綱。メキシコ特命全権公使。

李王殿下　李垠の兄李坧。大正一五年四月没。

林　林久治郎。のち奉天総領事・ジャワ軍政顧問となる。

皇族講話会は、時事問題などの勉強会になっていた。とくに第一次世界大戦前後の天皇家は、天皇自身の病気、後継者である皇太子裕仁《ひろひと》が若年であることなどもあって、中心となる柱がよわかった。ロシア革命や中国の民族運動に象徴される世界情勢の変転のなかで、各皇族家も時代への自覚が求められていたのであろう。

「御名代」

皇太子裕仁の大正時代の記事をいくつかひろってみよう。裕仁はのちに昭和天皇となり、一五年におよぶ戦争の時代を現人神《あらひとがみ》として君臨し、敗戦後も国家の象徴として四十数年の長期間在位した。

立太子式行なはせらる。賢所大前《かしこどころおおまえ》の儀は、宮様方・皆々様御服喪中*に付《つき》、御出ましなく、妃殿下方のみ。いつ子は身体の都合により出られず。

午後三時、朝見式《ちょうけんしき》に付、両人参内（正装、ローブデコルテ）。（大5・11・3）

久邇宮より御使にて、良子《ながこ》女王殿下を東宮殿下の妃と御内

服喪中 九月二〇日、伏見宮邦家の長女二条恒子の喪をさす。当時の皇族はすべて、直宮をのぞいて伏見宮の家系からでていた。

定の御沙汰《さた》の趣き、御確定相成たるよし。（大8・6・12）

大正九年一一月二日、明治天皇祭第二日、「天皇陛下御名代」の記事があらわれる。すでに一〇月三一日の天長節は皇族だけの内宴で、「御宴会御見合せ」となっていた。

けふは日本晴となり好日《よい》よりなり。午前九時、御出門、明治神宮御参拝にならせらる。東宮《とうぐう》殿下は天皇陛下御名代として行啓《ぎょうけい》あらせらる。（大9・11・2）

新年宴会なれども、両陛下御留守中に付、男だけ。皇太子殿下、御名代にてあらせらる。（大10・1・5）

陸軍始《はじめ》、観兵式。東宮殿下、御名代として、代々木にて行なはせらる。（大10・1・8）

二月一〇日、宮内省は皇太子の婚約に変更なしと発表。この間、皇太子妃候補者の良子は、薩摩《さつま》島津の血統で色盲の遺伝があるとして、長州閥の山県有朋《やまがたありとも》らが婚約をこわそうと暗躍していた。このいわゆる宮中某重大事件にかんする具体的な記事はない。

東宮殿下、御渡欧。十一時三十分、横浜御発香取《かとり》にて御立。宮様は横浜まで御見送り遊ばす。(大10・3・3)

日本晴。午前七時、御出門。宮様は横浜へ東宮殿下御奉迎のため向はせらる。

長途の御旅行、御つゝがもあらせられず、御機嫌《きげん》うるはしく、午前九時御着。十時十分御上陸。十一時十五分、東京駅御着。数万の御出迎、萬歳の中を高輪《たかなわ》御殿*へ還啓あらせらる。宮様は十一時五十分、御かへり。さらに午後二時、東宮御所へならせられ拝謁。後、閑院宮《かんいんのみや》邸へも御悦《およろこび》にならせられ、二時半御かへり。

夜は花火。芝浦にて信濃の大花火二尺玉、一尺玉、七寸玉等、百五十発。御二階より美事なり。七時半、渋谷町民、奉祝の提灯《ちょうちん》行列、御家へ来り。御玄関にて受たり。(大10・9・3)

＊高輪御殿　芝高輪の東宮御所。

一一月二五日、裕仁が摂政《せっしょう》となる。

午前十時三十分、宮様御参内。皇族会議開かる。其結果、東宮殿下は摂政の大任につかせられ、聖上陛下は御脳の為《ため》*、もっぱら御静養専一に遊ばさるべく、万事、東宮殿下、大政をみそなわす事となる。正午、御会食後、三時ごろ還御。（大10・11・25）

風あり、寒さつよし。朝〇点下三度。午前十時より、代々木にて観兵式。摂政宮殿下行なわせる。（大11・1・8）

二重橋*前にて、何者か爆弾を持入らんとして、とがめられ、自爆して、其人は即死せしとの事。（大11・3・17）

四月一九日、英国皇太子エドワードとのゴルフ。エドワードは裕仁《ひろひと》の英国訪問の返礼として来日。伊都子ら皇族も接待。

伊都子は連日、「舞踏のさらひ」をし、四月一四日、「明日の舞踏会、日本服をきるといふ事、話がはじまり、東伏見宮妃は日本服をめすといふ事ゆへ、大さわぎになり、事務官打よりて相談の末、どちらでも此度《このたび》はしかたがないといふ事になり、いつ子は

御脳の為　大正天皇は、髄膜炎による精神的疾患があった。

二重橋前　二年後には爆弾投擲不発事件が起きた。

用意なきゆへ、洋服といふ事にきめる」という一幕もあった。

四月二九日、裕仁の誕生日。

摂政宮御誕生日に付、宮様は午餐《ごさん》に御召しに相成、ならせられ、猶《なお》、午後一時半より余興、角力《すもう》拝見せよと御召しにあづかりたるに付、伊都子・規子《のりこ》同伴、霞ケ関へ伺候す。中々力の入りたる、おもしろき事なり。（大11・4・29）

虎ノ門事件。

本日、議会開院式に臨御《りんぎょ》の御途中、摂政宮の自動車、虎ノ門あとにさしかゝるや、凶漢あらわれ発砲し、自動車の窓ガラスに穴あきたるのみにて、殿下は御無事、議院へならせられ、とどこほりなく勅語《ちょくご》もたまはり、〇時十五分還啓《かんけい》あらせられたる也。あと大さわぎ。（大12・12・27）

結婚。

皇太子殿下は良子《ながこ》女王殿下と賢所大前《かしこどころおおまえ》に結婚の礼を行なはせらる。（大13・1・26）

五月三一日、結婚披露の饗宴第一日。翌日は日曜で休み。六月二日に、第二日の饗宴。

裕仁と良子　大正13年３月、結婚直後のもの。結婚を記念して、宮内省は上野公園と動物園を東京市へ下賜した。

全部、めされる人々を上より下までを三分して、三日間にわかち、一日を凡《およ》そ千人づゝと

し、皇族も三日間にわかれ出席する事。（大13・6・2）

東京市に於《おけ》る御婚儀奉祝会。二重橋前にしつらへたる式場に東宮両殿下の行啓を仰《あお》ぎ、各皇族参列し、全東京市各区より代表者出席、三万人。来賓三千人との事。盛んなる式あり。十一時かへる。夜はにぎ〳〵しき様子《ようす》なり。（大13・6・5）

夜は奉祝のイルミネーション。（大13・6・7）

市役所前にならびし御花電車にあかりつき、み事なりき。（大13・6・8）

裕仁二四歳、良子二二歳であった。

神経衰弱

『原敬日記』には、大正九年（一九二〇）三月三〇日、「陛下御病症」公表と静養についての記事がある。三浦謹之介博士の拝診書には、「近年、御神経、稍《や》や過敏に成らせられ、加之《しかのみ》ならず、一両年前より、玉体内分泌《ぶんぴつ》臓器の一、二、官能失調を惹《ひ》き起したれば、御幼少時の脳膜炎の為《ため》、御故障有之《これあり》たる御脳に影響し、少《すこし》く御心神の緊張を要する御儀式に臨御の際《さい》は、御安静を失はせられ、玉体の傾斜を来《きた》し、御神身の平衡を御保ち遊ばされ難《がた》きが如《ごと》き観あるは、誠に恐懼《きょうく》に堪へざる所なり」とあった。

　しかし、この拝診書を、このまま突然発表することはどうかという意見があり、「陛下、御践祚《せんそ》以来、常に内外多事に渉《わた》らせられ、殊《こと》に大礼前後は各種の典式等、日夜相連り、尋《つい》で大戦の参加となり、終始宸襟《しんきん》を労せさせ玉ふこと尠《すくな》からず、御心神に幾分《いくぶん》か御疲労の御模様あらせられ、且《かつ》、一両年前より、御尿中に時々糖分を見ること之あり。昨秋以来、時々、座骨神経痛を発せらる」という文面になった。

　そして四月一四日には、「本日、皇太子殿下が陛下に代らせられ、英国大使始め三ヶ国の公使に謁見を賜《たま》ひ、国書を御受理ありたるが、御態度並に御言葉等、実に立派にて、宮内官一同と共に、実に感嘆せりと云《い》へり」とあり、皇太子が堂々と代役をはたしたことが記されている。

　伊都子《いつこ》の日々の日記によれば、大正九年四月二〇日の新宿御苑での観桜会は、「皇后陛下、皇太子殿下行啓」とあり、大正天皇の臨席はなかった。

　七月二日、守正《もりまさ》は天皇の代わりに第一次世界大戦終結の「奉告」をしている。七月四日には、伏見宮が代拝した。一一月二日の明治天皇祭第二日は、皇太子裕仁が「天皇陛下御名代」として、明治神宮に参拝した。

大正天皇　明宮嘉仁（はるのみやよしひと）。病弱で48歳で亡くなった。漢詩を好んだ。

『永代日記』にも、大正天皇の病状悪化の経過が記されている。

天皇陛下は御践祚以来、常に内外御多事、ことに大戦の参加となり、始終、大御心《おおみこころ》を労せられ、幾分、御疲労の御模様あらせられ、大正九年度より、ひたすら御静養につとめさせられしが、御発語にも御障害をこり、猶《なお》御安静につとめさせられ、内外の拝謁、御儀式等、御見合せの旨《むね》、発表。

大正十年十一月に至り、左の発表あり。

天皇陛下は御降誕後、三週間を出ざるに脳衰炎様の御疾患に罹《かか》らせられ、御幼年時代に重症の百日咳《ひゃくにちぜき》・腸チブス・胸膜炎の御大患を御経過あらせられ、其為《そのため》、御心身の発達に幾分御後《おく》れさせらる所ありしが、内外御政務に御多忙、日夜、大御心を悩ませられし為、近年に至り、遂に脳力御衰退の徴候を拝するに至れり。目下、御身体の御模様は御変りなきも、諸脳力、漸次《ぜんじ》御衰へさせられ、御発語の御障害あらせらるゝ為、御意思の御表現、甚《はなはだ》、御困難に拝し奉《たてまつ》るは、まことに恐《きょう》くに堪へざる所なり。

かくて、十年十一月二十五日、重要なる皇族会議は宮中にて開かれ、摂政《せっしょう》御任命の勅語宣布《ちょくごせんぷ》を拝するに至り、以後、陛下には、冬は沼津に夏は日光に御転地遊ばされ、御静養につとめさせられた。

十三年ころから、度々脳貧血様の御発作あり。

十四年十二月にも、相当強度の脳貧血の御発作あり。以来、宮城にて御静養後、半歳ぶりに御床上《おとこあげ》ありしに、三日を経《へ》ずして再々御床に入らせられ、八月十日、やう〳〵葉山に御転地あらせられ、まづ御順調にあらせられしが、九月十一日、第一度目の脳貧血御発作あり。月末からは御風気にて気管支カタルを御併発になり、以来、御容体相当に御悪しく、十一月十二日、発熱以来、侍医は一層御手をつくして、御快癒を祈りしが、十二月十六日、御急変。

ちなみに国立国会図書館憲政資料室所蔵の牧野伸顕文書にある「皇室関係書類」によれば、大正天皇は大正一〇年八月一二日ころより、ときどき「御坐所の前方に人が見ゆる」という意味不明の言葉をのべたといわれる。しかし、その後はこれに類する発言はなく、翌年一一月、内山小二郎陸軍大将は侍従武官長の職を辞するにあたり、「御言葉の御不自由なるが為めにして、其当時、御懸念《けねん》申上げしが如《ごと》き、何等、他の原因あるにあらざりし」と、宮内大臣の牧野伸顕に報告している（「聖上陛下御近状」）。

実は、すでに大正一〇年七月一五日、塩原に避暑にむかう車中で、宇都宮通過後より「もうじきか」「まだか」を連発し、口をもごもごさせていたという。塩原御用邸では、庭の飛び石を渡るのに「御恐怖を覚《おぼ》へさせられ」「御入浴の困難は名状《めいじょう》す不可《べからず》」という状態であった。入浴後は平常と変わらず、夕食後には女官らと軍歌を楽しみ、九時ごろから新聞を読んで、寝ている。

しかし翌日も、「御入浴は余程困難なりしよし、昨日以上の様子《ようす》なり、遂《つい》に温泉御浴槽は絶望、西洋式風呂を据付《すえつ》く事に決定す」という状態であった。この夜は活動写真を見て、「初めの一巻は、御気に入りし由《よし》（西洋婦人、海岸にて水浴の景）」、二巻目のころは「御倦《あ》きの御様子なり」とある。

一七日、「階段は困るなあー」とのべた。夕食中に雷鳴があり、「別段、御構《かま》ひなき様、拝見す。唯《ただ》三度ばかり『あれは誰がしているのか』と仰せありたるには驚けり。多分、砲声、或は烟火《はなび》と御誤りになるにはあらずや」と記されている。食後は、女官をひやかし、「如何《いか》にも御面白気に御笑ひ被遊《あそばさ》る。連続的御談話を伺ふは、更に稀有《けう》たり」と、側近をめずらしがらせた（「塩原供奉日誌の一部」）。

ところで伊都子の日記に、つぎの記事がある。

午前十一時、村地博士来り。あまり此ほどより目まひする故、診察。
神経衰弱の方は、よほどよけれども、腸胃は少々あしとて、腹薬色々申、かへる。（大8・9・11）

この当時、守正は満州へ派遣されており、一〇月、風邪をこじらせて気管支炎を併発した。守正は回復するが、伊都子の精神状態は悪くなっている。一一月四日の「宮様も追々御快癒のよし」の記事をうけて、翌五日、つぎの記事がある。

午後十一時ころ、村地博士来り、一ト通りはなし丶後、診察し、此前より少しく神経はあしく、これは此ほどの心配より来るものにて、一時的の事ならんとて、薬をかへ、当分用ゆ。(大8・11・5)

さらに大正一二年一月一二日にも、神経衰弱の記事がある。

伊都子、先ごろより下腹ひきつり、何となく、こ丶ちあしき故、村地の来診を乞ひたるに、少しく脚気のもやうと、神経衰弱とあり。色々療法をき丶て、かへる。(大12・1・12)

第一次世界大戦後の情勢は、伊都子の心にも目に見えぬ負担をかけていたのであろうか。

「万事休す」

大正一五年（一九二六）一二月一三日、大正天皇の容体が悪化した。

聖上陛下、御容体あまりおもしろからず、御心配申上る。いつでもサアといへば葉山*に出られるやう、荷物ごしらへして置く。（大15・12・13）

容体が急変した一二月一六日、伊都子は銀座松屋で買い物中に、知らせをうけた。

今朝も御陛下の御容体御よろしく、六度台にあらせられたる故《ゆえ》、天気も晴となり、方々《かたがた》いまのうちにと、午後よりいつ子は一寸《ちょっと》銀座に買物に行、伊東屋・松屋に入る。松屋にて買物中（二時半ころ）、電話にて、聖上陛下一時過俄《にわか》に御脈あしく、東宮両殿下*は突然御庭より御病室に入らせられしよし。おどろき、直《ただち》に帰邸す。やはり御電話のよしにて直にならせられし御方もあるよしゆへ、六時の汽車にて

葉山　天皇は葉山御用邸で療養していた。

東宮両殿下　裕仁と良子。

葉山に行く事にし、いそぎ入浴をすまし五時に*雲紀をよび、喪服を内々にて申付、*オリエンタルにも帽子《ぼうし》を申付て、二時十分出発す。

臨時汽車、七時三十五分着。自動車にて御用邸に上《あが》る。今は少々御おちつきのよしにて、まづ〳〵安心。九時ころ御病室に入り拝謁し、今夜は退出。直に逗子《ずし》ホテルに入る。(大15・12・16)

逗子ホテルには、閑院宮《かんいんのみや》・同若宮・同妃、伏見宮・同妃・若宮妃・みうち二人、*李王二人、賀陽宮《かやのみや》・同妃、朝香宮《あさかのみや》・同妃、東久邇宮《ひがしくにのみや》妃にて、御付武官、事務官、御用取扱、*属等にて満員なり。

午前十時ころ、一同御用邸に伺ひした。今の所はおちつき遊ばしていらせらるゝ故、交代で居てもよからんとの事に、二時間づゝにて交《かわ》る事にはなしきまり、われ〳〵は一トまづホテルにかへる。

午後六時ごろ、又々御脈あしとの事ゆへ、出る用意して居

雲紀　出入りの仕立屋。
オリエンタル　出入りの洋品店。
李王二人　垠と方子。
属　下級の官吏

りしが、御しづかに御成遊ばされしよしにて、十時の御容体を伺ひ、大丈夫といふ事ゆへ、一同寝につく。（大15・12・17）

御容体まづ〳〵御同様なれども、二時間めに注射をさし上つゝあるよし。午前八時半よりわれ〳〵の番。今日、リンゲル氏液の御注射をさし上る。（大15・12・19）

御同様なれども、まづ〳〵御安心なれども、ゆだん出来ず。

御体温、三十八度に御のぼり遊《あそば》す。（大15・12・21）

朝から御体温三八・一、御脈一一六、御呼吸二五にて、何だか気づかはし。（大15・12・22）

午後四時から出かける番故、ゆっくり食事をなし、入浴でもしようかと思ふ所に、午後一時ころ電話にて、御容体あしきゆへ直に御出ましをといふので、早々支度《したく》して自動車をつらね御用邸に集る。

御体温三十八度九分、御脈一四八、御呼吸三八位にて時々不正、少々御おちつきなれども、御はれもふえ、御爪《つめ》の色など昨日より紫色になり、御鼻の両方をちこみたり*との事。

をちこみたり　死去に際して、鼻の両側が落ち込んだ。

一時間〳〵に御容体は悪しく、九度八分、四〇、四二、といふやうにのぼる斗《ばかり》。不安にて控へ、とう〳〵六時、七時、八時とふくるにつれて御熱も上り、十二時には四一、御脈一六〇以上、算《さん》しがたし。御呼吸八四と、実におそろしきやうなり。(大15・12・24)

夜はしん〳〵とひえわたり、控へゐたる一同もしづまりかへる。

午前一時十七分、宮内次官*は、聖上陛下、大正十五年十二月廿五日午前一時十五分、御危険の御容体にあらせらると申。ア、万事休す。万民の祈りもかひもなく、大君《おおきみ》はとこしなへ*にかへりまさぬ事となりぬ。

同三十分ころ、宮内大臣*は、しほ〳〵として来り、聖上陛下には大正十五年十二月廿五日午前一時二十五分肺炎御増進、心臓マヒにて葉山御用邸に於《おい》て崩御《ほうぎょ》*あらせらる。恐懼《きょうく》に堪へずといふて退《さが》る。直に御践祚《せんそ》あらせられ、神璽《しんじ》登御《とぎょ》御儀あり(三時十五分)。五時ころ御尊骸《ごそんがい》に拝謁し退出す。

宮内次官　関屋貞三郎。台湾・朝鮮などの植民地行政に精通していた。
とこしなへ　常しなへ。いつまでも。
宮内大臣　一木喜徳郎。のち天皇機関説問題で攻撃され、辞任した。
崩御　大正天皇は、明治一二年生まれの四八歳。

ホテルにかへりて一ト先づ寝《ね》り、九時起き昼を早くもらふ。午後四時半、御用邸に参集。明日は舟入り*のはづ、永訣《えいけつ》の儀を行ふはづながら、大臣らの都合により、拝訣《はいけつ》*の式だけ本日行なはせらる。（大15・12・25）

舟入り　納棺式。
拝訣の式　お別れの式。

最期の場にのぞめた明治天皇のときとくらべると、大正天皇の場合は控室で報告をうけるのみであった。この処遇のちがいは、伊都子ら皇族の行動にたいし、宮内官僚が主導権を発揮しはじめたひとつのあらわれとみなせよう。「大臣らの都合により、拝訣の式だけ」というのは象徴的である。

ちなみに『牧野伸顕日記』（伊藤隆・広瀬順晧編）によれば、大正一〇年（一九二一）に宮内大臣に就任した牧野（のち内大臣）は、大隈重信《おおくましげのぶ》・山県有朋《やまがたありとも》ら明治の元勲《げんくん》の死去による世代交代と社会一般の「徳義観念衰退」のなかで、皇室存続への危機感をいだき、皇族問題の処理など積極的な対応をしていたといわれる。このような牧野の動きが、宮内官僚の政治的主導権の確立に大きな役割をはたしていたのであろう。

戦火

富士の姿

昭和初期の風景

昭和二年（一九二七）一月一七日、前年一二月二五日に亡くなった大正天皇の喪に服するため、オックスフォード大学留学中の秩父宮雍仁《ちちぶのみややすひと》が帰国、二九日にはフランス留学中の東久邇宮稔彦《ひがしくにのみやなるひこ》も帰国した。

このころ「世界かぜ」という流行性感冒《かんぼう》が全国にひろがっていた。患者は三七万人ともいわれ、乳幼児を中心に死者もでた。天皇も風邪《かぜ》をひいていた。

長らく天皇陛下御風気にて御引こもりなりしが、三十一日、出御《しゅつぎょ》。今日の四十日祭も御自拝あらせられたり。（昭2・2・2）

二月七日、大正天皇の葬儀。

すでに御車寄には、御轜車《ごじしゃ》は準備なってまち、四頭の牛は身動きもせず、ひかゆ。御霊柩《れいきゅう》はおさまりて、たいまつの火も次々ともされ、今や、全く時刻をまつのみ。くれそめた夕もやの内に、人かげはうかび出、遠くに動く電車のひゞきは、一しほ大きくきこゆ。三分ほど前、遠く前駆《ぜんく》の号令の声、次々とひゞく。やがて正六時、大砲はなりひゞくと、御車寄を御轜車はきしり出ぬ。ア丶この一歩こそ、永久にかへりまさぬみゆきなり。かなしき楽《がく》の音ははじまり、しだい〳〵に、御車はすゝみ給ひぬ。（昭2・2・7）

この年から、梨本宮家は河口湖の別邸で夏をすごすようになる。七月二三日、伊都子《いつこ》は新宿発の汽車で大月へ。伊都子は富士を見るのを楽しみにしていた。しかしこの日も翌日も富士の姿は見えなかった。二五日早朝になって、ようやく「富士みえ、朝日あたる」。この夏は、九月二四日までの約二か月間滞在し、舟遊びや山歩きを楽し

河口湖の別邸　昭和初期の撮影。富士山が好きな伊都子は、河口湖の別邸で夏をすごすのを楽しみにしていた。

んだ。

翌昭和三年も、日常的な記事がつづく。二月の普通選挙法による初の総選挙や、共産党員を一斉検挙した三月の三・一五事件などの記事はない。

このころ田中義一《ぎいち》内閣は、満州（中国東北部）における日本の権益を守ろうとして、三度にわたり中国山東省へ軍を派遣した。二度目の派兵のさい、済《さい》南《なん》を占領し、蔣介石《しょうかいせき》の国民革命軍と衝突した。これは五月三日のことであり、済南事件とよばれている。六月一六日、伊都子は賀陽宮《かやのみや》邸で開かれた皇族親睦会で、畑俊六《はたしゅんろく》参謀本部第四部長から済南事件にかんする軍部の説明を聞いている。

なお、六月四日、関東軍が満州の支配をつよめようと張作霖《ちょうさくりん》を爆殺したが、日記に関連記事はない。

この年も、七月二一日から九月一〇日まで、河口湖の別邸でくらした。

けふは一点の雲もなく、朝から富士は全部あらはし、実に近ごろになき美事なるけしきなり。寝衣なりで出て、さかさ富士をうつす。とても〳〵きれいなり。（昭3・8・12）

この年の最後には、「桂印の手許金《てもときん》、昭和三年十二月残高。金七万九千五百二十九円八拾九銭也」とある。「桂」は伊都子の「お印」であり、伊都子が手元に置いておいた約八万円が、翌年への繰越金として残ったという意味であろう。ちなみに、昭和六年の総理大臣の月給は八〇〇円であった。

前年の金融恐慌《きょうこう》によって華族の銀行であった十五銀行が休業し、経済力のよわい子爵クラスの華族たちは、「餓死線上」をさまよったとまでいわれていた。銀行への信用が低下した時代である。

昭和四年一月は元始祭《げんしさい》・新年宴会・陸軍始・赤十字社新年会・愛国婦人会新年会・新年御歌始とはなやかにあけた。しかし、二七日に久邇宮邦彦《くにのみやくによし》が他界し、喪に服すことになる。邦彦は守正《もりまさ》の実兄であった。

四月二三日、「名高い説教強盗つかまる」。金を無心してから、戸締まりの心得などを説いていたので、説教強盗《せっきょうごうとう》とよばれた。逮捕されるまでの二年七か月間に、強盗

富士登山の記念撮影 昭和3年8月。河口湖別邸からの登山。前列に守正と伊都子。他は使用人たちか。杖にわらじの登山姿。

六五件、窃盗《せっとう》二九件をかさね、新聞社は懸賞金をだしていた。

五月二〇日から六月一〇日まで、河口湖。八月一日、ふたたび富士へ。釣りや湖上祭、氷穴めぐりなどをしてくらす。河口湖で伊都子は、ドイツの世界一周飛行船ツェッペリン伯号が霞ケ浦《かすみがうら》に到着し東京へむかう動向をラジオで聞いた。

九月一日は、「震災記念日、七周年にあたる」。河口村浅間神社の方へ行く。

　震災気分をわすれぬやうに、草むらにゴザを敷《しき》、にぎりめしにコブだけにて、昼をすまし。（昭4・9・1）

この年、失業者は三〇万と発表され、「大学は出たけれど」が流行語になった。共産党に壊滅的打撃をあたえた四月の四・一六事件、一〇月の株暴落にはじまる世界恐慌にかんする記事はない。

昭和五年一月一〇日、銀座松屋へ行き、ロンドン会議にかんする展覧会を見た。ロンドン会議は、昭和二年のジュネーブ海軍軍縮会議で合意にたっしなかった補助艦の制限問題をとりあげたもので、この月の二一日に開かれる予定であった。松屋の展覧会は、政府による事前の宣伝だろう。

六月一五日、皇族親睦会。このときは天皇・皇后・皇太后も出席した。

かねての予定のごとく、皇族親睦会大会を赤坂離宮にて開催。三陛下も*照宮《てるのみや》様も行幸啓、にぎ〳〵しく十時半集合。十一時過、両陛下御着。後、拝謁《はいえつ》。終て、写真。正午、御食事。午後は御*烟草《たばこ》中に姫宮方のおどり。後、安部徳蔵の神霊術、それから活動写真、大忠臣蔵にて、五時近く、やう〳〵終りて、御庭に、もぎ店。アイスクリーム・みつ豆・お寿しなどの店に、それ〳〵陛下も御立より、御好みのものをめし上り、ゆる〳〵御遊びの上、一同合唱をなし、*閑院宮《かんいんのみや》の発声

照宮　成子（しげこ）内親王。のちの東久邇宮盛厚（もりひろ）妃。
御烟草中　食後の喫煙時間中。
閑院宮　載仁。皇族中の長老。陸軍大将、元帥。のち参謀総長となる。

にて、三陛下萬歳を三唱し、六時還幸啓の後、一同散会す。
(昭5・6・15)

一月一四日、浜口雄幸《おさち》首相が狙撃された。伊都子は号外で事件を知った。犯人は愛国社の佐郷屋留雄《さごうやとめお》。ロンドン軍縮条約を統帥権干犯《とうすいけんかんぱん》と非難してのテロであった。

午前、号外。浜口首相、午前九時、東京駅発、大演習地へ出発の際《さい》、プラットホームにて、ピストルにて何者にかうたれ、其《その》まゝたほれ、直《ただち》に駅長室にて応急手当て。(昭5・11・14)

この年は不況のため、鐘淵《かねがふち》紡績など各所でストが頻発《ひんぱつ》した。いっぽう大衆感情は、「エロ・グロ・ナンセンス」に流れ、警視庁の規制がすすんだ。また台湾では、日本の支配に不満をもった高山族が駐在所などを襲う霧社《むしゃ》事件がおきている。

即位の礼

昭和三年(一九二八)一一月三日から二三日まで、伊都子の日々の日記は空欄とな

即位の行列　昭和３年11月６日、二重橋前から東京駅にむかう天皇の行列。六頭だての馬車で、服装は大元帥の正装。翌７日、京都着。10日の即位式にのぞむ。

っている。昭和天皇の即位式があり、東京を離れていたからである。しかし、伊都子は『御即位の礼　諸儀式参列記　下書控』という小冊子を残している。これは、一一月四日から二三日までの日記であり、昭和天皇の即位式の記録である。

七日、昭和天皇、京都着。

　正二時、少しの差もなく、しづ〳〵と着せられし列車は、プラットホームに止まりぬ。直に賢所は御羽車*にうつさるゝに付、水色の御幕は引ま

御羽車　神璽を納める輿。

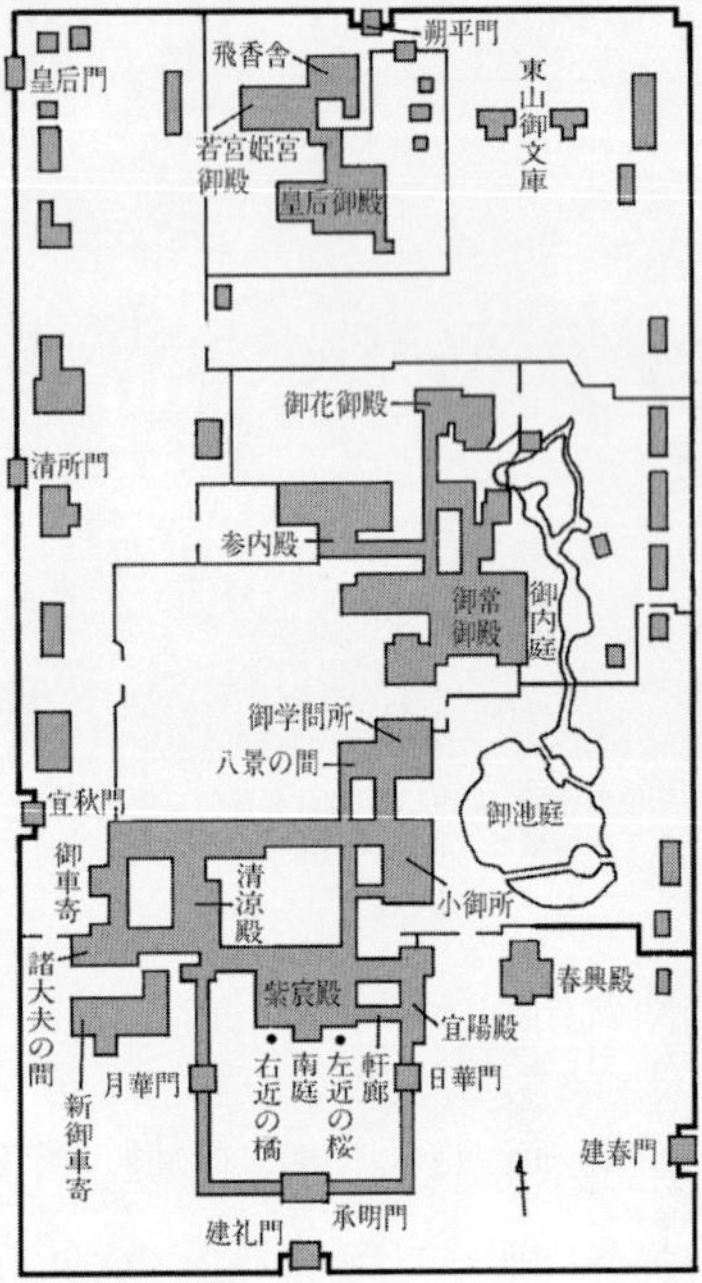

京都御所平面図 安政2年（1855）の再建。明治元年まで皇居であった。

はされたり。

一方、天皇陛下には御剣*・御璽《ぎょじ》とゝもに着御あらせられ、次に皇后陛下にも、をりたゝせられ、一トまづ御休所に入らせらる。われ〳〵も一ト先づ休所に入り、十五分の後、両陛下も出御。引つゞきわれ〳〵も御車寄の内部にならび、御羽車はしづかにかつぎ参らせ御出ましあそばさる。

御剣・御璽　三種の神器のうちの剣と玉。即位のさいにこの二種だけが授けられた。

此時、外にては君ヶ代の軍楽隊は奏せられ、皇礼砲はいん〳〵となりひゞき、実ににぎやかなる事なり。六頭立の金々したる御馬車に陛下は御乗御あそばされ、しづ〳〵御つゞき遊ばさる。又、皇后陛下にも四頭立の御馬車にめさせられ、御後より、猶《なお》、大礼使総裁閑院宮、次に皇族総代、秩父宮両殿下・伏見宮両殿下、あとは順次大臣などつゞき、儀仗《ぎじょう》の兵も御つきそひ申上、実に*四町ほどになる。御行列美々しく*皇居へとすゝませらる。

よいあんばいに晴となりたれども、やはり西は黒し。

われ〳〵一同は川原町《かわらまち》より蛤御門《はまぐりごもん》へまはり、小御所《こごしょ》より入り、奥にて御まち申。やがて小雨降りいだし、もう少しと思ふころ一トきり降る。

三時十五分、御安着あらせられ、賢所は直に*春興殿《しゅんこうでん》に入らせられ、両陛下は*小御所御常御殿へと入らせらる。其御廊下にて拝謁《はいえつ》し、御つかれの所ゆへこれにて引さがり家にかへる。

四町　約四三六メートル。
皇居　京都御所をさす。
春興殿　神鏡を奉安する殿舎。
小御所御常御殿　天皇の日常の居所。

途中、拝観の人々一パイにて中々とほれず、雨も降るし気の毒なりき。うちの人々はよき御場所にて拝観出来たとて大よろこびなりき。（昭3・11・7）

一〇日、即位。

昨日にかはる、暁よりすみわたる空に雲もなく、小鳥さへも、よろこびのこゑをさへづるこゝちせられぬ。

髪上げの為《ため》、午前三時三十分起床。昨夜よりとまりて仕度《したく》をなしゐたる堀井つる子事、髪上げにかゝるのは四時過より、やう〳〵六時過る少しにて出来上り、それより衣服の白の下着をつけて朝の食事をなし、ゆる〳〵気をおちつけて身じまひをなし、宮中までかよふ。

七時五十分、われ〳〵も出門。建礼門《けんれいもん》より入りて御車寄より上り、小御所の御召かへ所にとまり、こゝにて五衣《いつつぎぬ》・唐《から》衣《ぎぬ》・裳《も》の着付をなし、休所にてしばしまつ。

＊五衣・唐衣・裳　儀式における皇族女子の装束。

午前九時四十五分ごろ、*親王・王・同妃・公・妃、*宜陽殿《ぎようでん》にいたりて、御先着御待ち申、五分ほどにて天皇皇后両陛下には出御、宜陽殿にて一寸御待ち合せ、まづ天皇陛下す丶ませられ、親王・王・公・殿下方従はせられ、春興殿正面より入りて南廂《みなみびさし》西側の*本位に就かせらる（着座）。次に、皇后陛下す丶ませらる丶に付、妃殿下方一同供奉《ぐぶ》し、同じく東側の本位につく。

天皇陛下、御拝礼*御鈴の儀あり。其間拝礼。次に皇后陛下御拝礼、一同最敬礼。次に天皇陛下入御、もとの如《ごと》く宮様方供奉、皇后陛下入御、われ／＼供奉して退出、休所に入る。

十一時ころ御弁当出、一同終って早い目に又衣服を着付、御縁先にて一同記念の撮影をなし、中々時間あり。

午後二時二十五分ごろ参進、宮様方は*紫宸殿《ししんでん》裏にて御待ち申。時刻、*高御座《たかみくら》前西側壇下の本位につかせらる。妃方は御《み》帳台《ちょうだい》下前面東側の本位につき侍立《じりつ》。両陛下出御、*警蹕《けいひつ》の声にて陛下高御座につかせらる。次に皇后陛下は御帳台にのぼ

親王・王・同妃・公・妃　親王は天皇の兄弟・皇子ら。王は親王の子孫の皇族男子および李王家。公は李公家。妃はそれぞれの夫人たち。
宜陽殿　楽器・書籍などを納めた殿舎。ここで天皇・皇后が着替えをした。
本位　立つべき位置。
御鈴の儀　内掌典（巫女）が鈴を鳴らす儀式。鈴の音は、神が天皇のお告文（祝詞）を聞いたという意味をあらわす。
紫宸殿　内裏正殿。公式の儀式をおこなう場所。
高御座　天皇の玉座。
警蹕の声　声をかけてあたりをいましめること。

即位式を祝う京都府民たち　獅子舞の太鼓と笛を中心に、祭り着や和装の老若男女が奉祝の夜をにぎわしている。和装に帽子の男たちが、昭和初期の庶民の姿をつよく印象づけている。

らせられ、次に侍従及《およ》び女官二名にて御とばりを開き奉り、一同敬礼。うや〳〵しく勅語を賜《たま》ひ、次に田中*首相、階段を下りて正面きざはしをのぼり、奉祝の語を奉り、又下って*威儀もの正列の中央に立ちて萬歳を三唱、これに始して殿上殿下萬民一声に萬歳をとなへ、皇礼砲もなりとゞ

田中首相　田中義一。のち張作霖爆殺問題で辞任。

威儀もの　武官が奉持する武器。太刀・弓など。

ろき、汽笛《きてき》もなり、一同御よろこびにあふれし光景なり。

やがて、又もとの如《ごと》く御とばりをとぢ奉り、警蹕のこゑにて両陛下御入御あらせられ、次にわれ〳〵男様より先に退場。とゞこほりなくすませらる。召かへ、三時四十分ころ小袿《*こうちぎ》にかへ侍従の所まで行、御祝詞を言上《ごんじょう》し退出す。

夜は何事もなし。町は提灯《ちょうちん》行列にて、にぎにぎしき声きこゆ。（昭3・11・10）

一四日、大嘗祭《だいじょうさい》。

一九日、伊勢神宮へむかう。

午前十時三十分、両陛下、伊勢へ行幸啓《ぎょうこうけい》。閑院宮・秩父宮とこちら御供奉申上る。御召列車にのる。御途中いたるところ人。国民の熱きよろこびに、さだめし陛下も御満足あらせらるゝならん。津・つげ*にて停車し、御昼は大膳寮*の御弁当、西洋風、を頂戴《ちょうだい》し、二時二十分、宇治山田駅御着。陛下、御

小袿　女房装束の略装。

つげ　柘植。現在の三重県伊賀市。

大膳寮　饗宴にかんする事務をつかさどる部局。

降車。次に皇后陛下御降車。それにつゞきてわれ〳〵御供申上、御とゞこほりなく御順路行在所《あんざいしょ》へ着御。

御道すじはとても〳〵人の山にて皆々座して拝しゐたり。朝降ってゐたらしく路もあしく、幸に午後から晴てきたもやうなり。（昭3・11・19）

二一日、伊勢神宮参拝。

夜は奉祝の為《ため》、めづらしき打上花火九十一上る。中々美事なり。又、提灯行列もあり六千人とか。神都の夜はふけてすが〳〵し。（昭3・11・21）

二三日、京都へもどる。「天気はよし、実によき日和《ひより》なり」とある。

山田より京都にいたる御道すじは御出ましの時と同じく、田といはず道といはず村々の人、学生、其他皆ならびて奉送す。

二時二十分、京都へ着御。秩父宮をはじめ御滞京中の宮様方御出迎《おでむかえ》遊《あそ》ばされ、皇宮に御安着あらせらる。やはり烏丸《からすま》通《どおり》は人の山なり。(昭3・11・22)

松平節子の「お別れ」　鍋島侯爵邸にて。節子が秩父宮妃となるため、お別れの茶会に数十名の親族が集まった。前列右から二人目が節子。

婚儀

昭和の初期に、伊都子《いつこ》の親族の婚礼が、いくつかかさなった。皇族・朝鮮王公族・華族間における上層階級内での縁談であった。社会不安が増大する時代にあって、皇室と鍋島《なべしま》家とのきずなは、いっそうつよまったのである。

まず昭和三年(一九二八)九月二八日、伊都子の姪《めい》の松平節子《せつこ》が秩父宮《ちちぶのみや》妃となる祝い事があった。節子の母信子は伊都子の実妹で、会津松平家の分家で外交官の松平恒雄の妻となった。信子は、秩父宮の母である貞明《ていめい》皇后の御用掛の経験があり、貞明皇后のつよい要請によってこの縁談がまとまったといわれる。貞明皇后の「さだこ」という名は「節子」と表記するので、はばかって「勢津子《せつこ》」とあらためたという。

この婚儀により、鍋島家は伊都子・方子《まさこ》につづいて三人目の皇族・王公族妃を、その血縁にもった。勢津子は、宮中入りにのぞんで松平の「会津魂」を支えとしたといわれるが、武家の娘という意識は、伊都子と共通するものがあったようだ。

さらに、満州事変が勃発した昭和六年には、甥《おい》の鍋島直泰《なおやす》、李垠《イウン》の妹である徳恵《トケ》、朝鮮公族で李垠の甥にあたる李鍵《イコン》らの婚礼がつづく。

直泰は、伊都子の実兄である鍋島直映《なおみつ》の嫡子《ちゃくし》で、守正の実弟にあたる朝香宮鳩彦《あさかのみややすひこ》の長女紀久子《きくこ》と結婚。

徳恵は、旧対馬《つしま》藩主の宗《そう》伯爵家当主である武志《たけし》のもとに嫁した。

李鍵は高松の松平伯爵分家である松平胖《ゆたか》の長女誠子《よしこ》と結ばれた。公族家に嫁ぐためには華族の身分が必要であり、誠子は広橋真光《ただみつ》伯爵の養妹となった。真光は、伊都子の次女規子《のりこ》の夫である。また、誠子の母は、伊都子の妹の俊子であった。

非常時ニッポン

「御歌」

昭和六年（一九三一）、満州事変勃発直前の世相。

早慶野球戦にて、世間は大さわぎ。（昭6・6・14）

午前八時二十分、根室《ねむろ》を出発、霞ケ浦《かすみがうら》に向ふといふリンドバーグ*機のニュースあり。午後二時五分、無事に着水。萬歳をあびて、無事、日本の本土に一歩を入る。夫妻は大元気のよし。（昭6・8・26）

*リンドバーグ　リンドバーグ夫妻は七月二九日にワシントンを出発、北太平洋を飛んで八月二四日、根室に到着していた。

リンドバーグ夫妻が霞ケ浦に着水した同じ日、前年一一月に狙撃された浜口雄幸《おさち》前首相が死去。「浜口はピストルの傷はよけれども、此四月から余病が出た。それは放射状細菌塊病、アクチノニコーゼといふ病気にて、めづらしいものなり」とある。

九月一日は、「大震災記念日」。「いつものごとく、昼は一同、にぎりめしに、一つの罐詰《かんづめ》を二人にて食し、当日をしのぶ」。そして一九日、満州事変勃発の第一報がはいった。

奉天《ほうてん》城外で日支の兵が戦争をはじめた。はじめ支那兵が鉄道をこはしたから、こちらでふせいで応戦してゐるよし。バカ／＼しいはなし。（昭6・9・19）

『戦役に関する記事』には、満州事変について、つぎのようにある。

九月*十九日、奉天城外の鉄道線路を支那の兵が爆破し、吾守備兵に発砲した事件がおこり、吾兵もこれに応戦し、これより戦争はじまり、何とバカ／＼しい事だろう。
事件、ます／＼大きくなる。
*中村大尉がころされた、やれだれが虐殺されたと、それはそれはいろ／＼な事となる。
いよ／＼満州事変といふ事になり、ぞく／＼兵も出るし、

十九日　満州事変勃発は一八日。

中村大尉　中村震太郎。対ソ作戦のため興安嶺方面の調査を命じられて潜入、中国兵に怪しまれて六月二七日射殺された。公表は八月一七日。

何となくさわぎ。

中村大尉事件は、中村が軍事スパイ活動をしていた事実を伏せて報道され、中国への敵意をあおる材料に利用され、満州侵攻の気運を高めた。そして九月一八日、奉天郊外の柳条湖《りゅうじょうこ》の満鉄線路上での爆破音を合図に満州事変が勃発。この爆破音は関東軍のしわざであり、謀略であった。

このような謀略について、伊都子が知っていた形跡はない。満州事変にかんする伊都子の記述は、新聞やラジオの報道を主たる情報源としており、軍の秘密情報はない。しかし、それだけに、伊都子の記述から、当時の人びとがいだいたであろう素朴な反応を推測することができる。

ところで、昭和六年一二月二日、伊都子の「満州派遣軍の上をおもひて」という歌の公表が問題になった。伊都子の和歌の先生である千葉胤明《たねあき》が伊都子の歌に感激し、その歌を新聞に公表しようとしたが、梨本宮家の事務官の反対にあった。けっきょく、「さしさわりのない御歌ならば」ということで話はまとまったとある。

この問題について、伊都子は以下のように記している。

さしさわりといふのは、此ごろの外交むきや、色々事変に関して、政府を攻撃するものどもが、皇族様をうしろだてにして、一旗上げやうなど、たくらんでゐるものもあって、宮内省、其他が神経をとがらせてゐるをりがらに、あまり此事変について、あんずるようないみにとられる様な御歌でもあると、又々、色々に人がとるからと事務官も心配してゐたが、千葉は何でもかまはぬ、そんな事を心配してどうなるものか、何も派遣軍を思ひてと遊ばして、兵士たちをおはげましになった御歌故《ゆえ》、かまはぬと思ふ。何といはれても、私が只《ただ》拝見してしまって置けぬから、公表させていたゞくのだと、ゐらひ勢ひであったよし。(昭6・12・2)

皇族をめぐる政治状況がうかがえる。なお、『昭和六年九月 日支事変突発(満州事変)以来よみし歌、及、昭和十二年七月日支事変以来の歌』という毛筆の歌集には、「満州派遣軍の上おもひて」という詞書《ことばがき》のついた歌が五首ある。そのうちの四首を、朝日新聞社が山田耕筰《こうさく》に作曲させてレコードに吹きこませた。

√霜《しも》こほる　のべにおきふす　ますらをの　ゆめやすかれと
たゞいのるかな
たらちねの　たてしいさをの　光りこそ　いまもかゞやけ
満州のゝに
√たらちねの　たてしいさをに　はぢぬまで　正しくまもれ
ますらをの友
√世の中の　わらひ草とも　なりぬべし　国の光を　みがき
あげずば
√国のため　ゆきに氷に　みをくだく　ますらを思へば　よ
るもねられず

右√印の四首は、千葉先生、御さしずにより　朝日新聞社*にて、山田耕筰氏作曲、ベリトラメリー能子*独唱して、レコードに吹きこみ、軍隊及学校にくばるよし願ひ出たるに付、ゆるして右四首を遣す。

朝日新聞社　昭和六年一二月二九日付「梨本宮妃殿下御歌のレコードを派遣軍へ寄贈」の記事によれば、満州派遣軍へ一七〇枚、天津派遣軍へ三〇枚の計二〇〇枚を翌三〇日に発送する予定とある。

ベリトラメリー能子　声楽家。夫はイタリア人。昭和七年一月、イタリアに帰国。

なお、満州事変について、伊都子はつぎのように詠《よ》んでいる。

ともすれば　ことあらだつる　北支那の　民のこゝろぞ
あはれなりける

また、戦死者についての歌もある。

国のため　すつるいのちは　かはらねど　光りのうすき
心ちこそすれ
(同じ戦死といふても、はれ〴〵しき戦争とちがひたる故、
何となく気の毒にて)

当時、日本の新聞は、満州事変は中国側が計画した日本軍攻撃と報道した。さらに、日本政府は、一連の軍事衝突を宣戦布告なしの「事変」とし、戦争とはみなさなかった。このように、当時の満州事変像が、伊都子の歌の底流にあったのである。

上海事変

満州事変勃発から四か月ほどのち、昭和七年（一九三二）一月二八日に、上海《シャンハイ》で海軍陸戦隊が中国第一九路軍と衝突した。中国側の抵抗はつよく、二月五日には、久留米《くるめ》第一二師団の一部や金沢第九師団などが派遣され、さらに二四日、白川義則《よしのり》大将を司令官とし、善通寺《ぜんつうじ》の第一一師団や宇都宮《うつのみや》第一四師団などで編成された上海派遣軍が送りこまれた。三月一日、ようやく中国軍は退却し、三日、戦闘中止となった。

第一次上海事変とよばれるこの戦闘も、直接の原因は、日本側の陰謀による日本人僧侶襲撃事件であった。「満州国」樹立の意図を欧米列強の目からそらすため、関東軍参謀板垣征四郎《いたがきせいしろう》大佐は田中隆吉《りゅうきち》少佐に依頼し、僧侶襲撃を仕組ませたのである。

この上海事変についての第一報は、一月三一日に記された。

上海にて、又々、排日にて、支那軍は無法にも居留地に発砲したので、警備の軍艦から、早速《さっそく》、陸戦隊上陸、人民の保護にあたったが、中々しつこく、やまず、ます〳〵大きくなる事。ついに婦女子は引上ることになり、軍艦も派遣せられ、又陸軍も久留米の兵が少数派遣せられ、遂に又、金沢の師団

からも出動する事になり、呉淞《ウースン》砲台など総攻撃など大した事となる。どうするつもりなるか。(昭7・1・31)

先月末より、上海に便衣隊《べんいたい》あばれだし、一方《ひとかた》ならぬ大さわぎ。それが為《ため》、海軍では直《ただち》に軍艦を派遣して、陸戦隊を上陸せしめて、在留邦人の保護にあたり、毎日〳〵戦闘をつゞけてゐるから、今は婦女子は大方《おおかた》引上、男子斗《ばかり》となり、市中はあれはてゝしまったよしなれども中々おさまらず、つひに陸軍の派遣となり、それやこれやで、臨時に軍事参議官会議、度々《たびたび》あり。何となくさわがしく、一寸《ちょっと》、当分、大磯にもゆかれぬ様なり。(昭7・2・6)

さしもに強かりし十九路軍は総くづれとなり、吾軍は進軍〳〵。昨日、林大佐の戦死の為、其隊は弔合戦《とむらいがっせん》をせずばと勢ひこみ、又、十一師団は北方より上陸、おしにおしよせたる故、はさみうちになりそう故、敵も力ぬけ、くづれ出し、とう〳〵大場鎮《だいじょうちん》・真茹《しんじょ》、其他の線一面を占拠するに至《いた》り、日章旗は高くかゝげられしとの吉報あり。(昭7・3・3)

呉淞砲台　呉淞北部、揚子江と黄浦江の合流点にある砲台。

便衣隊　平服のまま敵地に潜入し、後方を攪乱する部隊。

林大佐　林大八。上海で戦死して少将に昇進。軍神として有名になった。

大場鎮・真茹　呉淞の南西、上海の北西にある上海事変の激戦地のひとつ。真茹は真茹鎮。

四月、各部隊が凱旋《がいせん》し、伊都子の慰問もはじまる。一四日、赤十字社総裁閑院宮《かんいんのみや》妃智恵子《ちえこ》の名代として、病院慰問。二一日にも慰問。「戦傷者二百四十一名、将校七名にて、中々重症のもある」。

四月二九日、上海派遣軍司令官の白川義則は、天長節祝賀会場で朝鮮独立党員に爆弾を投げられ重傷。五月二六日、死去。

六月二四日、第三艦隊司令長官野村吉三郎《きちさぶろう》・第九師団長植田謙吉《けんきち》らが凱旋。野村・植田も、白川と同様に爆弾を投げられ、被害をうけていた。

なお、『戦役に関する記事』には、つぎの記述がある。

二月二十三日暁、廟行鎮《びょうこうちん》といふ所にて、兵三名、決死隊となり、大なる竹の筒に爆薬をしこみ、三名かゝえて、敷地にかけ入り、自身みづから花とちって爆破させ、前進の路を開いた。世界にとゞろく爆弾三勇士。

「二十三日」は「二十二日」の誤り。この爆弾三勇士の話は、軍国美談として、レコード・ラジオ・映画・舞台でとりあげられ、日本国民の戦意を高めた。

愛国号献納式

満州事変の勃発は、国内の非常時意識を高めた。慰問や国防献金がさかんになり、飛行機の献納がおこなわれたりした。伊都子の日記には、飛行機献納をはじめとする銃後の動きが綴《つづ》られている。

此度《このたび》、満州視察してきた貴族院議員土岐子爵*のはなしと、写真など色々。次に満州の実地の映画をみて、とてもおそくなり、五時過、くらくなってかへる。しかし、中々よいおはなしにて、よくわかり、よかった。(昭6・11・25)

*土岐子爵　土岐章。

昭和七年一月一〇日、代々木練兵場で献納飛行機の命名式があった。式の模様はラジオでも中継された。

国民の献納にかゝわる愛国号一号、二号、本日、代々木にて命名式を行ひ、つゞいて各大都市を問ひ、御礼飛行をして、奉天《ほうてん》へ送らるゝもの。たのもしき事なり。宮様は九時より代々木にならせらる。

中々さかんなる式にて、*中つぎせられて、よくわかる。十一時過、いさましく二機は萬歳《ばんざい》のこゑとゝもに出発。仙台にむかって飛び出した。（昭7・1・10）

中つぎ　ラジオ中継。

三月六日、愛国号出発。九日、「本日、満州国建国祭」。守正の誕生日でもあった。

四月八日、赤十字社病院へ行く。

午後二時から、赤十字社病院へ講義をきゝに行く、砲傷・銃傷等のはなし。後、義手義足にかんする映画。又、防空演習の映画等にて、四時かへる。（昭7・4・8）

一七日、皇族親睦会。空閑《くが》昇《のぼる》少佐の活動写真を見る。空閑は上海《シャンハイ》戦線で捕虜となって送還されたのち、自決。陸軍は軍神として喧伝《けんでん》した。

午前十一時より出かけ、高松宮邸にて皇族親睦会春季大会。皇族ばかりでなく、御降嫁《こうか》になった御方々、臣下*に御なりになった方々をも、ともにといふので、中々大ぜい。五十五名であった。

終って一時過より活動写真、空閑少佐とあと二、三。二時過、終ったので、そっとぬけてかへる。

夕方、御くじ引があったよしにて、あとから、とゞけていたゞく。宮様は張学良《ちょうがくりょう》*の神経過敏といふ題で花瓶、いつ子は連盟日本代表佐藤*といふて、おさとう。(昭7・4・17)

七月二三日、守正は広島の飛行機命名式にでる。八月八日、守正は元帥《げんすい》に昇進。九月九日、伊都子は慰問袋をつくった。

いつ子は午前九時半より竹田宮邸*へ行き、満州にゐる兵隊へ色々送るのに、手拭《てぬぐい》などきるなど、御手つだひして、十一

臣下… 皇族の増加をふせぐために臣籍降下によってその身分を失う制度。成人した皇族の二男・三男や、婚姻によって臣下になった人びと。

張学良 張作霖の長男。「過敏」と「花瓶」をかけた。大正一〇年(一九二一)一一月、張学良は梨本宮に拝謁、書などを献上している。

佐藤 佐藤尚武。「佐藤」と「砂糖」をかけた。

竹田宮邸 高輪南町、品川駅前に所在した。

時かへる。

一本の手拭にキャラメル一箱（二十個入）をつゝみ、これを封して三十個づゝ一箱に納め、さらに、この箱十個を一まとめにして荷作りする。五万五千個作る事にて、一宮家にて凡《およ》そ三千個づゝ受けもってこしらへる。（昭7・9・9）

もうキャラメル包も出来上り、あまり早くやると、又あと余分がくるとこまるから夕方まで其まゝにして、一度に送るつもり。（昭7・9・12）

一〇月二二日、大阪で航空機献納式。一一月五日、飛行協会殉難者の祭典。この年の暮れ、白木屋《しろきや》から出火、和服の女子店員が裾《すそ》の乱れを気にして墜落死した。伊都子は火災の一週間前に、白木屋で買い物をしていた。

朝九時半ころ、自動車御使に行き、かへりし話に、今、白木屋が火事にて盛んに烟《けむ》りが出てゐたとの事。マアーとおどろいてゐたら、ニュースにて四、五、六、七*とやけてしまっ

四、五、六、七　白木屋は七階だて。四階の玩具売場から出火した。死傷者　死者一四名、重軽

たよし。死傷者も出たよしなれども、御客様には何にもなかったとか。アーおどろいた。*
もとは玩具のところのクリスマスツリーの豆電燈のコードからもれて、セルロイドのおもちゃに火がつき、この大事になったよし。アーおそろしい哉《かな》。（昭7・12・16）

＊傷者一三〇名。死者一四名のうち一三名が女子店員であった。

短刀

満州事変勃発後、血盟団《けつめいだん》事件や五・一五事件などのテロが頻発し、不安定な政情がつづいた。これら一連の事件は、天皇制の擁護と軍国主義化を求めたものであったが、いっぽう、桜田門《さくらだもん》事件のように天皇を標的にする動きもあった。また、政治的意図があったかどうかは定かでなく、たんなる窃盗《せっとう》のようでもあるが、梨本宮邸や閑院宮邸に押し入る者もいた。

昭和六年（一九三一）一二月一二日、事変処理と協力内閣運動台頭のため、第二次若槻礼次郎《わかつきれいじろう》内閣総辞職。日記には、「若槻内閣総辞職。夜に入り、犬養《いぬかい》政友会に大命下る」とのみある。

昭和七年一月八日、桜田門事件。朝鮮人李奉昌が、陸軍観兵式から帰る途中の天皇の馬車に爆弾を投げつけた。日記に特別な感想はない。

警視庁前にて、午後、今日、代々木より還幸の途次、天皇陛下の御馬車と宮内大臣*の馬車のあとに、群衆の中より手なげ爆弾をなげたものあり。大臣の馬車の後にて大した事もなく、馬車に少しくきずが付《つい》た位《くらい》でことはすんだ。そして御機げんよく宮城へ還幸あらせられたよし。これを伺ひ、宮様は直《ただち》に御参内《さんだい》、天機*を奉伺《ほうし》あらせられた。夕方のニュースの時、はじめて発表された。そして犬養総理*はじめ辞表を出した。又、警視総監はじめ進退伺を出したよし。（昭7・1・8）

宮内大臣　一木喜徳郎。
天機　天皇の機嫌。
犬養総理　犬養毅。昭和四年政友会総裁、昭和六年一二月組閣。「憲政の神様」として尾崎行雄と並称される。

三月五日、血盟団事件。団琢磨《だんたくま》が暗殺された。犯人は井上日召《にっしょう》に師事する血盟団員の菱沼五郎《ひしぬまごろう》であった。

三越の逸品会をみに行き、三時過かへる。三越前、いつになく人だかりし、自動車なども多く、何事かあったごとく思

梨本宮邸内の客間　渋谷にあった梨本宮邸。塀を一周するのに20分かかったといわれるほど広大な敷地内にあり、表門から玄関口までもかなりの奥ゆきがあった。

はれてゐたが、はたして、今日、午前十一時四十分ころ、三井合名会社理事長団琢磨氏、旧*三井銀行の入口にて、自動車より降《おり》んとする折、何ものかに、そげきされ、たほれた故、直に銀行内医務室にかつぎこみ、手あてをしたが、十二時二十分、とう〳〵死去したよし。犯人は直につかまりたるよし。（昭7・3・5）

旧三井銀行の入口　日本橋区室町の三井本館表玄関前。

五月一五日、伊都子は大磯別邸へむかった。夜、ラジオで五・一五事件を知る。

夜、ラヂオを聞てゐると、犬養首相は官邸で陸海軍人数名の為《ため》、ピストルにてやられ、重体との事。其犯人は直に憲兵隊へ自首したよし。其他、牧野内大臣*邸、其他へも爆弾をなげたりしたよし。おどろく。十一時過に、とう〳〵首相は死去したよし。（昭7・5・15）

牧野内大臣　牧野伸顕。自由主義者とみなされたが、日本主義者安岡正篤とのつながりも深かった。吉田茂は女婿。

一〇月一一日、梨本宮邸内に何者かが侵入。一五日にも侵入者があった。この日は梨本宮邸で皇族親睦会があり、国際連盟理事会の派遣によってイギリスのリットン卿らが満州の実情などを調査したリットン報告書についての話を聞き、解散した。親睦会は巡査の警護があったが、夕食後、短刀を所持した不審者が侵入したのである。

これから果物をたべ様《よう》とすると、詰所のあたりにカチーンと、とてもひどい音がして、ガラスのわれた音がした故《ゆえ》、皆かけだして行くと、ガラスがわれて、詰所の中に短刀がおちてゐたので、びっくり。早速《さっそく》、表へはしり、警察へ電話をかけ、一同をよび出し大さわぎ。（昭7・10・15）

一六日、現場検証。一八日、「閑院宮邸へも、あやしき人、入りこみたるよし」。侵入者の正体は不明であるが、宮家をねらった動きがつづいたことに、皇族たちは不安をつのらせたことであろう。

連盟脱退

関東防空大演習

昭和八年(一九三三)二月二〇日、政府は閣議で、国際連盟が日本軍の満州撤退を求める対日勧告案を可決した場合は、連盟を脱退すると決定した。そして、すでに一七日、熱河《ねっか》省進攻作戦が決定されており、日本は満州に固執して、国際的孤立へつきすすんだ。

いよ〳〵連盟との条約も最後らしく、本日、松岡*も放送し、決心をきめたらしい。(昭8・2・21)

日本軍は急速度に進軍して熱河の承徳《しょうとく》を占領し、日の丸の

*松岡 松岡洋右。国際連盟日本全権。連盟理事会は二四日、四二対一で勧告案を採択。松岡は日本代表団をひきいて退場した。

旗、高くかゝげたとの事。（昭8・3・4）

三月一〇日、陸軍記念日。日露戦争で日本軍が満州の奉天《ほうてん》を占領してから二八年目にあたる。

朝から大砲の音、ドン／＼する。二時ころ大へんな演習。空には飛行機数台舞ひ、爆弾をおとし、中々さわぎなりき。（昭8・3・10）

七月二七日、防空演習。八月におこなわれる第一回関東地方防空大演習の予行の灯火管制である。八月二日、伊都子は河口湖の別邸へ避暑。九日の防空大演習はラジオで聞いた。

渋谷区の防護団より、色々書付来り。燈火管制の事など申《もうし》来《く》る。（昭8・7・27）

午後十時から、花火が上り、第一の時は敵機来るの時にて、

燈火管制をやる。二十分の後、消燈。三十分ころ、花火にて復火。（昭8・7・28）

関東防空演習第一日。ラヂオをかけて置くと、色々わかる。空襲!!! 燈火管制！ など、ものすごい事。午後八時ころ、中々さかんであったらしい。（昭8・8・9）

関東防空演習第二日。中々、市中空襲されるもやう。ラヂオでよくわかる。

ラヂオも、ほんとの放送があっても間できれて、防空演習の各方面のラヂオで中々いそがしい。今、松屋屋上からとか自動車中とか愛宕山《あたごやま》からとか、方々からである。

夜《よ》るも時々敵撃のしらせあり、中々ものすごきさまの様なり。（昭8・8・10）

『信濃毎日新聞』主筆の桐生悠々《きりゆうゆうゆう》は、一一日の社説に「関東防空大演習を嗤《わら》ふ」を書き、「敵機を関東の空に、帝都の空に、迎え撃つということは、我軍の敗北そのものである」と、この演習を批判した。このため、桐生は軍部の圧力で主筆の地位を追われた。しかし桐生の指摘は、一二年後に的中することになる。

誕生奉祝

昭和八年（一九三三）一二月二三日、連盟を脱退し「非常時」の声が高まるなか、皇太子が誕生した。昭和天皇には、すでに成子《しげこ》・祐子《さちこ》（早逝）・和子《かずこ》・厚子《あつこ》の四人の女子はいたが、男子の誕生ははじめてであった。大正天皇以来側室はなく、男系男子相続の天皇家にあっては、待ち望んでいた朗報であった。

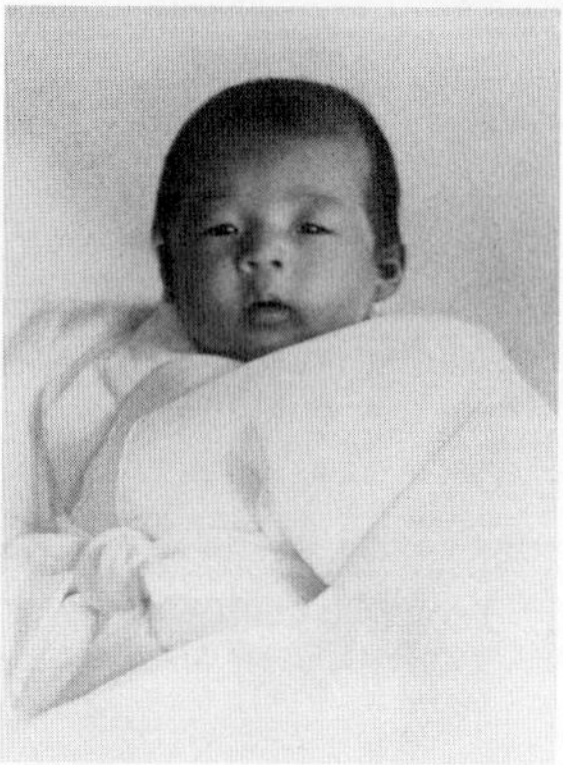

継宮明仁 男子誕生の場合、サイレンが二度なることになっていた。体重は3260g。

午前六時三十九分、皇后陛下御分娩《ぶんべん》。親王《しんのう》御誕生あらせらる。まだ起きいでぬ朝、サイレン二回なりわたり。ソラ親王様とさ

皇太子誕生奉祝の旗行列　奉祝の幟旗（のぼりばた）を先頭に、日の丸の小旗をもった人びとの行列が二重橋前にむかう。幟旗の文字から、京橋の町民であると思われる。警官二人が誘導している。

わいでゐると、宮内省から電話で御知らせがあった。午前十時、両人にて参内《さんだい》。御よろこびを申上。*大宮御所へも参り、同様。
日本全国民の御まち申上たる親王御降誕。日本も何となく力つよきかんじして、うれし。国民のよろこびは又大へんにて、はや朝もやをついて二重橋前におしよせて、萬歳〳〵にて、夜も引きつゞき、かくも国民は心から御よろこび申上てゐると、うれしく思はるゝ。（昭

大宮御所　皇太后の居所。

8・12・23）

二九日、皇太子の命名式。「明仁《あきひと》　継宮《つぐのみや》」と日記上欄にある。

午前十一時、御命名式行なはせられ、市民一般の祝賀会、日比谷公園にてあり。十一時十五分、サイレンなりひゞき、皇礼砲もうち、首相*はじめ一同の萬歳〳〵にあわせて、市民の萬歳、ラヂオできく。

午後一時半、われ〳〵は参内。天皇陛下に拝謁《はいえつ》、御祝申上、後、親王様に御対面申上、控所にてシャンパンを上げる。引つゞき大宮御所に参り、一同御対面申上てかへる。

市中は、おまつりのごとく、花電車・提灯行列、其他色々のもやうしものにて、とても〳〵にぎ〳〵しき事なり。（昭8・12・29）

昭和九年（一九三四）は、皇太子誕生の話題であけた。

首相　斎藤実。前年五月、犬養毅のあとをうけて組閣。のち内大臣となり、二・二六事件で射殺される。

天皇陛下、御服喪中とて、新年の御祝儀は御取りやめになつたけれども、昨年、親王御降誕に付、いともほがらかなる年をむかへ、目出度《めでたき》新年である。朝もゆるりと起きいでたれども、ラヂオにて鶯《うぐいす》の初鳴や色々お目出度放送をきゝて、こゝちよき元旦をむかへた。(昭9・1・1)

服喪中　明治天皇八女の朝香宮妃允子の喪中。

二月一日、秩父宮邸にてチャップリンの映画『街の灯』を見る。「中々おもしろく」とある。

四月三〇日、皇太子誕生奉祝の国宝展について。

此度《このたび》、皇太子殿下御誕生奉祝の為《ため》、報知新聞後援にて、全国の国宝を一堂にあつめ、一般人民に知《しら》せ度《た》いといふ意みで、上野に国宝展を開催、其総裁を宮様に御願ひしたので、本日、其奉戴式《ほうたいしき》を上野精養軒で行ひ、引つゞき会食。展覧会は五月

五日より公開。（昭9・4・30）

五月三〇日、東郷平八郎《とうごうへいはちろう》海軍元帥の訃報《ふほう》。

東郷元帥は、かねての病ひおもく、本日午前七時薨去《こうきょ》せらると発表。病気は喉頭癌《こうとうがん》と膀胱結石《ぼうこうけっせき》、其他にて。東郷元帥薨に付、演芸放送を取りやめ、*小笠原・*大角《おおすみ》・*林等の講演がある。（昭9・5・30）

小笠原　小笠原長生。予備役中将。東郷の私設副官を自認。

大角　大角岑生。海軍大臣。ロンドン軍縮条約に反対する東郷ら艦隊派にくみした。

林　林銑十郎。陸軍大臣。満州事変勃発のとき朝鮮越境問題をおこした。のち首相。

このころ、皇族親睦会で東北凶作が話題になった。

閑院宮《かんいんのみや》邸にて皇族親睦会開催。川西といふ人の東北の凶作地についての色々のはなし。（昭9・10・27）

この年の東北大凶作での、欠食児童と娘の身売りは有名な話である。身売りは、一〇月末現在で、一年間に出稼ぎした東北六県の婦女子が五万八千人おり、そのうち、芸者が約二千人、娼妓《しょうぎ》が約四千五百人いたという。さらに、酌婦《しゃくふ》が六千人、女給三千人、女中や子守が二万人、女工が一万七千人いた。二〇〇円では高いからと一五〇円に値切られていた娘の話もある。

二・二六事件

昭和一〇年（一九三五）は、天皇は統治権を行使する最高の機関とみなすという美《み》濃部《のべ》達吉《たつきち》の憲法学説を排撃しようとした天皇機関説事件がおきた。また、忠犬ハチ公の死や「満州国」皇帝溥儀《ふぎ》の来日などがあった。

　渋谷駅前の名物、忠犬八公、今暁、老病で死んだといふ事、ラヂオで聞《き》いた。人気は大したものにて、花輪やそなへもので一ぱい。集《つど》ふ人は黒山のごとく、遺骸は、はく製にして教育*博物館に長く保存するそうで、死してなほ余栄あるもの、人間よりよほどえらひ。（昭10・3・8）

　去る二日大連《だいれん》御発の、満州国皇帝陛下*、御つゝがなく、本日午前九時、横浜御安着。直《ただち》に東京御着。十一時三十分、天

教育博物館　上野の科学博物館。

満州国皇帝陛下　溥儀。第二次世界大戦後ソ連に抑留され、中国撫順の戦犯管理所に収容される。「ラストエンペラー」として知られる。

皇陛下、御出迎。皇族も全部、御出迎へ。秩父宮御同乗、儀装馬車（四頭立）にて赤坂離宮へ御安着。幸、天気もよく、御幸、国民の熱烈なる御歓迎。（昭10・4・6）

一〇日、溥儀は歌舞伎を見物。

この年の六、七月、第二回三市連合防護演習がおこなわれた。三市とは、東京・横浜・川崎である。「関東防空大演習について、昨年、震災記念日に第一回三市連合防護演習が行はれ、市民をして帝都防衛上に貴重なる教訓と訓練を与えたが、爾来《じらい》、年中行事として、毎年一回、本演習挙行を見ることになった」という。

八月一二日、軍務局長の永田鉄山《てつざん》少将が皇道派の相沢三郎に刺殺された。しかし伊都子の日記には、陸軍内部の派閥抗争にかんする記事はない。ただ八月二九日、永田の後任の軍務局長今井清中将が、暴風雨のなかを河口湖まであいさつにきて「長時間御話し」したという記事があるが、話の内容は記されていない。

天皇機関説事件についても、特別な記事はない。

翌昭和一一年二月二六日、皇道派系の陸軍青年将校を中心としたクーデター事件がおきた。二・二六事件である。青年将校らは、国家改造を要求して兵一四〇〇名とともに山王下の料亭幸楽《こうらく》などを占拠。首相・陸相官邸や警視庁などを襲撃し、蔵相高橋是清《これきよ》・内大臣斎藤実《まこと》・教育総監渡辺錠太郎《じょうたろう》らを殺害した。当時、首相の岡田啓介《けいすけ》は即死と伝えられたが誤報であった。

伊都子は、二月一四日から大磯の別邸に滞在しており、二六日には帰京する予定だったが延期した。同じく大磯に逗留《とうりゅう》していた鍋島の実母の容体が悪くなったからである。

　朝から雪降り、風さへ加はり、大へんな日となった。それに東京の大さわぎもあり、方々《ほうぼう》道もすべるし、今日一日は滞在して御様子《ようす》をみるつもりで、一日延引する旨《むね》、東京其他へ申《もうし》てやる。（昭11・2・26）

「東京の大さわぎ」については、日記上欄に、こうある。

　別紙の号外の如《ごと》き一大事件に付《つき》、御警衛の為《ため》とて、警官数名、別邸に参り、昼夜、つめきりなり。とても〳〵わけわからず。今後どうなるか、わからず。雪はふるし、情報はわからず、午後、御付武官来れども、直《ただち》にかへる。

日記には、「国体擁護を目的に　青年将校等・重臣を襲撃」の見出しのある二六日付の『東京日日新聞』号外がはさまっている。

翌二七日、伊都子は帰京。「御門前も兵隊でかため、もの〳〵しいさわぎ」。二八日、守正と伊都子は二四日に亡くなった清棲《きよす》敦子《あつこ》伯爵夫人（伏見宮博恭《ひろやす》の二女）のお悔《くや》みのため、伏見宮邸にでかけた。

もの〳〵しき警衛、雪の中に大へん。赤坂見附付近は通行止。午後は二重橋前は無論、帝劇前の通りも通行止。溜池《ためいけ》幸楽*にたてこもれる残党、中々動かず、まかりまちがへば砲火のさわぎをみる事になるかもしれぬといふので、其付近の人民はぞく〳〵立のきをはじめ、大さわぎ。（昭11・2・28）

やっと少しく晴て、時々、日の影もさすので、ましだけれども、寒い。昨日以来、色々さとしつゝあれども、幸楽と首

幸楽　山王下の料亭。

梨本宮守正 大正15年8月陸軍大将となり、昭和7年8月元帥となった。

相官邸にたてこもりたる軍は中々うごかず、遂に戦火をみるまでになりたる所、香椎《かしい》*司令官の慈*父のごときさとしに、やう〳〵悔悟《かいご》の色みえ、こゝかしこの軍、百名、百五十名と帰順するに至《いた》り、午前十一時三十五分に至り、ほとんど本隊に帰復するほどになったので、やがて市内も平穏になるだろうといふラヂオ。ラヂオは終日かけたまゝ。時々、臨時ニュースあり。

今日は、すべての交通中止となり、電車もバスも、丸の内・赤坂・麹町《こうじまち》方面、皆、電車も川崎までと八王子。北は大宮まで中止となり、とても大へん。(昭11・2・29)

香椎司令官 香椎浩平中将。戒厳司令官。

慈父のごときさとし ラジオ・ビラ・アドバルーンなどでなされた帰順の呼びかけ。「今カラデモ遅クナイ」は有名。

やう〳〵空もはれた一日、兵は原隊にかへり、市中も平穏にむかひつゝあれども、ゆだんならずとて、いまだ戒厳令は其まゝしかれたれども、やゝ交通もゆるされたるもやうなり。即死と報ぜられし岡田首相*は生存して、其義弟、松尾大佐*（陸軍ヨビ）が死んでゐた旨《むね》、発表せられ、おどろいた。（昭11・3・1）

なお、『宮様の御生ひ立から御一生あらまし』には、事件にかんする守正の態度について、こうある。

今までに、こんなに陛下に御心痛をおさせした事はない。自分も今まで此陸軍にあって、これほど陛下に御心配を御かけした事はない。若い無鉄砲な将校が、あの様《よう》な事してくれ、申わけがない*。自分も、もう陸軍を辞し度《た》いと御申出になったら、陛下は、いや其まゝ今後とも現職にゐてくれよと、有難い御言葉をたまはった。

岡田首相　岡田啓介。海軍大将。海相をへて昭和九年七月組閣。
松尾大佐　松尾伝蔵。予備役の陸軍大佐。岡田の私設秘書。
申わけがない　『西園寺公と政局』にも、「軍の長老として申し訳ないと述べ」とある。

あとで湯浅内大臣*は評議のあったをり、陛下があとで仰《おお》せられたが、事件の際《さい》、梨本宮は実に立派な態度で、動ぜず、前後の考へをおちつきのべ、敬服したよと、仰せられたと伺《うかが》って、涙がこぼれた。

湯浅内大臣　湯浅倉平。二・二六事件のとき宮内大臣。事件への適切な対応で天皇の信任をえて、この年八月、内大臣となった。

守正は終始、青年将校側にはくみせず、天皇裕仁《ひろひと》の立場を尊重していたのだ。

戒厳解除

昭和一一年（一九三六）三月四日、西園寺公望《さいおんじきんもち》が二・二六事件後の組閣のため上京。五日、広田弘毅《こうき》に組閣が命ぜられる。伊都子の妹信子の夫松平恒雄《つねお》は宮内大臣となった。しかし陸軍の干渉で組閣が延びた。

組閣も中々定まらず、内閣もごた〳〵して、天気もぐづぐづして、どうにもいやな事である。いつまでこんななのだろうか。（昭11・3・8）

九日、広田内閣発足。一〇日、陸軍記念日。時局は重苦しく、戒厳令下のくらしは窮屈《きゆうくつ》であった。

上々晴。ずん〳〵雪もとけはじめる。なやみになやみとほした内閣も、とう〳〵午後七時に出来上り、広田首相はじめ、午後八時、親任式を行なはせられしよし。さて〳〵とんださわぎであった。

今日は宮様御誕生日なれど、時節がら御延期遊ばさる。(昭11・3・9)

今日は陸軍記念日なれど、祝賀式は中止。只、靖国《やすくに》神社に心のある人々が御詣《おまい》りした位《くらい》なり。(昭11・3・10)

今、戒厳令中でもある事故《ことゆえ》、よそで三味線など引《ひい》てはきこえがわるい。(昭11・6・4)

今日は大宮様*御誕生日なれども、時節がら御遠慮遊ばすよしにて、何事もなし。(昭11・6・25)

大宮様　皇太后節子（さだこ）をさす。

また、六月一一日には、「午後一時から、赤十字社の見学。陸軍軍医学校へ行く。最近、独乙《ドイツ》よりかへりし軍医のはなし。毒ガスの事、其予防等」という記事もあり、緊張感がただよう。

七月一八日、戒厳令解除。「せい〳〵する」とある。しかし戒厳令解除後の七月二〇日、防空演習がはじまった。夜中まで警報を鳴らす演習は、戒厳令解除後の民心をさらに引き締めた。

夜はいよ〳〵突撃警報サイレンなどにて、さわぎ。七時半より、全部燈をけして、まっくらにし、ラヂオにて各所の報告あり。とても〳〵おそろしい様であった。（昭11・7・22）

今日は午後早くから防空演習はじまり、さま〴〵の音する。サイレンも何度もなるし、夜に入り、いよ〳〵敵機来るの報、度々あり。全く全市、暗となる。（昭11・7・23）

銀狐

李王邸前にて　昭和10年12月29日、垠の二男玖の５歳の誕生祝い。中央左よりに垠と方子。前列中央が守正、左隣の男の子が玖。

小言

昭和五年（一九三〇）二月八日、伊都子は小言《こごと》を書いている。大磯別邸でのこと。

朝、洗面所をかたづけて、あやまってガラスの棚《たな》をおとし、こはしたとて、ないて大さわぎ。ないたとて、もとの通りならぬもの。注意のたらざりしがわるい。諸々さがせども、ぶのあついガラスなく、こまる。とかく

日本橋白木屋にて 買物中の伊都子。背筋をのばした伊都子のショールと手袋がひときわ目立つ。

に、ふわ〳〵して注意のたらぬこそ、こまる。(昭5・2・8)

朝、二階の雨戸を開《あ》けると、ガラ〳〵と音がした。又《また》、何かやったなと思ってゐると、はたして、二階東側の戸が風にあほられ、ガラスがわれたとの事。毎日〳〵あやまること斗《ばかり》にて閉口《へいこう》。一寸《ちょっと》あとさきの注意さへすればよいのであるが、こまったものだ。(昭5・2・9)

一六日、同じく大磯で、風呂の空焚《からだ》きがあった。

別館の湯殿のふろを、水なしに火をたき、すでに大事になるところ、やう〳〵消止めたとの事。かま少しいたみ、ふろもこげたとの事。猶《なお》、ボイラーのたき口のところの一部のぼうを折った。ま事に恐《おそれ》入《い》るとの事。どうも今度はあやまち斗《ばかり》あり。何とした事か、こまった事である。（昭5・2・16）

昭和一〇年二月二日、「伊都子、五十四回誕生日」。このころ年齢のせいか、時代のせいか、伊都子は怒りっぽくなっている。

朝、化粧間のサロンストーブがよくはめてないので、かしいでこまった。ほんとに〳〵にどうして皆ぼや〳〵してゐるのだろう。（昭10・2・4）

五月七日、床《とこ》のとりかたが悪く、「頭がワン〳〵して、血が上った様な心地」になった。

此せつの奉公人は皆こんなものかしらん。朝に夕に手がけてゐるものも、只《ただ》ウカ〳〵として居て、床さへ敷て置けば、どうでもかまはぬと思つてゐるのかしらん。腹がたつてたまらぬ。そして只「どうも御床をまちがへて敷まして恐入ました」と、それだけあやまればよいのである。（昭10・5・7）

毛皮と歌舞伎

昭和初期の伊都子の生活を象徴する言葉は、「毛皮と歌舞伎」だろう。毛皮を身にまとい、歌舞伎役者の市村羽左衛門《いちむらうざえもん》（一五代）をひいきする伊都子の姿が、日々の日記から読みとれる。

昭和六年（一九三一）三月一九日、伊都子は、高島屋で、買い物中の市村羽左衛門を見た。記事は別紙に長々と綴《つづ》られた。

高島屋の展覧会を一巡みて、再び下の小紋の所*をみんと行つてゐると、どや〳〵と此室に入りくる一団。ふとみれば、芸者らしき女二、三と丶もに、すらりとした男。帽子《ぼうし》を、まぶかにかぶりて、紺《こん》のコートを着、紺足袋《たび》をはき、茶の皮の

*小紋の所　小紋の売り場。

ふくろをさげてゐる、いかにも耳の大きい、めだつ人。だん〳〵近よりくるをみれば、思ひがけなき羽左衛門ではないか。マアーと口に出かゝったをこらへて、お召をよる*顔をして、いつまでも立どまりみていると、だん〳〵小紋お召とあさり、其々《それぞれ》芸者のものを買ふらしく、あれこれとみてゐる。まぎれもなく◎である。番頭も小声で羽左ですといふて、おしへてくれる。

なほもみていると、同じお召のところへきて、むかふも反《たん》物《もの》をみてゐるから、すごい目つきで、こちらをみる。そして舞台そっくりの声でコリャァーぢみだ、ウンコレがいゝなどといふて、耳のそばでき、、顔はとても〳〵しわ多く、やはり六十近い男と思はれる。しかし、こんなに近くで姿をみたのははじめてゞ、実に再び此室にお召をみに来たおかげであったと。今日はよい日であった。(昭6・3・19)

昭和七年二月五日、「銀座の曾我毛皮店へ行、銀狐《ぎんぎつね》の襟巻《えりまき》を買ひかへる」。

*お召をよる　着物を選ぶ。

一一月二日、銀座松屋が「一番の御とくゐ様」である梨本、伏見、李王、朝香の各宮を歌舞伎座に招待したいと申しでてきた。

昭和八年一月四日、「羽左の書た色紙をいただく」。一一日、曾我毛皮店がくる。「白狐の外套《がいとう》なほしをたのみ、わたす」。

昭和九年一一月、羽左衛門とコンビで名女房を演じた尾上梅幸《おのえばいこう》（六代）が亡くなった。

先般、舞台でたほれた尾上梅幸は容体わるく、とう〳〵今朝午前七時五十分死去したよしラヂオで聞いた。おしい人で、だん〳〵色々の事あらはれ、現代としてめづらしい名女形であった事。再びこの様な人物が得られるか、長い間、夫役をした羽左は、どんなに、がっかりしたろう。（昭9・11・8）

昭和一〇年一一月、羽左衛門に出会った。

佐賀にしきをみて他の家具をみてゐると、松平安子さんきて、一寸《ちよつと》もう一度、佐賀にしきをみにきてくれ、よい事があると引っぱって行く。行ってみると、思ひがけなき、羽左が夫婦できてゐる。ハッと思った。其内、挨拶《あいさつ》をして色々はなし、大きげんであった。とても今日はよい日であった。

家へかへってみると、松屋の鈴鹿から、羽左の五郎*のサイン付写真がとゞいてゐた。何といふ、今日は、日であらう。（昭10・11・20）

一二月六日、「いつも色々、羽左の写真などくれる故《ゆえ》、松屋の鈴鹿へ御酒のセット（八円）」の記事もある。

昭和一一年、樺太《カラフト》の毛皮屋がくる。

午後、樺太の毛皮屋、李王家より知らせていたゞき、来る。黒狐一疋《ぴき》、八十円*（普通の店に出ると二百円余になるとの事）にて、買上。（昭11・11・6）

五郎　曾我五郎に扮した羽左衛門の写真。

八十円　昭和一〇年の巡査の初任給が四五円であった。

一二月二七日、実姉の前田朗子《さえこ》が「羽左の大羽子板《はごいた》」をもってきてくれた。

昭和一二年、樺太庁長官が毛皮を献上。

樺太庁長官　今村武志。

午後、樺太庁長官*より、かねて、なめし中、昨年献上のはづのところ、おそくなりしとて、銀狐の襟巻と十字狐とを献上、もってくる。中々立派な品にて、市中デパートあたりで買へば、千五百円位《くらい》するものらしい。(昭12・2・24)

警報

「北支のさわぎ」

盧溝橋事件

昭和一二年（一九三七）五月一四日、守正《もりまさ》は「満州国」国境視察に出発し、六月一〇日に帰国した。一か月後の七月七日、北平《ペイピン》（北京）郊外の盧溝橋《ろこうきょう》付近で日中両軍が衝突。日中全面戦争の発端となる。翌八日の伊都子《いつこ》の日記には、「北支葦溝橋［盧溝橋］付近にて、支那兵は吾兵にむかって発砲したので応戦し、げき退せしめたよしなれども、それでやめればよいが」とあり、以後、連日、戦況が記される。

七月一一日、現地では停戦協定が成立したが、政府は華北への派兵を声明した。翌一二日、「両陛下は、此北支事変に付、俄《にわか》に葉山より還幸啓あらせらる」。守正は、臨時会議のため陸軍省へでかけた。しかし和平の道は遠く、伊都子は中国の抗戦意識を非難する。日記には、当時の排外熱を思わせる記事がつづく。

北支の事変、ます／＼悪化し、我国の方では、なるべくさはらぬ神にたゝりなしと、ぢっとしてゐるけれども、むかふでは戦闘準備をとゝのへ、兵を北上せしめ、飛行機を集めるなど、いかにもいくさらしい事をしてゐる。*抗日命支のあほりらしい。（昭12・7・13）

いつまでも／＼事件かたづかず。支那側は日本のいふ事をきかぬ様なふうにて、どん／＼軍備をすゝめ北上せしめつゝあり。どうなるのであろう。（昭12・7・16）

日支の事件も中々らちあかず。支那といふところは、どうしてわからぬにや。*さかねぢばかりして、手こずらしてゐる。（昭12・7・19）

又々、支那はこまった国にて、*郎坊といふ所にて、吾兵が軍用電線をなほしてゐると、そこへ発砲をしたので、吾兵もやむを得ず応戦し、其内にあとから増援部隊が着して戦闘をし、吾飛行機出動してめざましきはたらきをなし、支那の兵

抗日命支　中国がひとつになって日本の侵略に抗すること。昭和一〇年八月、中国共産党軍は抗日救国のための民族統一戦線の結成をよびかけ、昭和一一年の西安事件により蒋介石も抗日を決意した。ただし、「抗日命支」という言葉はあまりきかない。

さかねぢ　なじられたのを逆になじりかえすこと。

郎坊　北京と天津の中間に位置し、七月二五日夜、日中両軍間に衝突がおこった。

営を木葉《こっぱ》にくだき、多大の損害を与へて引上たよし。多少の死傷あり。
どうしてこんなにわからずやなのだろう。いま〳〵しい。
（昭12・7・27）

八月、北平より東方の通州《つうしゅう》では、日本軍飛行機の誤爆をうけ、日本のかいらいであった冀東《きとう》政権の保守隊が日本軍守備隊を攻撃し、約二〇〇人の日本人居留民を殺害した。日本国内では、通州の大虐殺と宣伝され、中国への敵愾心《てきがいしん》があおられた。また上《シャン》海《ハイ》では海軍陸戦隊の大山勇夫《いさお》中尉が殺害され、海軍の態度が硬化、陸軍への兵力派遣を要求した。この間、伊都子のナショナリズムも日ごとに高揚し、軍国美談に感動している。

北支那の報はラヂオにて一々知られ、通州といふところでは、又《また》ひどいことをして、日本人も大分ころされたもやう。*安藤といふ通信記者は九死に一生を得、といひたいが、万死に一生を得た思ひ。シャツとサルマタだけ、あとは何でも皆

安藤　安藤利男。同盟通信社特派員。

とられ、ずぶぬれになって、四日目にやっと北平《ペイピン》城外にたどりつき、たすけられて床に入り、やすめてもらってゐるといふ記事をよみ、実にパルチザン*以来のひどいめに逢ひ、あとの日本人はどうなったか。（昭12・8・1）

又々、上海で陸戦隊の将校大山中尉が自動車でみまはりしてゐた時、支那兵の為《ため》、射殺され、無ざんな死をとげ、一大事件をおこし、又々大さわぎとなる。（昭12・8・10）

いつまでも／＼同じにてこまる。上海もまたさわがしくなってきた模様。実にこまる。どうして支那の人は、こうわからぬのか。（昭12・8・11）

さま／″＼の献身的な忠勇なる兵の美談を新聞にてみて、うれしく、やはり日本兵はつよい。この様な立派な人間であると、朝から涙をながして、よみつゞける。（昭12・8・13）

パルチザン　大正九年（一九二〇）、シベリア出兵のさい、日本軍民がニコライエフスクでパルチザンに殺された尼港事件をさす。

豪雨

昭和一二年（一九三七）八月一五日、近衛文麿《このえふみまろ》内閣は、「南京《ナンキン》政府の反省を促《うなが》す

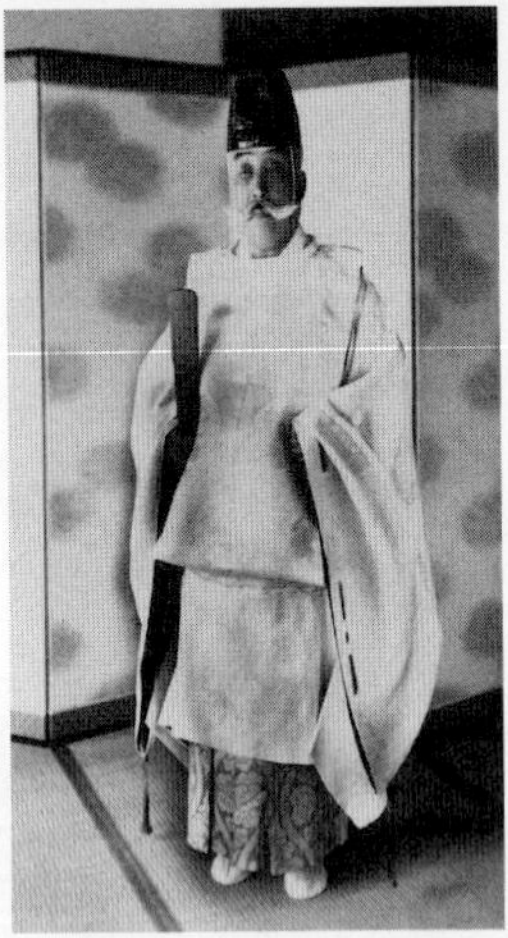

神宮祭主となった守正　伊勢神宮は国家神道の総本山であった。

為《ため》」中国にたいして「断乎《だんこ》たる措置をとる」声明を発表、日本軍は上海で本格的な戦闘を開始した。このころ東京では旱天《かんてん》がつづき、華北《かほく》から上海《シャンハイ》にかけては豪雨であった。

朝からかん〳〵にてりつけて、ます〳〵暑く、どうしてゐても汗の引くまもなく、日中とう〳〵九十六度*（所により九十七度余で、今年のレコード破りとの事）になり、実にから〳〵で何ともこまる。（昭12・8・22）

上海で陸軍の上陸*によろこんだ同じ日、東京は干天つゞきに慈雨をむかへてよろこんだ。二時間ほど降って、夕方はれた。まづ安心。（昭12・8・23）

又々かん〳〵。どうしても雨には縁が遠い。何とあつい事であろう。つく〴〵あいそがつきた。ことに時々風がなくな

九十六度　摂氏三五・六度。

陸軍の上陸　松井石根を司令官とする上海派遣軍は、二三日、呉淞などに上陸した。

るので、いやになる。(昭12・8・25)

暑さと毎日〳〵こんくらべ。ことしのごとく、汗が出た事はない。一寸《ちょっと》書きものをすると、手の甲から指の先までブツ〳〵汗がふき出し、脚のをりかゞみは、外部の衣服をも、まるでおもらしをした様《よう》にぬれてしまひ、これが毎日〳〵くり返すのだからたまらない。何だか頭のかんとしてきた様だ。

アー雨がほしい!!!(昭12・8・27)

昔から、大砲をうつと雲の変化がして、雨がふるといふので、よく毎年あまり雨がないと、砲兵に空にむかって大砲をうってもらふ事などがある。其せいでもなかろうが、北支から上海付近は強雨〳〵でなやまされ、兵隊はどろ〳〵の中に、胸までどろだらけで進撃してゐるといふ事。皆このあたりに実弾がはげしい。ことに飛行機で、どん〳〵うつから、よけい雨がふるのかもしれぬ。(昭12・8・28)

九月九日には、赤十字社で毒ガスの予防と手当ての話などがあり、同じく一三日には、赤十字社で繃帯《ほうたい》や消毒薬を包む手伝いなどをした。そして上海派遣軍は、太湖の北側をとおり南京にむけて進撃。この間、片桐部隊の「百人斬り競争」などの報道で、日本国内の戦意は高められた。

南京の日章旗

昭和一二年（一九三七）一一月、柳川平助《やながわへいすけ》中将を司令官とする第一〇軍が杭州湾に上陸、太湖の南側から南京にむかった。一二月一日、南京攻略作戦の実施を発令。上海派遣軍と第一〇軍は、南京一番のりの先陣を争った。

南京も追々せめよせられ、つゝまれ、*蔣介石《しょうかいせき》も夫妻相たづさへて、飛行機にて南昌*方面ににげたとの事。（昭12・12・7）

蔣介石　国民政府指導者。
南昌　江西省。南京の南西、鄱陽湖西側の都市。

一〇日、「南京も、もうすっかりかこまれ、今日十二時までに返事をしなければ、総攻撃をするといふ、松井司令官よりの通知を送ったはず」とある。

いよ〳〵正午過ても支那より何の返事もなく、発砲したる故《ゆえ》、こちらも、とう〳〵なさけもうちすて、午後一時半より総攻撃を開始し、午後四時、光華門*を脇坂部隊長*の引ゆる隊が一番のりをし、城頭高く、日章旗《にっしょうき》を上げたよし。引つゞき中華門*、西も北も東も全部、城門高く、日章旗上がり、南京はとう〳〵陥落した。あとは残兵のそうじ。（昭12・12・10）

まちにまった南京も、とう〳〵午後十一時二十分、完全に占領する事になったよしにて、大さわぎ。（昭12・12・13）

南京を占領した日本軍は、敗残兵の処理を口実に捕虜《ほりょ》や一般市民に残虐行為をくわえた。当時南京にいたアメリカ聖公会のジョン＝マギー牧師は、この惨状を一六ミリフイルムに収め、犠牲者の生々しい姿を今日に伝えている。このフイルムは、戦後になって米国内で発見され、話題となった。

しかし、事実を知らない日本国内の人びとは南京陥落に酔った。

今日は、もうわれるばかりのさわぎ。朝は靖国神社に御参りの人々や、何か又《また》、宮様も宮中へ御参内《さんだい》、御悦《およろこび》言上遊ば

光華門　南京の東南部の城門。歩兵第三六連隊をふくむ第九師団が攻略した。
脇坂部隊長　脇坂次郎。上海派遣軍を構成する歩兵第三六連隊長。
中華門　南京南部の城門。第一〇軍の第一一四師団・第六師団が攻略した。

さる。
午後早く、いつ子は買物に松屋其他へ行く。とても〳〵人ゝゝ旗ゝゝゝゝゝ。みうちにも小学校の生徒きたよし。四時過かへる。
夜は又、七時過、浪のごとくに提灯《ちょうちん》〳〵〳〵おしよせ、御玄関に出で《い》ゝ、両人提灯をうちふり答へる。六千人とかゆふはなし。（昭12・12・14）
今日は女子学習院でも旗行列をして宮城前に至《いた》り、さらに陸軍省・海軍省へも行くよし。小学は（前期は）外苑《がいえん》だけとかいふ事。（昭12・12・15）
一二月一四日、北支那方面軍の指導で、かいらい政権の中華民国臨時政府を樹立した。行政委員長は王克敏《おうこくびん》。一五日の日記には、「北支、北京にては、本日、中華民国臨時政府といふて新しく生れ、共産党を排し、まじめに日本と手をつないで行ふといふ事らしい」とある。
一七日には、「南京入城式」とあり、一八日には「午後三時、皇族親睦会。霞ケ関にて（賀陽宮《かやのみや》主催）。棚橋大尉の敵前上陸より追撃戦の実戦談を、二時間にわたりきく。中々こまかい、よいはなしであった」とある。

しかし南京占領は戦争の終わりではなく、はじまりであった。熱狂はすぐ醒《さ》めた。各種行事はおさえられ、宮中周辺の態度は慎重になった。

皇太子様御誕生日なれども、ほんの御内々にて、御参内遊ばすだけ。われ〳〵の御じぎもなく、事せつがら御遠慮との事。（昭12・12・23）

新年宴会は事変中に付、御中止。（昭13・1・5）

今年は事変中故、伊都子の誕生日も内々。午後二時に一同の御じぎを受け、例により御祝酒料を遣して終り。夜は赤の御飯をたいたゞけ。（昭13・2・2）

陸軍記念日なれども、何の催しもなく、正午から一分間、全国戦死者の為《ため》、黙とうをするだけ。（昭13・3・10）

「御差遣」

昭和一三年（一九三八）二月から、伊都子は各地病院の傷病兵慰問をはじめた。一五日には、陸軍第一病院を慰問し、一七日には渋谷の赤十字社病院を慰問した。三月一五日、全国慰問の計画がだされ、二三日、全国慰問の件が決定。四月一八日には、九州への慰問に旅だつ。

この九州慰問の記録は、『皇后陛下の思召《おぼしめし》により各病院へ御差遣《ごさけん》のをりの日記』にくわしい。その巻頭には、「皇后陛下、病院行啓並御使御差遣の節、賜《たま》はりたる御言葉要旨」がある。㊙の印があり、「皇国《こうこく》の為《ため》とは云《い》ひながら、皆、気の毒な者につき、此上《このうえ》とも十分労《いた》はり遣はす様に」などの「御言葉要旨」がとじてある。そして、つぎのようにはじまる。

昭和十二年、日支の事変おこるや、戦ひは勝利〳〵。北支はすでに平穏となり、南支もすでに南京《ナンキン》陥落したれども、中々、蔣介石《しょうかいせき》は下らず、ます〳〵長期戦となれり。はじめより吾将士の戦傷病者、中々多く、各師団下の病院に白衣勇士として手厚き治療をうけ、すでに全快、再び第一線に出《いで》しものもあり、又、家にかへるもあり。さま〴〵なれども、あとから〳〵新《あ》らたなる戦傷将兵ぞく〳〵来り、中々手のまはらぬほどなり。

伊都子は、北九州の大分・福岡・佐賀の三県を慰問することとなり、四月一八日、午後三時、富士号で出発した。

一九日午後、小倉陸軍病院慰問。「中々おもきのもあり、又、快方にむかひつゝあるのもあり。片手片脚、中々多く、気の毒なり」「廊下《ろうか》には、戦死者の遺族、戦傷後全快してかへりゐる兵、出征軍人家族、戦傷者の家族等、整列してありければ、一々〳〵挨拶《あいさつ》して通る」「こゝは二千四百人ほどにて、中々多く、二時間余かゝる」。

翌二〇日から二二日にかけて伊都子は福岡・久留米《くるめ》・唐津《からつ》・佐賀の各病院をまわった。伊都子は佐賀鍋島《なべしま》の「お姫様」

別府日名子旅館　全国からの湯治客でにぎわった。三階だての旅館に、興隆ぶりがうかがえる。

であり、とくに唐津・佐賀では大歓迎をうけた。

二三日、肥前山口へむかう。「先年の爆弾三勇士の出た村といふはなしを聞く」。そして鳥栖《とす》・佐賀を経由して、大分着。「此あたりの村人は、汽車の通過するをみて、畑といはず、山といはず、働きつゝある人が皆、手をやめ、手拭《てぬぐい》をとりて敬礼しつゝあるさまをみて、涙の出るほど感じた」「九州に入りて目につきたるは、山の中といはず、さん〳〵としてある村々の人家あるところには、必ず竹の長いのがたてゝあり、それに国旗をつけ、或《あるい》はイカリ・黒布等、めだつ故《ゆえ》、知事にたづねしに、あれは出征軍人の家に必ずたてる事になって居り、海軍の人はイカリ、又、戦死者の家には黒布をつけてある、といふ事。よき事にて、一目にて出征してゐる家がわかり、此村から何人と、すぐみはけられるので、まことによき考へと思ふ。此あたりも、中々さほの出てゐる家多し」。大分駅から別府《べっぷ》の日名子旅館につく。日露戦争当時、守正《もりまさ》が療養した旅館である。

二四日、別府海軍病院で、日露戦争のときに両眼を失った森清克獣医に会う。「盲人の為、学校をたて、色々つくしてゐるよし」。

二五日、小倉《こくら》で陸軍病院別府分院を慰問し、臨時転地療養所へまわる。ここで全部の慰問を終わり、皇后宮職に電報を発した。二七日、富士号にて東京着。五月二日、参内、「皇后陛下に拝謁《はいえつ》、つぶさに復命言上」。巻末には、「この度《たび》の御慰問に付、有《あり》難《がた》き御用なりしが、あまりに時間のせわしなき事は、少し閉口《へいこう》」とある。

関東州慰問の旅

昭和一三年（一九三八）六月二〇日、全国各地の慰問を終えた伊都子ら各皇族妃は、つぎに台湾・朝鮮・関東州の傷病兵士を慰問することになった。この間の動向は、『関東州御慰問御使ひの旅日記』にまとめられている。また、『満洲日日新聞』は連日、伊都子の動向を大きく報道した。

なお関東州とは、遼東《りょうとう》半島西南端の旅順《りょじゅん》・大連《だいれん》などをふくむ地域で、明治三八年（一九〇五）の日露講和条約で獲得した日本の租借地《そしゃくち》である。

二一日、門司《もじ》から大阪商船の鴨緑丸《おうりょくまる》で出港。二三日、大連に入港した。偶然にホテルから「満人の御嫁入り」行列を見る。午後二時には大連神社と忠霊塔を参拝、夜は「満州発展」の活動写真を見た。

二四日、柳樹屯《りゅうじゅとん》陸軍病院分院を慰問。

午前八時二十分出門。いつも同じ行列にて、すべての警戒

柳樹屯分院を慰問する伊都子　傷病兵たちは正座して伊都子をむかえた。昭和13年6月25日付『満洲日日新聞』に掲載された写真。

のきびしき事には、おどろかれぬ（関東州の巡査は皆、カーキ色の服にて、ピストルをもち、鉄のかぶとを背にしょひ、いかめしきいでたち也）。

大連駅より特別列車にて大房身《だいぼうしん》駅まで行く。五十分。こゝより自動車にて五十分走り柳樹屯陸軍*病院分院に着。院長はじめに単独拝謁の後、一同は立列拝謁。分院長より経過の言上を聞て後、各棟各室に戦傷病者をみまふ。こゝは昔、露国時代にたてたる家にて、やはり病院と兵営に用ひしときく。レンガ造りの古い家。ペチカなどもあり、木は大かたアカシヤにて、木かげは涼し。はなれしところだけに、何となく淋《さび》しげにかんじたり（四百余名）。

*柳樹屯陸軍病院分院　旅順陸軍病院柳樹屯分院。

大した重傷者はなけれども、中には大かた快復したるものもありて、元気なり。再び第一線にかへるものすらあり。すべてに、一同、非常によろこび、大みこゝろのあつきに、感涙《かんるい》しるたり。

あかしやの　茂れるかげに　いくさ人　きずをなでつゝ
何思ふらん　（昭13・6・24）

この日、伊都子は柳樹屯陸軍病院分院から、旅順陸軍病院大連分院へむかい、さらに関東州庁で大連市の銃後状況などをきいた。また満鉄館では満鉄の業績概況をきき、満州資源館の石炭・農産物を見た。五時すぎにヤマトホテルに帰着。「少しく靴《くつ》の中いたむ。入浴して手あてをなし、やう〳〵わすれたり」とある。

二五日、旅順へむかい、白玉山《はくぎょくさん》の納骨堂で黙禱《もくとう》。午後は旅順要塞《ようさい》司令部を経由して、旅順陸軍病院へ行く。「七百余名すべて一人《ひとり》〳〵に御見舞をなす」。

毎日の歩行に、暑さにて、靴の中非常にいたみ、すりきずさへ出来たる様《よう》なれども、この位にひるみては戦線にゐる勇

旅順白玉山にて　左前方の洋装婦人が伊都子。右後方の納骨堂で黙禱をすませて引き揚げるようす。昭和13年6月26日付『満洲日日新聞』

士に申わけなく、ふみしめ〳〵のこるくまなく御慰問の趣旨をつらぬかねばとがまんする。

やっと日本間にくつろぎホッとする。入浴をしてよくみれば、両の足に四ツも豆が出来たので、直《ただち》に薬をつけ手あてし、明日にさしつかへなき様《よう》にする。まことにはづかしき事ながら、いかんともせん方《かた》なく、暑さの為《ため》、くつの中むれて、其上歩みたる為、かゝる事になりしなり。（昭13・6・25）

二六日、海軍要港部へ行く。「碇泊《ていはく》中の駆逐艦《くちくかん》より皇礼砲をうち、満艦飾《まんかんしょく》をほどこして、むかへくれたり」。その後、日露古戦場の東鶏冠山北堡塁《ひがしけいかんざんきたほうるい》にむかう。午後は、旅順博物館を見学し、二〇三高地へのぼる。

旅順攻囲中、七千五百余といふ多き犠牲者を出せし山と思へば、いまなほ血なまぐさき心地せられ、しばし黙禱して冥福《めいふく》をいのる。

三十とせの
春秋ふれど　今
もなほ　わがま
すらをの　血し
ほたゞよふ

七時過、土地の商店より少し

御差遣宮妃殿下
海軍關係御慰問
皇族旗燦然と輝き
感激に震ふ将士
戰蹟を親しく御見學
戰蹟を御熱心に御見學の妃殿

東鶏冠山北堡塁に立つ伊都子　中央が伊都子。慰霊塔を背に高屋少将の説明をうけている。昭和13年6月27日付『満洲日日新聞』

ばかり品物をとりよせてみる。他のものも色々注文あり。其中に立派なヒスイなどあり。それは〳〵色といひつやといひ美事なものであったが、此時節がら宝石るいなどもっての外《ほか》とかへす。（昭13・6・26）

こののち、満鉄中央工業試験場で石炭・大豆《だいず》・高粱《コーリャン》などからの製品化を見学し、星ヶ浦ヤマトホテルの合同大連婦人団の茶会にのぞむ。「百余名の内地婦人と満人の夫人ら、つどいて、さま〴〵のものがたりの内に、御茶菓など終り、其間に奉迎の歌、満人の民謡などうたひて、旅情をなぐさめられ」とある。

東洋婦人教育会

伊都子が関東州慰問を終えたのちの昭和一三年（一九三八）九月二〇日、東洋婦人教育会の記事がある。東洋婦人教育会は、「満州国」の運営に深くかかわる人びとの婦人の会で、伊都子の妹松平信子《のぶこ》が中心的役割をはたしていた。

松平信子参られて、事務官と話してゐるところ。それから

色々相談して、東洋婦人会の事もきまる。（昭13・10・6）

かねての約束のごとく、午後二時より東洋婦人教育会の総裁として、此度《このたび》来朝の満州国総理夫人張除卿《じょけい》*、及、星野操子《みさこ》*・入江とき子・徳鄠祖蔭らを招き、其序《そのついで》に会のおもなる、満州にかんけいある人々三十名ほどをよび、御茶を遣し、しばらくはなして、三時半ころ一同かへる。会長松平夫人は其後、色々はなしあり。（昭13・10・15）

午後は一時から、東洋婦人教育会秋季総会を文部省会議室に開催に付、一時二十分出かける。はじめての場所にて、中々設備よし。総会につき、日満支の女学生七十名ほど集り、茶話会を催し、引きつゞき映画をみせ、一同大よろこびにて、いつ子は五時過かへる。なほ後、学生らうちより六時過までゐたよし。信子より電話にて御礼と其事申来る。（昭13・11・25）

張除卿・星野操子・入江とき子　張景恵（満州国総理）・星野直樹（満州国国務院総務長官）・入江貫一（満州国宮内府次長）らの夫人たち。

満州にかんけいある人々　参殿者名簿には、板垣喜久子・武藤能婦子・本庄梅子・東条勝子ら関東軍関係将校夫人の名がつらなり、林権助・荒木貞夫・荒木錦子らの名もみえる。

興亜奉公日

「大勝利帯留《おびどめ》」などを配った日露戦争時とちがい、伊都子も節約を余儀なくされていった。

事変下第二のお正月を迎へ、何となく引しまりたるこゝちす。今年は、陛下《へいか》をはじめ皆軍装にて拝賀と仰《おお》せ出《いだ》されたるに付、軍人は軍装、文官はフロック、或《あるい》はモーニング、夫人は通常服といふ事になり、楽なお正月。(昭14・1・1)

本年より節約の為、反物《*たんもの》はやめ、人に応じ、債券《さいけん》十円のを二枚の人や、一枚の人にきめる。そして、何か一寸《ちょっと》したものをそへる。(昭14・7・6)

今日は事変二周年記念日。色々、野試合、其他、多摩川の敵前上陸戦など、もやうしものあり。午後は靖国神社に参拝した学生、其他が市中をねりあるくやら、中々大へんであったが、夜は一切《いっさい》享楽は遠慮し、酒もなし、ネオンもなしにて、しづかな夜であった。(昭14・7・7)

九月一日、ドイツ軍がポーランドに侵攻、第二次世界大戦が勃発した。この日は国

反物……例年であれば奉公人に半年分の特別手当として反物を配ったが、今年はそれをやめ、国債を買って渡すことにした、という意。

内では震災記念日であり、最初の興亜奉公日《こうあほうこうび》でもあった。戦場の労苦をしのぶため、毎月一日を興亜奉公日として飲食店での飲酒などを禁止したのである。この日、伊都子は河口湖にいた。

昼は震災記念日。方々いつものごとく、にぎりめしに罐詰《かんづめ》にて終り、夜食は一汁一菜にてすます。（昭14・9・1）

しかし、皇族親睦会はぜいたくであった。伊都子は酒好きの皇族に苦言を呈している。

はじめニュース映画を一時間みて、七時近くから御食事になり、日本食、日本橋浜町の醍醐《だいご》といふ料理。中々思ひきった器物にて、もの〳〵し。八円*の料理。どうも御若い方は、時間なしに御酒をのむくせがあって、こまる。（昭14・9・30）

その後の興亜奉公日における伊都子の食生活をみてみよう。

＊八円　昭和一五年当時、江戸前寿司の並が三〇銭、天丼が五〇銭であった。

昼はにぎりめしに御煮物。夜は松茸《まつたけ》めしに、御汁だけ。（昭14・11・1）

いつもならばにぎりめしのところ、久々、今は鍋島邦子*たづねるに付、チャーハン。次はにぎりめしにする。夜はうどんと御にしめにする。（昭14・12・1）

二千六百年の新年を迎へた。宮中へ参内。昨年のごとく通常服にて拝賀。宮中をはじめ御祝酒はやめになったので、皆、皇族のところも御祝酒やめ。李王のところでも御馳そう御やめ。興亜奉公日に付、夜は御まぜの御飯に御汁だけ。（昭15・1・1）

昼はにぎりめしに汁、夜はいつものごとくうどん。（昭15・2・1）

伊都子誕生日なれども、別に何事もなく、一同御じぎにて御祝酒料を遣し、一寸《ちょっと》御赤飯《せきはん》に御なますを祝ふだけ。（昭15・2・2）

*鍋島邦子　直映の養女。男爵鍋島直美夫人。

昼はけんちん汁に御漬物《つけもの》・御飯。夜はうどん（ひも川うどん・あぶらあげ・ねぎ）・御野菜・煮物・漬物。（昭15・3・1）

昼も夜も、湖水でとれた一尾の鯉《こい》を小さく料理して、御上から御次一同、これだけにて食事をする。（昭15・8・1）

着物の模様も規制された。

*贅沢品《ぜいたくひん》は禁止、商店より姿を消した。昭和十五年十月七日。反物も金銀の糸の入ったものはだめ。裾模様《すそもよう》は裾だけ、肩の方はなし。（昭15・10・7）

贅沢品は禁止　奢侈品等製造販売制限規則の施行は七月七日であった（七・七禁令）。

英米撃滅

「こきびよきこと」

昭和一五年（一九四〇）、紀元二六〇〇年祭。この年は、神武天皇が即位して二六〇〇年目にあたるということから、一一月一〇日から五日間にわたって各地で奉祝《ほうしゅく》

高松宮と萬歳を唱える人びと　昭和15年は神武天皇即位2600年とされ、各地で祝事が催された。

行事がおこなわれた。戦時下のため禁止されていた御輿《みこし》・山車《だし》・提灯《ちょうちん》行列・旗行列や昼酒なども許可された。

紀元二千六百年祝典。両陛下出《しゅつ》御《ぎょ》。おごそかなる式典行はれる。近*《この》衛《え》首相つゝしみて祝辞言上。陛下より勅語《ちょくご》をたまはり、大日本国民を代表して、高らかに萬歳を三唱。とゞこほりなく式は終る。（昭15・11・10）

近衛首相　近衛文麿。この年、新体制運動を推進して全政党を解消、大政翼賛会を結成した。

皇族親睦会会餐《かいさん》なれども、両人ともことわる。どうも御酒などのんで、つまらぬ事をしゃべり、さわぐから、もう老人はうるさく、ことに酒をのまぬものには迷惑し、こと〳〵これがわからぬとは、なさけない。（昭15・12・21）

翌昭和一六年（一九四一）、戦局打開の見通しはくらかった。日本は南進政策をすすめるため、ソ連は対ドイツ戦の準備のため、日ソ中立条約を調印した。また日米両国は、日中戦争の解決をめぐって日米交渉にのりだした。しかし交渉は打ちきりとなり、日米開戦への道につきすすんだ。

この間、時局は悪化。くわしい事情を知らされない伊都子は、私生活まで統制しようとする宮内省や酒を飲んで騒ぐ皇族軍人への不満をつのらせている。

一月一日、参内侍立《じりつ》。

昨年は女は勲章《くんしょう》をつけなかったけれども、今年は一ツつける事になった。色々かわるからこまる。（昭16・1・1）

皇族妃は避難せよとの話。

宮内省から事務官が聞てきた事だが、此事変、ます〳〵むつかしくなってくるもやう故《ゆえ》、各宮家にても一個づゝ防空壕《ぼうくうごう》をつくれ、費用は出すからといふ事。又、妃殿下方は日光か塩原御用邸に避難する様、御供《おとも》は一人など丶、たわけた事をいふ。それで防空壕は、宮様が防空協会の総裁故《ゆえ》どうにても造ると仰せられてゐる。しかし、そんな時にわれ〳〵がにげたところで、どうなるだろう。(昭16・4・2)

六月一六日、伊都子は歌舞伎が見たいとこぼしている。

かねてに私が少しでも慰安がほしい、せめて一年に一度や二度好きな芝居でもみたいものといふてゐたが、中々だれも世話してくれぬ。
近衛《このえ》公など人めにかゝるとうるさいからとて、歌舞伎の重役たちの一寸《ちょっと》のぞく場所があるそうで、そこへそっと御いでになって御らんになるといふはなしだがら、そんな所があるなら何とかしてみたらといふたら、どうも一寸よい工夫《くふう》もない。まづラヂオで御辛抱《しんぼう》願ひませうかといふ返事。何といふ事だろう。一般の人間は生のよいものをたべてもさしつかへないが、私たちは罐詰《かんづめ》でまづしんぼうせよ、といふのと同じではないか。

もうよいたのまぬ、と思って過してゐたら、或日《あるひ》五月に松坂屋に買物に行ったら、市村羽左衛門《いちむらうざえもん》がきてゐてしばらく色々なはなしをして後、時々此ほどどこかの宮様が御見物に御見えになったといふので、もしやこちら様がと舞台から気をつけてみましたら、中央の下の椅子《いす》席に御若い御方が御いでになってゐました。外《ほか》の宮様が御いでになるのに、いけないといふ事はないでせう。久しくみていたゞけませんねといふたから、それはみに行き度《た》いは山々なれども、やはり世間がうるさく、これでも顔が知られてゐるから目だってねといふたら、それでは近衛さんなどよく御らんになる部屋がありますあそこならばちっとも人からみえず御らんになる事が出来ます。私が何とかはなして取はからひませうといふ。（昭16・6・16）

二二日には、「又々ソ連と独乙《ドイツ》と国境にて戦争はじまり、今たゝかひ中とのニュース」とある。

七月七日は、事変四度目の記念日でさまざまの催しがあり、宮中では皇族会議があった。一六日、近衛文麿《ふみまろ》内閣総辞職。一八日、ふたたび近衛に大命下り第三次内閣を組閣。

九月六日、御前会議が開かれ、一〇月下旬を目標として「戦争準備を完整す」とした「帝国国策遂行要領」を決定した。

皇族である伊都子の周辺では、一般国民に先がけて、日米開戦を意識した防空の備えが強化される。

防空壕をつくる事になって、陸軍省から人がきて、裏門のそばに今からほりはじめる。（昭16・9・6）

朝から袋式寝具を自分で縫《ぬ》って、衣服の古いぬきわたを入れてやっと出来上った。此中にすっぽり入って寝る。どこでどんな目に合ってもよい様に。（昭16・9・7）

八日には、たんすなどを整理し、九日には、レコードの整理をする。一二日、「引出しのかたづけ」。一三日、バケツリレー。

午後は、みうちだけ表奥職員の妻、其他、下まで全部大玄関前に集め、笹川*号令かけて、一班、二班と次々にすゝみ、消火法。バケツでかけるのだけれども順よくしないとぶつかるので、やはり手順よくしなくてはだめ。（昭16・9・13）

笹川　笹川吉雄。宮内省属。梨本宮付。

一〇月九日の歌舞伎座のパンフレットに、「スパイ御用心」とある。六日後、尾崎《おざき》秀実《ほつみ》らがスパイ嫌疑《けんぎ》で検挙され、国民の自由な言論はいっそう封じこめられた。

内閣は東条陸軍大臣*に大命降り、直《ただち》に組閣。本日、親任式。外務大臣には東郷*がなった。ソビエットにゐた人。（昭16・10・18）

広橋*は内閣総理大臣秘書官（三）に任ぜられし事、新聞に出てゐた。（昭16・10・27）

東条陸軍大臣　東条英機。
東郷　東郷茂徳。戦後、A級戦犯。
広橋　規子の夫広橋真光。群馬県学務部長から東条首相秘書官となった。（三）は高等官三等の意。

一一月一日、大本営政府連絡会議は、外交交渉不成立の場合は一二月初頭に武力発動という方針をまとめていた。

二日、御前会議の原案として天皇に内奏。三日には、陸海軍の作戦計画が内奏され、四日、天皇臨席のもとに召集された軍事参議院参議会の承認をえた。

この会議は閑院宮載仁《かんいんのみやことひと》が議長となり、伏見宮博恭《ひろやす》ら皇族軍人が列席。朝香宮鳩彦《あさかのみややすひこ》と東久邇宮稔彦《ひがしくにのみやなるひこ》の両陸軍大将は、永野修身《おさみ》軍令部総長と東条英機《ひでき》首相兼陸相にたいし、「勝算アリヤ」「武力発動ノ理由ヲ明示」などと質問した。この夜、皇族親睦会があった。

皇族ばかりの内わのより合いとはいへ、此時節柄故、まじめになさればよいものを。食事は日本食司の仕出しであったが、御酒はとくに朝香宮御骨折りとの事。私は生菓子を、賀《か》陽《や》*はから〳〵をもって行く。まづ一ト通り、御にぎやかに終り、八時ころ食事も終ったが、後でレコードをかけ、みづほ踊りがはじまる。これも一寸《ちょっと》ならばよし。しかし、ひつこく

から〳〵　乾鮭。

何度も〳〵くりかへし総踊り、其上其レコードでダンスがはじまり、組合って、しかも年がひもなく*朝香宮と東久邇宮が御はじめになる。それにいつも遊ぶ事を初言なさるは竹田宮、どうもにが〳〵しく思はれるが、それが又何度も〳〵つゞくので、九時十五分になったから東伏見大妃*と御相談してもうこの位御つき合ひしたらよいだろうと御先きに引上てかへった。

いつも〳〵酒のみはこれだからだらしがなく、皇族がこれでは今後が思ひやられる。今の中年の御方々からこんな事がはじまり、こまった事だ。何でも親睦といふ事は酒のんでさわぐ事だと心得てゐられる。お酒をのまぬものゝ迷惑など少しも考へない。(昭16・11・4)

年がひもなく　朝香宮と東久邇宮は、ともに明治二〇年生まれの五五歳。

東伏見大妃　周子。

伊都子は相変わらず酒飲みへの不満を綴《つづ》るが、この夜の朝香宮と東久邇宮の「乱れ」は、米英蘭を相手とした世界戦争突入への不安をまぎらわすためでもあったのだろう。

翌五日、御前会議で一二月初頭の武力発動を決定。一五日、大本営政府連絡会議は、「極東における米英蘭の根拠を覆滅《ふくめつ》」を明記した「対米英蘭戦争終末促進に関する腹案」を決定した。

午後、陸軍次官*拝謁に来り、何事か申上た。どうやら日米会談もやぶれそう。（昭16・12・1）

陸大、くり上卒業式。（昭16・12・5）

いよ〳〵日米間の会談もまとまらず、本日早暁（米、七日）戦争となつた。宣戦の詔勅《しょうちょく》を下したまはり、いよ〳〵米英と戦争となる。

○すでに上海《シャンハイ》では英艦を撃沈し米艦を捕《と》り、

○ハワイに空襲して米艦をしずめ、

○グアム島もおそひ、マレー半島に敵前上陸をしたとの、

次々の報はめまぐるしきほど。

何とこきびよきことであろう。（昭16・12・8）

*陸軍次官　木村兵太郎中将。戦後、A級戦犯として処刑された。

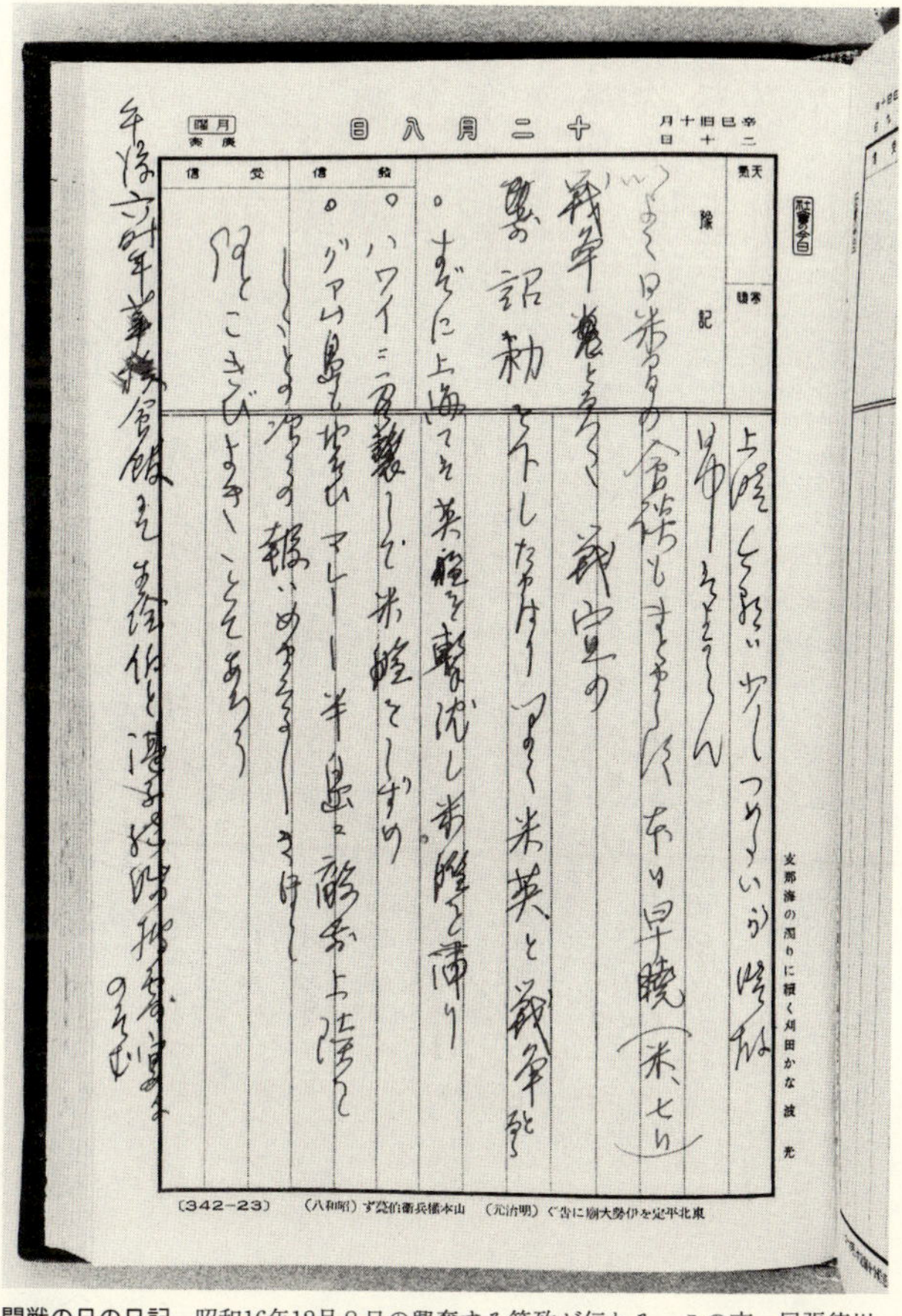

開戦の日の日記　昭和16年12月８日の興奮する筆致が伝わる。この夜、尾張徳川家二男の大給（おぎゅう）義龍と朝香宮湛子（きよこ）の婚儀があり、伊都子も披露宴に出席した旨が記されている。

戦捷のこえ

昭和一六年（一九四一）一二月八日、中国大陸での戦争は、ついに世界戦争へと発展した。伊都子の日記には、連日、戦捷《せんしょう》の記事がつづく。

ハワイもヒリッピンもめちゃ〳〵。

マレー半島にも陸軍の上陸した旨《むね》通知あり。タイ国を無事通過。（昭16・12・9）

いつものごとく日赤作業に出かける。一同とても引しまった気分ではたらく。

英東洋艦隊主力艦プリンスオブウエルス号、及、其次のレ*号撃沈。これで東洋艦隊全滅。（昭16・12・10）

次々と戦況よい事ばかり。しかし、こちらも飛行機三十八機ほどうしなったよし。何ともいたしかたない。（昭16・12・11）

グアム島占領。（昭16・12・12）

久々、渋谷*の兄上を御たづね申。中々、寒くとも御元気。もう八日以来、気分がさっぱりしたと仰《おお》せられてゐた。だれ

＊レ号　レパルス。

＊渋谷の兄上　鍋島直映。

でも同じ事。（昭16・12・13）
極密にて*大宮様には午後御出発、沼津御用邸にならせられた。当分御滞在のよし。（昭16・12・17）
霞ケ関へ行。親睦会にて、ニュース映画をみてから、此度ハワイ空襲に赴いた吾海軍の少佐二名、一寸かへってきたので、実地のはなしをしてくれる。とても／＼大へんな苦心であった。（昭16・12・27）
いよ／＼十六年も終る。はな／″＼しい戦果に色どりつゝ、このとしも終らんとする。（昭16・12・31）

シンガポール陥落

伊都子は緒戦の勝利に酔いながら、新年を迎えた。しかし生活のほうは統制されていった。

二月一日より*衣服及付属切符制になる為《ため》、すべて十九日より発売禁止。

大宮様　皇太后節子。

衣服及付属切符制　都市部では一人につき一年で一〇〇点、郡部は八〇点が割り午後早々出かけて、松屋に買物に行く。今日から衣類すべて発売禁止とて、縄ばりがしてあり、ぞうり・食器、其他、ごた〳〵したものはあった。序《ついで》に大東亜戦展。（昭17・1・20）

当てられた。背広は一組五〇点、靴下が一足二点。しかし切符はあっても品物が不足して買えなかった。

二月二日、伊都子誕生日。この日、愛国婦人会や国防婦人会が統合されて、大日本婦人会が結成された。

当時、伊都子は伊豆山に避寒中で、日記は別紙に書かれている。のちに書きくわえたのだろう、日々の日記には一五日の欄のみ記事があり、そこには「シンガポール、とう〳〵無条件降伏。何といふ英国はバカダロー」とある。「大英帝国」の東南アジアにおける拠点のシンガポールを占領したことは、多くの国民を熱狂させた。

以下は別紙の記事。

今朝は思ひがけなく大雪。はや三寸*位《くらい》つもってゐて、まだ〳〵ふりつゞいてゐる。終日やまず。しかし水けの多い雪にて、とけるのも早い。落下傘《らっかさん》部隊（海軍）、スマトラに無血着陸。飛行場を占領。午後十時、いよ〳〵シンガポールも無

＊三寸　約九センチ。

条件に降伏したとの事。（昭17・2・15）

今後、昭南島・昭南港と、よぶ事になった。（昭17・2・17）

今日は全日本いたる所、第一次戦捷《せんしょう》祝賀式を行ふ事になり、正午、首相の発声にて萬歳を三唱。東京は二重橋前・明治神宮・靖国神社等に、旗行列を行ふよし。当熱海《あたみ》でも、国民学校、其他、町の人々集り、萬歳をとなへて、各神社に参拝、伊豆《いず》神社にも、とても多数のぼってきた。傷病将士もまじってゐた。

県道に出たら、丁度《ちょうど》、旗行列が通るところに出会ひ、とても大へんであった。（昭17・2・18）

朝、新聞をみると、昨日の祝賀式後、二重橋前広場に集る国民、あとから〳〵引もきらず、旗の波であったよし。午後一時五十分ころ、天皇陛下、白馬にめされ、二重橋上に出御《しゅつぎょ》あらせられ、赤子《せきし》に答へ給ひ、挙手《きょしゅ》の礼を賜はったので、一同大よろこびで君ヶ代をうたひ出すやら、萬歳〳〵で大へんであったよし。引つゞき、皇后陛下・皇太子・内親王方も出

昭南島　シンガポール島のこと。占領後に日本名をつけた。

国民学校　昭和一六年、小学校は国民学校と改称され、宮城遙拝や軍事教練が課された。

御あらせられたよし。（昭17・2・19）

夕方、ラヂオで、オーストラリヤの軍港を空爆し、艦隊を撃沈し、飛行機も四十数機撃破したとの事。（昭17・2・20）

ドウリットル初空襲

昭和一七年（一九四二）四月、九軍神の合同葬。前年一二月八日のハワイ真珠湾《しんじゅわん》への奇襲攻撃のさい、五隻《せき》の特殊潜航艇に乗りこんだ一〇名の特別攻撃隊員のうち九名が戦死して軍神となった。一名は意識不明のまま捕虜第一号となったが、この事実は敗戦後まで公表されなかった。

ハワイ真珠湾に花とちった九勇士の海軍合同葬が、日比谷で、おごそかに行なはれ、遺族も多人数出京し、盛大なる事であった。又、参拝する国民、引《ひき》もきらず。ほんとに、お国のためにちった若き人々の名誉は、とこしへに栄《さか》ゆる。（昭17・4・8）

一八日、ドゥリットル中佐の指揮するB25米陸軍双発爆撃機一六機が東京・名古屋・神戸などを初空襲。B25は中国大陸などへ飛び去り、一機が日本軍占領地に不時着した。被害はわずかであったが、衝撃は大きかった。この空襲によってミッドウェー作戦が計画される。

朝、晴。八時十分、警戒管制との事であったけれども、一寸、買物に出かけ、午後早々十二時半ころ、途中にて空襲警報となり、赤旗が出てゐたが、電車も人も、いつもの通り故《ゆえ》、まっすぐ松屋に行く。中に入ると、今敵機がみえたとの事。高射砲を打ってゐる。

しかし、今、表へ出るとあぶないからとて、二、三買物して地下室*に行き、しばらくやすみ、電車も走ってゐると聞た故、とにかくかへる。

家では、すっかり準備とゝのひ、又々新宿あたりにきたとの事。あちこち烟《けむ》りが上ったりしたけれども、ふだんの訓練がよいので、ちっともあわてず、よく消し止め、平穏であっ

地下室　安全な地下室に伊都子だけ特別に案内されたのであろう。

た。敵機九機[*]はおとした。(昭17・4・18)

午前二時、またもや空襲サイレンなりわたり、早そく身じたくしてゐたけれども、近よったもやうもなく、高射砲の音もなく、しづかにて、四時解けた。

どうも何となくものが手につかず、しかし、ちっとも、おそろしいとか、こはいとかいふ心もちは、ちっともせず。(昭17・4・19)

初空襲に、宮内省は動揺した。

警戒管制発令された場合は、行幸啓は無論御中止。皇族様もなるべく御外出を御見合せある様、地方への御出ましも御中止願度《ねがいたし》。会の場合、はじめられてゐる場合は継続してよけれども、空襲警報なれば、いかなる場合といへども、中止して解散する様にとの事、いふてきた。(昭17・5・2)

敵機九機　大本営による虚偽の報道で、じっさいには一機も撃墜されていない。

蘭印のコーヒー

昭和一七年（一九四二）四月、初空襲はうけたが、伊都子はまだ戦捷《せんしょう》気分のなかにあった。六月のミッドウェー海戦、八月のソロモン海戦、翌一八年二月のガダルカナル撤退と、あいつぐ戦局悪化の情報も、伊都子には正確に伝わっていない。日々の日記には、戦時下の生活が綴《つづ》られるばかりである。

六月五日、ミッドウェー海戦。日記には一行の記事もない。

午後三時ごろ、東条夫人参られ、とりたてを塩した鮭《さけ》到来したからと、もってきてくれる。（昭17・6・17）

陸軍大臣官房よりとて、蘭印*で出来たコーヒーを献上。大きな袋、七ツ。（昭17・6・20）

傷痍《しょうい》軍人及軍人遺家族の手になれる作品を三越にみに行き、買上てかへる。三日から一般に公開するから二日にみてくれといふ事であった。（昭17・7・2）

北支・中支方面の兵隊が色々廃物を工ふうしてこしらへた品々の陳列があり、とても上手なものばかりで、おどろいた。

＊蘭印　オランダ領インドシナ。現在のインドネシアを中心とした地域。戦時中、日本軍の占領下にあった。

（昭17・7・9）

八月七日から九日にかけて米空母機がソロモン諸島のガダルカナル島を急襲した（第一次ソロモン海戦）。九日の日記には、戦艦・巡洋艦《じゅんようかん》・駆逐艦《くちくかん》など「合せて二十七せきの船を撃沈せしめ、飛行機四十機以上をおとした大戦果を上げた」との大本営発表が記された。二四日、第二次ソロモン海戦。このころ伊都子は、河口湖別邸で生活していた。

昼は、もってきたお弁当をたべ、夜はクラブハウスからとる。ことしは物資がない為《ため》、色々なものは出来ないけれども、まづ御まに合せますとて、夕方は、トマトケチャップとマカロニをまぜた御飯と、アユフライ・マヨネーズ等。（昭17・8・11）

籠坂《かごさか》の茶店に一寸いこひ、蜂蜜《はちみつ》コーヒーといふのを出してくれたので、やっとたすかる。この家の息子、戦死したとて、仏だんに写真がかざってあったので、上ってお線香《せんこう》を上げて

やった。(昭17・8・26)

一二月三一日、大本営はガダルカナル島からの撤退を決定。しかし、撤退のことは記されていない。

夜は、満州から送られたそば粉でうったとて、配給のおそば少しながらもらって、三十日《みそか》そばをたべる。(昭17・12・31)

『わすれられぬ一年間』

伊都子は太平洋戦争開始から一年後の昭和一七年(一九四二)一二月八日、『わすれられぬ一年間』という回想録を毛筆で書いている。ここには、開戦の緊張感、緒戦の勝利に酔った当時の心境、反英米意識などが赤裸々に綴《つづ》られている。

アー昭和十六年十二月八日、この日こそ、わすれんとてわすれられぬ日。

あの米英に対し、本日より戦闘状態に入れりとラヂオにて聞きたる時は、アーとう〱こゝまで来れるか、とにかくいまゝで全世界に強国とうたはれ、かれ自身も世界に冠たるふるまひをしめし、人をみくびりたる態度をあらはしゐたる国、英国は世界にほこる海軍国といばり、米国はドルの国、いかなる事も金にかけては此上もなき国とほこりゐたる。其両国を相手にたゝかひを始めるのはよく〱の事。

吾国は神の国、いかなる事も御加護《かご》なき事はあらざれども、支那とはちがひ、どうかすみやかに勝利あらん事を祈り、何とはなく身も引しまる思ひにて、朝の身じまひをなしたが、何とはなしにおちつかぬ心もち。吾々が何と思ってもいたし方もなけれども、どうかうまくやってほしいと、まづ神様に御祈りするよりせんなし。

宮様は前より御承知のものらしく、アー八日になった、とう〱はじめたねと、只々それだけなれども、御心のうちは、さま〲であらう。

此夕方、ラヂオにて聞けば、今朝、吾海軍は太平洋をすゝみ、早くもハワイ真珠湾《しんじゅわん》を攻撃し、米国太平洋艦隊全滅させたと夢のごとき大勝利、アー何と有難《ありがた》い事にや、よくもやってくれたと、只々有難なみだがとまらぬほどなり。

あれほど口はゞったい事をいふて、何事によらず文明の手本のごとく、又みなりもとゝのへ紳士ぶって傲慢《ごうまん》なるたいどをなし、人を人とも思はぬそぶりをして世界中をこれみよがしに過してきた英国人が、まだ〳〵司令官以下、数万の兵をもち、立派な兵器をもちながら、白旗をかゝげて降伏をするとは、何といふ、いくぢのない事ならん。そして南洋諸島を自由自在にし、先住民など、けものゝごとくこきつかひ、一生頭をおさへつけてはたらかし、其《その》あまい汁は自分たちがすひ、よい事をしてくらしてゐたから、皆こゝろよからず思ひ、日本軍が占領するとたちまちしたひ来り、色々親切に便宜をはかりくれ、少しも後の不安はないといふ事。うれしきたより也。

けものにも　おとる行ひ　なしながら、うはべばかりは
かざるかれらか
手なづけし　民をくるしめ　おのれのみ　よき事をのみ
うばうにくさよ

後にある雑誌にてみたる事ながら、先年はやった産児制限のサンガー夫人*は米国のスパイにて、日本の人口を減じ、だん〳〵と衰微させる下心であったらしいといふことが書てあって、実にこの手あの手といろ〳〵な方面から日本をねらってゐるおそろしさ、それに乗った夫人たち*のおろかさ。米国といふところは、それは〳〵長い間ねらってゐるから、手をかへ品をかへ出てくる。それを又、吾国の人々は真に受けるから実におそろしい。

映画より外《ほか》にみた事もないくせに外国人らしい行ひをして

サンガー夫人　アメリカの産児制限運動家マーガレット＝サンガー。大正一一年（一九二二）来日。石本恵吉・安部磯雄らと産児調節研究会を発足させた。なお、「スパイ」説は誤り。
夫人たち　石本恵吉男爵夫人のシヅエ（のち加藤勘十と再婚）らが中心となっていた。

とくゐとしてゐる人々多く、パーマネントをした髪を、この上もなきよい髪のごとくよそほひ、何から何まで欧米風でなければ生活は出来ぬものとまで思ってゐる人々、それは〳〵多く、なげかはしきかぎりなりしが、此大東亜《*だいとうあ》戦争始まって世の中がすっかりかはり、米英の風にしみこみし事は皆打倒せよとさけばるゝに至《いた》り、やっとめがさめし有様。

大東亜戦争　太平洋戦争開始により、日本は、これまでの中国との戦争もふくめて「大東亜戦争」とよんだ。そして台湾・朝鮮・中国や東南アジアなどを加えた広大な自給ブロック圏、つまり「大東亜共栄圏」を建設することを戦争の名分としてかかげた。

婦人の働きぶり

昭和一八年（一九四三）になると、連合国の反攻が本格化した。男子の労働力は戦力として消耗し、未婚女性の勤労奉仕隊や学徒動員がはじまった。伊都子は、この年六月、兵庫と鳥取を視察し、婦人労働の現状を見聞している。この視察の記録は、『兵庫鳥取両県視察旅日記』にくわしい。

六月一三日出発。翌一四日、伊都子は兵庫県庁で知事から銃後の状況をきいた。その後湊川《みなとがわ》神社に詣《もう》で、「六百有余年の昔をしのび、現今の武運長久」を祈った。つづいて、軍需工場視察。視察先は、三菱電機株式会社。「軍用の仕事多く、従って広く秘密も多く、しかし、中々よくまもり、はたらく」。

農村女性の働きぶり　路上左から伊都子、李鍵公妃誠子。男子労働力の不足を補う女学生の麦刈奉仕を視察した。昭和18年６月18日付『朝日新聞』

午後は、神戸婦人同情会へ行く。「物質的並に精神的不幸なる婦人のために、よき相談相手となり、職業を世話し、又は授産をすゝめるなど。母子寮には戦死者の家族、保育部には託児所を設けて、就労婦人をたすけ、いろ〳〵力をそゝぎつゝあり」。

さらに、中央ゴム株式会社視察。「こゝは昔、英国よりゴムを入れ、ダンロップタイヤなど製作をし、大東亜戦争後、全く新たにゴム会社になり、南方より資材来り。大東亜共栄圏に於《おけ》るゴム工業の発展に邁進《まいしん》しつゝあり」。

一五日、西宮市立若葉園に行く。「学校就学までの児童をあつめ、且《かつ》、勤労に支障を生ずる貧困なる家庭の子女に、主として力を入れ、さらに軍人遺家族の子女には、とくに入園せしむる」。

加古郡八幡村役場にて、村長からくわしく現状をきく。「戸数六八五戸、人口三、五〇〇余人。大方、皆農家にして、優良村として指定されたるもの。毎年、春秋の農《のう》繁期《はんき》には、共同炊事にて、手をはぶき、都市よりもまして女子青年団員、勤労奉仕をなし、とくに、いそがしき時期、二十日間位は保育所を設け、主任保母一人、女子青年団員二三名、助手として乳幼児の保育に従事す」。

一六日、養父《やぶ》郡大蔵村にいたる。「農六百戸にて、米・麦・繭《まゆ》・生糸《きいと》・林産等、時局下銃後に於る生産のため、保育所五ヶ所を設け、児童一五〇名を収容す」。

八鹿《ようか》村銃後奉公会に行く。「国民学校にてミシン講習会を開き、軍人遺家族等をあつめ、大阪陸軍被服廠《ひふくしょう》の縫工《ほうこう》加工を受合ひ」、「一ヶ月月最高四五円、最低一五円、平均二〇円にて、円満に生活しつゝあり」。

さらに、神戸製鋼所日高分工場。電弧《アーク》溶接棒の製造視察。「もとはこの工場は製糸工場なりしを、戦時下、神戸製鋼が買とりしものゝよし。われ〳〵には、あまりよくわからぬ品なれども、海軍には重要品との事。いづれも女工員のつとめぶりは、ま事に忠実にて、うれし」。

豊岡町第一国民学校では、女生徒の薙刀《なぎなた》体操を見る。

城崎郡港村津居山にいたり、漁業協同組合の荷上げ場を見る。「こゝも男子にかはりて、女のはたらくいさましきさま、たのもし」。

一七日、兵庫県視察を終え、鳥取県にはいる。「いたる所に、おもき役を女子がなしとげてゐるさま、いともこゝろづよし」。一八日、女子中等学校生徒の麦刈《むぎか》りや託児所を見て、倉吉《くらよし》町の繊維《せんい》工業所に行く。「ほとんど女子の手にてなす」「全部、陸海軍の御用品なり」。日本曹達《ソーダ》株式会社米子《よなご》製鋼所。「これも軍需品にて、今まで男子の仕事なりしを、女子の手にかはって働くさま、たのもし」。米子市営授産場。「同じく軍の仕事をなすため、多数の婦人、多くは軍人遺家族、或《あるい》は出征軍人の家族なり」。二一日、帰京。書類を整理し、皇后へ状況を言上。視察を終えた伊都子は、農村部と都市部の女性の意識や生活様式のちがいについて、つぎのような感想を綴《つづ》っている。

此戦時下、いたる所にて、男子にかはり、女性のはたらきぶり、いかにもめざましく、何事にても、なしとげられぬ事はなきものと、うれしく、ことに各地を経《へ》めぐりて、いづこの地にても、町村にゐならびてむかへくるゝ婦人たちの、大かた、かろき洋服まがひのものか、さもなければモンペー姿多く、めだつ衣服とてはなく、これでこそ銃後をまもる日本女性なれど、うれしくも、また、たのもしきかぎりなり。しかるに都に入れば、まだ〳〵品質はしらねども、色のめだつ、はでやかなる衣服をまとひ、髪は米英式のちり〳〵とさせ、洋装といへども、しやれたものをきて往来するさま、ことに、めに立て見ぐるし。いま少し、心してもらひ度《た》きもの哉《かな》。いまだ遊閑婦人の多きを遺憾《いかん》に感じぬ。

南鳥島

伊都子が兵庫・鳥取を視察する半月ほど前の五月三一日、御前会議は「大東亜政略指導大綱」を決定。マレーやインドネシアを日本領土に編入し、フィリピンやビルマに形式的独立をあたえるなど、戦争遂行体制の強化をはかった。九月八日には、イタリアが無条件降伏、枢軸国《すうじくこく》の一角が崩れた。この間、米軍機は、父島の南東一二〇〇キロメートルにある南鳥島《とりしま》(現在、日本の最東端の島)まで進攻してきた。

三笠宮《みかさのみや》邸で親睦会。三時、重慶《じゅうけい》で作った映画で、*長沙《ちょうさ》作戦のをり、都合上、一時兵を後退させたのを、まけて追ひや

長沙作戦　昭和一六年九月から一〇月にかけておこなわれた作戦。いったんは長

つたとなへ、大捷利《しょうり》といふて大よろこび、御祝ひをする、にくらしい映画。めづらしいものであった。（昭18・7・11）

ビルマはバーモー*氏により、本日、独立を宣言す。（昭18・8・1）

何でもかでも、新聞でもラヂオでも、ビルマ独立で一ぱい。（昭18・8・2）

昼は、震災記念日に付、御にぎりですます。午後六時半、ラヂオで南鳥島に敵機来るといふてゐたとたん、プーと警戒警報なる。（昭18・9・1）

南鳥島にきた敵機は、母艦とゝもにきて百六十機ほど。吾高射砲にて十二機おとした。吾方は地上にあった飛行機をうたれた外《ほか》、大した事なし。（昭18・9・2）

昨日の発表によれば、伊太利《イタリ》*バドリオ政府は、無条件降伏をしたとの事。何ともバカな事だろう。同盟をも無視して、独乙《ドイツ》に何のはなしもなく、一人ぬけ、裏ぎりものになつた。なさけない国であろう。（昭18・9・10）

沙を占領したが、中国側の反撃をうけて撤退。さらに一二月にふたたび長沙を攻略したが、翌年一月またも撤退した。

バーモー　ビルマ首相。独立宣言後、米英に宣戦布告した。

バドリオ　ムッソリーニが罷免・逮捕されてのち首相となった。

ヒリッピン、本日を以て独立し、ヒリッピン共和国となる。
初代大統領ラウエル*氏。（昭18・10・14）

ラウエル　フィリピン共和国大統領。親日路線による独立をもとめた。

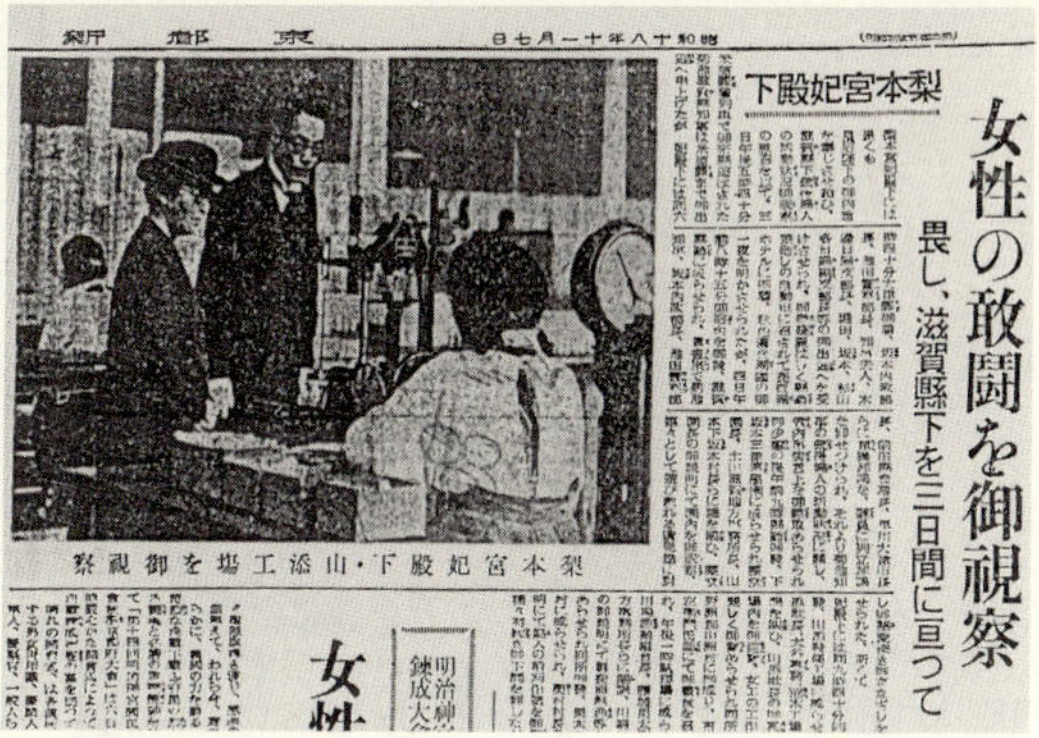
京都新聞　昭和十八年十一月七日

梨本宮妃殿下

女性の敢闘を御視察

畏し、滋賀縣下を三日間に亘って

梨本宮妃殿下・山添工場を御視察

滋賀県視察の伊都子　帽子姿の伊都子にくらべ、視察される側の緊張感が漂う。山添バネ工場にて。昭和18年11月７日付『京都新聞』

戦局の急速な悪化のなか、一一月三日、伊都子はこんどは京都と滋賀を視察し、農村や工場での女子労働の状況や西陣織物組合の飛行機ネジ製作など、軍需産業への転業のようすを見聞し、その詳細を、『京都府滋賀県視察状況の記』にまとめた。

大本営発表

伊都子の日々の日記には、太平洋上の戦闘にかんする記事は、あまり記されていない。しかし、『戦役に関する記事』には、珊瑚海《さんごかい》海戦をはじめとする一連の戦況がまとめられている。これは大本営発表にもとづく記事と思われる。ただし、戦果や損害の数値は大本営発表のものと一致しないものが多く、事実関係の誤謬《ごびゅう》もある。複数の情報をもとにしたり、記憶をたよりにして事実を混同したりしていたようだ。

『戦役に関する記事』には、昭和一七年（一九四二）五月七日の珊瑚海海戦、六月五日のミッドウェー海戦、八月のソロモン海戦、昭和一八年のレンネル島沖海戦とイザベル沖海戦などの情報がある。しかし一八年二月のガダルカナル島撤退の記事はない。

さらに五月の米軍アッツ島上陸、連合艦隊司令長官山本五十六《いそろく》元帥戦死の大本営発表、五月二九日のアッツ島日本軍守備隊全滅、一一月のブーゲンビル沖航空戦と記事はつづく。

アッツ島の「玉砕《ぎょくさい》」については、こうある。

五月二九日、山本元帥の戦死、いまだ国葬も終らぬ内、北のアリューシャン、アッツ島は、去る十八日*より米軍上陸し、我守備隊よくこれをふせぎゐたれども、わづか二千余。敵は二万の大軍。すくひもまたで、のこる軍隊は、山崎部隊長*大佐以下、百余名は、二十九日夜、突撃をなし、美事にたゝかひ、一兵をものこさず、戦陣訓*其まゝ、はな〲しく玉砕し、

十八日　米軍の上陸は一二日。一八日に大本営はアッツ島放棄を内定した。
山崎部隊長　山崎保代。二階級特進して中将となった。
戦陣訓　「生きて虜囚の辱かしめを受けず」と、捕虜になるより死を選ばせたもの。昭和一六年、東条英機陸相が示達した。

吾日の本の武士道を、全世界にひれきした事になったが、何といふくやしい事だろう。このあだは、どうしてもうたなくてはやまぬ。

なお、「開戦以来十二月七日迄《まで》の帝国海軍総合戦果」として、空母・戦艦・巡洋艦や飛行機などの戦果と損害が記されている。それによれば、戦果では、空母などの艦艇撃沈数四四七、撃破二四一、飛行機の撃墜五一五八、撃破一七一六。損害では、艦艇沈没五四、大中小破三一、飛行機自爆未帰還一二五三とある。

数値の信憑《しんぴょう》性はともかく、空母・戦艦・巡洋艦・駆逐《くちくかん》艦・潜水艦・掃海艇《そうかいてい》などと艦種を分類して統計を残したことに、伊都子のきちょうめんさと、戦争への関心の高さがうかがえる。

焼夷弾

「決戦第三年」

紙不足で市販の日記帳が入手できなくなったのだろう、昭和一九年（一九四四）から、伊都子はB5判の罫紙《けいし》を和綴《わと》じにした帳面に日々の記録を記している。この帳面は、昭和二六年一二月三一日まで一三冊になる。

はじめの一冊には、昭和一九年一月一日から一〇月二四日までの出来事が綴《つづ》られている。使われた罫紙は「チヨダ第二号」で優良製品とあり、市販の日記帳より、かえって高級感がある。

表紙を開くと、「紀元二千六百四年　閏《うるう》年甲申　三百六十六日　決戦第三年」と墨書されている。対米英開戦後、三年目を迎え、伊都子はあらたに心を引き締めたのだろう。そして日記には、戦果ではなく損害が記されていく。

トラック島にて激戦。吾方、巡・駆・運送船十一、飛行機百二十を喪《うし》なったとの報。（昭19・2・21）

マーシャル諸島クエゼリン島及ルオット島の守備隊は、よく敵をむかへうちたれども、弾つき、上陸し来れる二個師の敵兵とたゝかひ、全員戦死した旨《むね》、二十五日＊発表された。（昭19・2・24）

二十五日　二四日付の日記なのに二五日の大本営発表が記されている。翌日に記入されたためか？

空襲などにそなえて、貴重品の保管をするようにもなる。

朝から金庫の宝石るいをしらべ、おもなものだけよりぬき、三井信託の地下金庫にあづける事にしたので、それ〲よりわけ、とにかく箱に入れなどして、半日はすごす。又、トランクに記念の品々など入れて、これもあづけるつもり。(昭19・3・9)

サイパン激戦

昭和一九年六月一九日、第二次世界大戦中最大の日米艦隊決戦といわれるマリアナ沖海戦がはじまった。日本は空母三隻《せき》・航空機四三〇機を失って惨敗。サイパン島の日本軍守備隊三万人は「玉砕《ぎょくさい》」し、米軍による日本本土空襲が可能になった。大本営発表は戦果を強調したが、戦局悪化は伊都子の目にもあきらかであった。

サイパン島付近にて、三部の機動部隊をもってきてゐる米艦隊をかこみ、吾艦隊の一部は、米の空母五・艦船一・飛行機百有余機をおとし、全部を撃滅する事は出来なかったけれども、少しく損害を与へたと、大本営より発表された。吾方も空母一・油船二・飛行機五十機をうしなったと発表された。（昭19・6・23）

翌二四日、皇族親睦会。伊都子の気は重かった。

后六時から、皇族親睦会にて、三笠宮戦地より御帰還、又、賀陽宮《かやのみや》若宮御かへりの御祝いかた〴〵晩餐《ばんさん》。もうどこでも出来ないが、大膳*の知ってゐるところにたのみ、やっと受合ひ、まに合ふ。二十一方*にて、御つき出し・吸物・さしみ・煮物（野菜）・肉のみそ焼・天ぷら・御飯・みそ汁・漬物《つけもの》・果物メロン・桜桃・御菓子くづ桜。御食後、洋菓子。この世の中に、御会食でもないと思ふけれども、皆様の思召《おぼしめし》もあり、自分一人いけませんともいへず、すゝまぬながら、幹事故《ゆえ》、いたし方なく出席したが、八時四十分ごろ引

大膳　大膳寮。供御や饗宴を担当した宮内省の一部局。
二十一方　この日集まった皇族の数。

上る。（昭19・6・24）

サイパン島を失い、東条首相への不満が表面化。二年九か月つづいた内閣は倒壊した。

サイパンも激戦続き。だん〳〵とられそうになってきた。又、いをう島・父島へもやってきたので、今、戦闘中とのラヂオであったが、夕五・〇〇、警報解除となった。（昭19・7・5）

とう〳〵サイパン島はたゝかひ抜き、最高指揮官、海軍中将南雲《なぐも》*海軍司令官・辻村少将・陸軍司令官斎藤中将以下、のこりの将兵は、各所にわかれて突進し、恩賜《おんし》の酒にてわかれをおしみ、宮城を拝して萬歳を三唱。いよ〳〵最後突撃をなし、のこらず、一兵をものこらず戦死をとげたもやう。在留邦人も、将兵とゝもに最後まではたらき戦死したもやうなりと、大本営よりかなしき公報あり。アゝ、一ヶ月もちこたへ

南雲海軍司令官　南雲忠一中将。中部太平洋方面艦隊司令官としてサイパン島で戦死。大将に昇進。

たけれどもとう〳〵敵の手におちて残念。(昭19・7・18)

東条内閣総辞職を決し、辞表を奉《たてまつ》った。其後任は中々むつかしく、まだきまらぬ。(昭19・7・20)

組閣も出来て、小磯《*こいそ》大将が総理、米内《*よない》は現役になって海軍大臣、杉山*が元帥で陸軍大臣、其他、顔ぶれかはる。午後、親任式あり。マアどんなものか、私たちはわからぬけれど、はじめの感じがよくないから、長持ちするかどうか。それに二日間とも雷雨中も、一寸《ちょっと》おもしろい。あれほど骨を折って、一生懸命にして、中々国民の人気を得てゐた東条さん、まことに気の毒。いびり出されたお嫁さんの様《よう》な気がする。大《おおい》に同情する。(昭19・7・22)

小磯大将　小磯国昭(くにあき)陸軍大将。
米内　米内光政(みつまさ)海軍大将。
杉山　杉山元陸軍元帥。

敗戦の予感

小磯国昭らが組閣に苦心していたころ、梨本宮《なしもとのみや》家では、配給の蜂蜜《はちみつ》をめぐる騒動があった。

午前九・五〇より、＊常磐会《ときわかい》作業に行く。今日は蜂蜜の配給あり。一罐《かん》一斗《と》入り（正味九升位）、三百円といふ。わけてもよしとの事故《ことゆえ》、一応かへりて相談し、のぞみの人多ければとかへってから聞くと、いたゞけたら二合《ごう》でも三合でもといふはなし。それ故、とにかく一かんとってきてもらひ、私の手許《てもと》から三百円出して買ってきてもらふ。

午後、わけると、今度は一升ビンをもってくる人多く、はじめのはなしと大へんなちがひ。御上《おかみ》用の一升三合も、あとから出してやらねばたりなくなって、とう〳〵八合ほどになってしまった。そして平気でゐる。いつもこの通り。人が世話をやいてとゝのへてゐる時は、やれこれいふて、あとから皆ほしがる。（昭19・7・14）

朝、いつものごとく常磐会作業に行く。このほどの蜂蜜は、中々ごた〳〵して、とう〳〵しばらく、さし止《とめ》といふかたち。廊下《ろうか》にまだかくしてあったが、今出せないもやう。どうも、口から口につたはるらしく、こまったもの。だから私が初め

常磐会　華族女学校・学習院女学部・女子学習院の卒業生による同窓会組織。

から、皆ほしい〳〵といふて、とってくれといふが、あまり方々《ほうぼう》へやってくれてはこまる、後でいやな思ひをするのはいやだから、よいかげんにしてくれといふのに、もっとほしい〳〵といふから、もう勝手にせよといふた事。だが、やっぱり、それからそれへわけたりすると、とう〳〵目が光る様になり、めいわくする事になる。いはないこっちァない。（昭19・7・21）

「いはないこっちァない」というセリフ、羽左衛門《うざえもん》の影響か。この蜂蜜騒動は、末期的症状をみせはじめた戦時下の生活にあって、うるおいある生活を求める人びとの欲望が噴出した結果といえる。このような戦争の末期的症状は、伊都子の日記の随所にみえている。

飛行機に入用のダイヤモンド*、少々ながら、指輪三、帯止《おびどめ》ピン二など、こまかいのを出し、千二百余円となった。（昭19・8・23）

*ダイヤモンド　航空機・電波兵器の生産、切削工具の材料などに使うためと、当時の新聞は報道した。

敵国降伏、戦捷《せんしょう》祈り為、永平寺《えいへいじ》で一千万巻の般若心経《はんにゃしんぎょう》を一般から集める事になり、宮内省で其話が出たので、私も三枚写経して出した。（昭19・8・26）

政府は空襲にそなえて、防空活動に参加できない人びとを地方に疎開させようと計画した。六月三〇日、国民学校の三年生以上の児童を地方に疎開させるよう決定し、八月四日、疎開児童の第一陣が上野を出発。伊都子の孫たちも疎開した。

今日は、＊興光《おきみつ》、学習院疎開にて日光へ出発す。（昭19・8・28）

塩原《しおばら》の＊萬《ま》信《き》子《こ》から手紙が来たから、直《ただち》に返事を出す。元気でゐる。（昭19・8・31）

興光　規子の長男。昭和八年生まれ。一二歳。
萬信子　規子の二女。昭和六年生まれ。一四歳。

この間、八月三日にはテニヤン島守備隊八千人が「玉砕」し、八月一〇日にはグアム島守備隊の一万八千人が「玉砕」した。大本営発表は、一か月以上のちの九月三〇日のことである。

午後五時の報道を聞てゐると、海行かばがはじまった。アヽと思ってゐると、とう〳〵大宮島とテニヤンも、一兵に至《いた》るまで戦かって、二十七日までに、全員悉《ことごと》く戦死せるものゝごとし。又、在留邦人、子供に至《いた》るまで全部、運命をともにしたるものゝごとしと、大本営より発表せらる。（昭19・9・30）

大宮島　グアム島。
テニヤン　サイパン・グアムとともにマリアナ諸島の要所。

一〇月二日、伊都子は夢を見た。

暁ごろ、みた夢。はじめは虹《にじ》が出てゐた。それが消えて、へんな動物があらはれて、あばれまはり、あれ〳〵とみてゐると、大木にぶつかり、首がちぎれてしまった。アッ！と思ったら、目がさめた。（昭19・10・2）

日記には、雲のなかを飛ぶ竜と、大木にぶつかって首と胴に分かれた竜が描かれている。敗戦の予感がただよう。

類のないやり方

昭和一九年（一九四四）一〇月二〇日、米軍はフィリピンのレイテ島に上陸。レイテ沖海戦は二三日に開始され、二五日には、海軍の神風《しんぷう》特攻隊が米艦隊に体当り作戦をとった。

レイテ沖海戦で、日本海軍は戦艦武蔵《むさし》をはじめ多くの艦艇を失い、壊滅状態となった。日記は、相変わらず戦果を強調した記述だが、メモ風に乱雑に記されており、伊都子の焦燥《しょうそう》を読めなくもない。そして特別攻撃隊の大本営発表。

大本営発表で、又、陸軍の特別攻撃隊万朶《ばんだ》隊の五勇士は美《み》事《ごと》戦艦と輸送船を撃沈せしよし。又、十月二十一日より十一月五日までに、神風攻撃隊の勇士三十七名の名が出て、皆、必中必死の若桜。空母九隻《せき》外を撃沈せしよし、発表あり。（昭19・11・13）

特攻隊の虚構と実態を探った小沢郁郎『つらい真実』によれば、「万朶隊には九九式双発軽爆、同時に浜松で編成された富嶽《ふがく》隊には四式重爆『飛竜《ひりゅう》』を、ともに体当り用に改造してあったのをおしつけた。機首から二メートルもの起爆管が昆虫の触角《しょっかく》のようにつき出たもので、どうせブツかるのだからと、無線機・副操縦士席・機銃・機関砲をとりはずし、風防はほとんどベニヤ張り。九九双軽には一個、飛竜には二個の八〇〇キロ爆弾が固着してある」という。そして、万朶隊も富嶽隊も「志願」を強制されたという。

特攻戦法は「高い犠牲と低い戦果」で「巡洋艦以上の正式軍艦の撃沈ゼロ」、「一将モ功成ラズシテ万骨《ばんこつ》枯レ」たと記している。

特攻隊の記事がつづく。

学校*の方で映画があるからといはれ、皆々、仕事*をかたづけて出かける。講堂で学生とゝもに、轟沈《ごうちん》と神風特別攻撃隊のニュースとをみて、三時過十分かへる。（昭19・11・17）

学校　学習院。
仕事　常磐会の作業。

又々、レイテ湾をめぐる戦闘はげしく、体あたりをして、輸送船を四、撃沈。其他、大宮島沖にても四隻、又、西九州にB29八十機ほど来り。其内三十機おとされたよし。坂本中尉は体あたりで撃ついした。（昭19・11・21）

十一月二十四日、マリアナ基地のB29が東京を初空襲。焼夷弾《しょういだん》が落とされた。

やはり、マリヤナ諸島サイパン？からきたものにて、B29が多く、次々と波状形にきて、凡《およそ》七十機ほどらしい。郊外の工場付近に爆弾及しょう夷弾をおとす。大事にいたらず。武官の防空陣、よく消火す。夜は安らけくやすまった。（昭19・11・24）

焼夷弾は、原油などを使用した焼夷剤をふくんだ爆弾で、木造家屋の多い日本への空襲に有効であった。以後、敗戦まで日本空襲の有力な武器となる。

繃帯作業をする伊都子　日本赤十字社本社にて。中央右から２人目が伊都子。割烹着姿が当時の銃後女性の奉仕活動を特徴づけている。

二九日、日赤作業の中止。

日赤の作業の日なれども、あまり本社の待避壕が不完全故《ゆえ》、恐入るから、少しなほすまで、御出ましを御中止いたゞき度《たい》と申てきたから、皆が心配するならばやめてもよいが、戦争のために作業をして働いてゐるのに、この戦争のまっ最中にやめるのは心ぐるしいから、品物を少しづゝもらって、家でするからと申ておく。

なほ、材料をあまり多くもってきてもらい、又、空襲などでごた〳〵すると大事な品故、心配故、少しづゝにしてもらふ様、よくいふておく。（昭19・11・29）

この日、東京に初の夜間空襲。翌三〇日朝まで日記はつづいている。三〇日の末尾には、「まづ今日は無事であった。夜は皆もつかれてゐるので、八時半ころ床に入る」とある。特攻隊の記事もつづく。

又々、すばらしい発表あり。それは陸軍特別攻撃隊、薫隊《かおるたい》とて、四機の飛行機、輸送機に隊長以下数十名分乗し、二機づゝ、レイテの飛行場及トラック*の飛行場に敵の中に着陸し、斬りこみとつ撃しようといふので、二十六日夜中、十一日の月をあびて出発。援護機は、たしかに二十七日前一時過と二時過に南方へ無事着陸、目的をたっしたらしく、みとゞけたといふ報告あり。あとはわからず。

何と大した事だろう。かつて戦史始まって以来、かゝる決行はみず、日本人なればこそと思ふ。此中には、台・朝出身*の兵もゐるといふ事。（昭19・12・2）

帝都上空を護るため、特別攻撃震天制空隊《しんてんせいくうたい》といふのが出来、上空を常にまもる。心づよき事なり。すでに、この内の四宮中尉外二名*、体あたりした勇士也。（昭19・12・4）

去る三日、帝都空襲の時、中野伍長*はB29に体あたりして、尾翼をとばし、さらにB29の上に馬のりになって、とう〳〵おとし、自分もけがをしたが無事かへったといふ。

トラック　トラック島。昭和一九年二月、米機動部隊の大空襲をうけ、米軍の手中にあった。

台・朝出身の兵　植民地の台湾・朝鮮から徴兵された兵士。

四宮中尉外二名　四之宮徹陸軍中尉・板垣政雄陸軍伍長（以上、生還）・沢本政美陸軍軍曹。

中野伍長　中野松美。特別攻撃隊震天制空隊員。中野の記事は、写真・イラスト入りで連日報道された。

今までに類のないやり方。何とおそろしい事だろう。（昭19・12・7）

早寝する

開戦三周年目の昭和一九年（一九四四）一二月八日は、午前二時から防空壕《ぼうくうごう》に避難するありさまであった。

前二時、又々プ――*。いそぎ壕に入る。やがて、十五分ほどして、空襲警報となりたれども、ラヂオの報によれば、敵機は二、三機にて、房総《ぼうそう》半島より北上しつゝありとの事。後、茨城県の上空にあり。やがて鹿島灘《かしまなだ》の方に去ったとて、三時、警戒警報になる。家に入り寝る。（昭19・12・8）

*プ――　警戒警報の音。サイレンの音は警戒警報と空襲警報とでは異なり、各自それを聞きわけて行動した。

連夜の警報で、伊都子は睡眠の時間帯が不規則になり、深夜の空襲を予測して早寝をするようになる。

今日は、早寝だといふて、八時半ころ床に入ったら、九・一五プ――。おや〳〵といふてゐたが、空襲警報故、壕に入る。高射砲の音はげしいが、海の方におとして去ったとの事。九・五〇ごろ解除に付、寝る。（昭19・12・12）

午後、今日も早寝しようと、八時半から寝る。（昭19・12・13）

三一日、昭和一九年の大晦日《おおみそか》。空襲のなか、年を越した。「当年は、この様な決戦下故、宮中にても歳末年始の御儀式御取りやめ」とある。

くれもなく　正月もなく　みいくさは　たゝかひとほす
かちぬかむまで
おの〳〵が　かたき心に　まもりなば　いかなるあだも
ふせぎとほさむ　（昭19・12・31）

急転落

炎上

東京大空襲

昭和二〇年（一九四五）一月一四日、伊勢神宮が投爆された。

あづきがゆ。昨十四日午後、名古屋地区に敵機来り。其内三機は神宮付近に来り、外宮《げくう》・斎宮《さいぐう》*の裏手二棟と神楽殿《かぐらでん》外二、三棟に爆弾を投下、被害を受けし旨《むね》、報告あり。実に恐れ多き事。人には死傷者なかったよし。

内務大臣*、神祇院《じんぎいん》の人々、早そく飛行機にて伊勢にむかひ、参拝。御わびを申上るよし。宮様には、午後、御参内、天皇陛下御心配あらせられてゐるから、神宮の事、御申上に相成

斎宮　伊勢神宮に奉仕する皇女の最高神官。ここでは斎宮にかんする事務をあつかう斎宮寮をいう。

内務大臣　大達茂雄。戦後公職追放。のち吉田茂内閣の文相として日教組対策をすすめた。

って、御かへり。（昭20・1・15）

このころ、名古屋には三菱航空機工場などの軍需工場が数多くあり、執拗《しつよう》に攻撃された。東京の有楽町では死者がでた。

名古屋では、七十機以上来襲せしが、十三機撃墜、五十機大破せしめた戦果であったよし。（昭20・1・23）

各所に爆、焼夷《しょうい》まぜておとし、相当被害もあったらしく、銀座あたりやけた所あり。しかし、軍需工場には大してなし。有楽町あたりに爆弾おち、死傷者あったらしい。（昭20・1・27）

二月二日は、伊都子《いつこ》六四歳の誕生日だった。

今日は私の誕生日なれども、時せつがら何もせず、たゞ心ばかりの赤飯をたきて一同に遣《つかわ》し、李王家へ、御重に入れ少々さし上、となりにも、いつものごとく送る。〇時半ころプーがなったが、通過だけで、さがみ湾より海上へ去る。

夕食に広橋二人*参られ、七時過、御かへり。やがて又プー。広橋二人　広橋真光と規子。一機にて南西より来り。帝都上空を通り、千葉県あたりに投爆して去る。とてもよく照明燈に入ってゐた。時節柄、当分、われ〳〵の御祝酒料はやめる。（昭20・2・2）

九日、大宮御所に行く。「御重の内に、寒鮒《かんぶな》と御玉やき、デンブなどいただきかへる」。

一八日、風船爆弾にかんする記事が新聞にでた。風船爆弾は、和紙をコンニャク糊《のり》ではりあわせ、それに水素を満たしたもので、上空に放って気流にのせて米本土に落下させ、被害をあたえようというものである。昭和二〇年四月までに約九三〇〇個の風船爆弾が放たれ、その約一〇パーセントが米本土にたっしたが、その成果はあまりなかったといわれる。

この奇抜な兵器について、伊都子は守正《もりまさ》からそれとなく聞いて知っていた。

今日の新聞でみると、日本の気球が昨秋ごろから、米本土の山野に爆発し、十二月末には、カナダの境の市に落下して火災をおこし、今までに、すでに*死傷者五百名以上にのぼり、人心恟々《きょうきょう》としてゐるといふ電報記事があった。

ハ――あれだなと思った。昨年夏頃《ごろ》、まだ東条首相のころ、其《その》はなしがあったとかで、宮様御はなし。極密であるから、どうか何とか好い便りがあればよいがと御まちになってゐたが、何の音さたもなかったからダメかなと仰《おお》せられてゐたが、きっとこの事だろう。

気球に爆薬をしこみ、風のまに〳〵*とはぜ、あるものあたると爆発する様になってゐるから、大都市の高い家にあたればよいがといふ御はなしであった。(昭20・2・18)

一九日、米機動部隊が硫黄島《いおうとう》上陸を開始した。二五日、日本本土では、雪の中で焼《しょう》夷弾《いだん》の盲爆。宮内省が焼けた。

各所に爆弾・焼夷弾を落下せし為《ため》、いたる所、火災をおこ

死傷者五百名以上　戦意高揚のための誇張だろう。なお、米国オレゴン州の森林公園に、「アメリカ大陸で敵の攻撃のため死者を生じた唯一の場所」と記した碑がある。一九四五年五月五日、ピクニック中の牧師夫人とその近所の子供五人が、木にぶらさがっていた風船爆弾に触れて爆死したのである（鈴木俊平『風船爆弾』）。

とはぜ　「飛ばせ」の誤記か？

し、空は一面黄色となる。其上、こな雪しきりにふりしきり、それが為《ため》、盲爆した故、あれこれに被害多し。宮内省の内にても、各所に焼夷弾おち、火災おこる。大宮御所衛兵所付近にも、爆弾落下し、四名生きうめになった兵あるよしにて、ほり出し中との事。武官*は御使に宮城と大宮御所へ行った。（昭20・2・25）

三月九日夜から一〇日にかけて、B29三三四機が東京を空襲、本所《ほんじょ》・深川・浅草などを焼きつくし、死者は八万四千人にたっした。九日は守正の誕生日、一〇日は奉天《ほうてん》占領四〇年目の陸軍記念日であった。

九時ころ、早く床に入りたるに、十時半ころ、三機のB29、房総半島南部を旋回、南方洋上に去るといふてゐたが、一機だけ京浜《けいひん》南部に進入せりといふとたん、火事おこりたるもよう。後続部隊あり。充分なる警戒をといふてゐたら、空襲警報がなり出した故、いそ、壕に入る。次々と、右から左から、

武官　梨本宮家のお付武官。

とてもひくゝきて、高射砲の音ものすごく、火災はぐるっとおこり、まっ赤にみえ、ものすごし。約五十機といふてゐたが、又、続々つゞいてくるもやう。（昭20・3・9）

午前二時ころも、又々火の手あがり、三時やっと解除になったので、家にかへり、やすむ。大分、各所やけたらしい。まづ七時過おきて、各所のもやうをきいたら、賀陽宮《かやのみや》・宮内大臣官邸、其他全焼。東京都庁も丸やけ、其他中々大へんらしい。（昭20・3・10）

宮内大臣夫人の松平信子《のぶこ》は「着のみきのまゝで、まづのがれた」という状態で、伊都子は、おにぎりや衣服などをとどけた。「昨日の火事のため、四十万人ほどの人がやけ出されたといふはなし」とある。

報道によれば、昨日は又、名古屋に来襲。同じ様な盲爆をやったよし。ほんとに／＼にくらしい事。（昭20・3・13）

又々、大阪に盲爆きたよし。（昭20・3・14）

常磐会《ときわかい》作業に行く。だん／＼人がすくなく淋《さび》しい。
少し下町の方の焼けあとをみておいた方がよいと思ひ、九段より官邸のところをみて、下へおり、神保《じんぼう》町より神田橋へ出、日本橋通りに出た。三越・三井銀行、其他は無事。むかひ側は何もなし。それより、*西川・白木屋《しろきや》、其他、皆なし。*木屋《きや》・黒江屋もなし。高島屋はのこって、其他、目抜きのところ、大かたなく、実にあはれなり。*松田ランプのところより有楽町へ入り、司法省もやけ、あと、ところ／″＼焼けて、まばらになってゐた。（昭20・3・16）

西川　ふとん店。
木屋・黒江屋　刃物店・漆器店。
松田ランプ　マツダランプ。電気店。

太平洋上での戦いは、より凄惨《せいさん》であった。硫黄島守備隊は一七日に決別の電報を発し、二五日、最後の突撃をした。二六日、米軍は沖縄の慶良間《けらま》に上陸。

春季皇霊祭《こうれいさい》。皇族総代に、こちらの宮様、賢所《かしこどころ》へ御出まし。
硫黄島も、とう／＼最後の総攻撃を行ふといふ電文をよこした。其後、電報たゆ。アー／＼こゝも、もうおしまいか。

（昭20・3・21）

おだやかだと思ってゐたら、北九州に百五十機、Ｂ29来襲せるよし。又、琉球本島付近に機動部隊来たるよし。おそろしい事。（昭20・3・27）

「英米の為でサー」

四月一日、ラバウルから帰国した将校の話をきいた。

十時より三笠宮邸にて講演。ラバウル*よりかへれる将校のはなし。中々有益なかず〳〵にて、もはや地下洞窟《どうくつ》住居にて十万の人員が動いてゐる、何でもかでも自給自そく出来ないものはない、只《ただ》こまるのは真空管《しんくうかん》である、工場もあれば何でもある、司令官をはじめ各自一人あたり二百三十坪の地面をもち、ヤシの木六本、鶏《にわとり》二羽づゝ、其他は皆、自からたがやして作る、少しもこまらぬ、今では陸稲*《おかぼ》をもつくって主食にする考へであるとの事。色々写真などみせてもらひ、十二

ラバウル　南西太平洋のニューブリテン島にある最南東の地。

陸稲　畑地に栽培する稲。

時過、かへる。

（昭20・4・1）

ラバウルでは、昭和一八年（一九四三）五月から現地自活が実施され、内地からの補給がとだえてのちも、約一〇万の将兵の生活はつづいた。「少しもこまらぬ」というのは誇張があるし、待遇は階級によって異なるにしても、飢餓線上をさまよったといわれるニューギニア・ガダルカナルなどとくらべれば、相対的には良好であったろう。良好な地域の話をきいて、安心感をいだいて帰ったのである。しかし、事態が好転するわけではなかった。

四月二日、沖縄本島への米軍上陸の情報がはいる。

沖縄本島と付近の小島に、敵、上陸をはじめたとの事。どうかふせぎ通してくれる様《よう》に。夜の発表によれば、三十日以来、敵艦船に対する吾攻撃ははげしく、戦艦・巡洋艦・輸送

宮廷服の伊都子　昭和20年４月。宮廷服は服装の簡略化のため、昭和19年８月に制定された。

船、合せて百四十隻《せき》を撃沈破したよし。されども、敵は千隻からもつてきてゐるよし。(昭20・4・2)

三日、孫の萬壽子《ますこ》が六日に塩原《しおばら》へ疎開するので、壮行会。「五目寿司・シチュー・御汁・漬物《つけもの》。食後、ネーブル・みつ豆等」であつた。

八日、鈴木貫太郎《かんたろう》内閣組閣。一三日、ラジオで米大統領ルーズベルト死去の報道を聞く。一五日、東久邇宮《ひがしくにのみや》邸が空襲で焼失。このためか、宮内省は、米軍機の動向を皇族に事前に通知するようになる。

午後八時過、南方八丈島《はちじょうじま》付近を編隊らしきものありと、宮内省より通知あり。支度《したく》だけしてまつてゐても、ラヂオは何もいはぬから、其まゝ寝てしまふ。とう〳〵何事もなかつた。(昭20・4・17)

二九日、天長節。警報発令のため対面がかなわなかった。

午前九時四十分出門、参内。途中にて警報発令。ぶどうの*間にゐたが、防空室*の方へとの事で、長い廊下《ろうか》をわたりて、北御車寄《くるまよせ》によった所の御部屋に案内され、外《ほか》の御方々様も御出になったが、一時間までども、其《その》まゝ。やっと十時五十分ころ、もとの、ぶどうの間にかへると、又プー。これではいつになるか、わからず。侍従長にきてもらひ、一同の御祝詞を言上方よろしく願ふ旨《むね》を申、退出する事にする。

御車寄よりかへり、途中で解除になったが、十二時少し前、又々プー。これでは又々だめだったといふてゐた。(昭20・4・29)

五月二日、上欄に「ヒットラー総統、敵弾にあたり戦死。後はデーニッツがつぐ」とある。前月二八日にイタリアのムッソリーニが銃殺され、ドイツのヒットラーは実際は三〇日に自殺していた。七日、新聞で羽左衛門《うざえもん》の死去を知る。

ぶどうの間　葡萄の間。皇族の控室。御車寄から正面にむかって左方。一の間と二の間があった。のち空襲で焼失。

防空室　皇居内の防空施設としては、吹上御苑内の大本営防空壕とお文庫の防空壕が知られる。また宮内省庁舎には、防空室を備えた仮宮殿として使えるように設計されていたものがあった。

朝、新聞をみると、ふと目についたは、羽左の顔。ハッと思ってよくみれば、旅行中の長野県湯田中《ゆだなか》温泉、万屋方にて心臓麻痺《まひ》にて死去した旨出てゐて、おどろいた。アー万事休す。

名優中の名優。長年ひいきにしてゐた人。人物といひ、芸といひ、日本独特の芸。一寸《ちょっと》ならぶものなき天下の一品であった。この時節では、いくら芝居があっても、みる事も出来ないけれども、もう少し長命してゐたら、又もう一度は、あのすっきりした、はぎれのよい言葉・声も聞かるゝものを。おしなぜに早く死んでしまったか、残念で〳〵でたまらぬ。おしい〳〵人をうしなった。

あまりに元気にまかせ活動し過ぎ、芝居がないと急にからだがひまになって、かへって悪いのだろう。ほんとに〳〵おしい。「エーこれも英米の為でサー」といふ手つきが目にみえる。（昭和20・5・7）

宮邸全焼

五月二四日、空襲。鍋島《なべしま》本邸・吹上御苑《ふきあげぎょえん》のほか、伏見・北白川・東久邇《ひがしくに》・朝香《あさか》の各宮家に被害があった。翌二五日、日中は平穏であったが、夜中に焼夷弾《しょういだん》が投下された。日記は翌二六日へつづき、この夜こんどは梨本宮邸が全焼する。梨本宮家の受難のはじまりであった。

B29二、三機づゝ来りて、焼夷弾をまきちらし、あちらこちらに火災がおこる。又、西より進入せるもの数十機。東よりと交互に入り、やたらに焼夷弾をおとしてゐたが、やがて、(昭20・5・25)

○時二十分ころ、三機ほどつゞいて、西より近づき、ザーとおそろしい音とゝもに、焼夷弾は滝のごとくに落ち、壕の屋根から本館の上、一面、火の海となり、何としても手のほどこし様《よう》もなく、みる〳〵うちにもえひろがり、一同一生懸命、力のかぎり消してくれたけれども、さらに次々と敵機来り。其内に突風吹きつのり、うづを巻いて火の粉ともの丶とぶ音ゴー〳〵と、すさまじきいきほひ。烟《けむ》りは目を呼吸をふたするほどになり、何とも筆にもつくしがたく、しばしは、只々《ただ》おそろしさに、口もきけぬさま。

広橋は、吾家方にて水をかぶりては消火につとめたれど、火の手は裏よりかぶり、とう〳〵全焼。御殿は一面火勢つのり、女たちは壕の中のろう下に集り、只々おそろしさに、しばし其《その》まゝゐたりしが、三時ころ少し火勢おとろへたれども、けぶりは中々さらず、やっと夜もしら〴〵と明ける。四時過、外に出てみたるに、あはれ、あの大なる家はあと方なく、ちよろ〳〵火があるのみ。なさけないやら、何ともいひ様のない有様。（昭20・5・26）

翌五月二十七日、梨本宮邸のみならず、宮城はじめ各宮邸全焼という情報がはいる。

やっとわかった所によれば宮城・大宮御所・東宮仮御所・秩父宮・三笠宮・山階宮《やましなのみや》・伏見宮・閑院宮《かんいんのみや》・梨本宮・李鍵《*イコン》公

李鍵　李垠の甥。のち桃山虔一と名のる。

家は全焼との事。何とも恐多き事。いかんともせん方なし。やけあとから色々出るは〳〵。又、色々の人がたづねてきて、おどろいてゐた。夕方、又、李王家に行き、御湯をいたゞき、さっぱりする。食事の後、八時過からやすみ、ぐっすりねる。（昭20・5・27）

新しい爆弾

六月三日、この日も焼け跡の整理をして、李王邸に帰る。松平信子がきて、恒雄が宮内大臣を引責辞任する話を告げる。翌四日、恒雄は辞任。伊都子は焼け跡で金庫の整理。

少しこげてゐたが、中みは大てい無事。おもしろい事には、箱の中の箱は何ともないのに、小箱の皮は皆ちり〳〵にちゞんで、箱はガサ〳〵になってゐる。中みの指輪・ブローチは何ともなってをらぬはふしぎなり。まづ一ト安心。（昭20・6・5）

七日、宮内省などから戦災見舞い。

宮内省から、やっと御戦災に付とて一万円きたので、広橋へ三千円、五百円表細川*と、奥侍女三百円、家丁五百円、小遣三百円、下女二百五十円、それ〳〵わけていたゞき、大有難がりであった。

神宮山田市*長から、又、野菜と下駄《げた》たく山《さん》、送ってきたので、御用品とした男女下駄は、われ〳〵がもらひ、あとは又、皆々へわけてやる。野菜は兵隊にもわける。大よろこびであった。とにかく、かへって、この頃《ごろ》の方が色々なものがきて、皆も大よろこび。（昭20・6・7）

一〇日、河口湖の別邸へでかけた。

今までの焼けたゞれた帝都からくると別天地なり。急につ

表細川　宮内省梨本宮付の細川小作。

神宮山田市　伊勢神宮の外宮を中心とする町名。現在の伊勢市。

かれが出た心地《ここち》する。さっぱりと入浴もすみ、食事もおいしくたべて、庭を一トまはりして、久々うるはしき雪の富士をながめてすごし、早く床に入る。(昭20・6・10)

少しはおちつき、だん／＼と気もおちつき、考へると、何としてもくやしくて／＼、まだ／＼出されたものを、あたら物品をむざ／＼焼いてしまった事。考へれば考へるほど口惜《くちお》しく、初めの間でも、いくらか時間があったものを、一つでも持ち出しておいたならば、たすかるものを、あれもこれもおしかったと、くり返し、かへらぬぐちをいひ度《た》くなる。アーもう何も思ふまい。運命とあきらめる。今のこってゐるだけあれば、一生どうにか暮《くら》される。何にも一つもなくした人の事を思へば、もう何にもいふ事も出来ないが、何としてもくちをしい。(昭20・6・12)

河口湖では、守正と伊都子に月一俵《ぴょう》の米の配給があったが、奉公人などの分もふくめると、宮家全体の食糧は不足していた。

こちらへきてゐて、私たち二人の分は、県から米一ヶ月に一俵くる事になつて、来る時にもつてきたのと合せて、今食べてゐるけれども、規*以下十一人は、村の配給を受けて、お米はちょぴり、大豆《だいず》と小麦粉が人数わりにきてゐるから、それをよい工合《ぐあい》にして食べさせて行かねばならぬけれども（一日二合二勺《しゃく》*）のわりなれども、中々、前田にはわからず。尤《もっと》も広橋三人は、こちらで一所にたべるから、御飯をやつてゐるけれども、そうしてゐるとたりなくなりそう故《ゆえ》、皆の配給の品もまぜて、くひこみのない様によくかんじょうをしてやる様、云《い》ひ付け、中々むつかしい。それで持つてきたパンもなくなつてしまつた故、これからは、朝は雑炊《ぞうすい》、昼か晩はすいとんかパンか代用食。普通の御飯は一回といふ様にして、考へてやる。（昭20・6・18）

　野菜のカマス*と桜桃のかご着。とても美事な大きなものであつた。野菜はキャベツ・ジャガイモ・玉ねぎ・サヤエンド

規　規子。

二合二勺　一合は一升（約一・八リットル）の一〇分の一。一勺はその一〇分の一。米一俵は四斗(四〇升)。

カマス　叺。穀物などをいれるむしろの袋。

ウ。(昭20・6・20)

規と*きせ子は脇山村の岩倉さんをたづね、到来の桜桃をもってゆく。

もろこしだんごをごちそうになってきたよし。(昭20・6・21)

御付武官、御用件にて来り、ことづかってきた*陸軍大臣からのさとう一袋、李王邸へ御とゞけいたゞきし高松宮妃殿下よりの御品を、李王家よりまはしくれ、それももってきてくれた。

*御食籠《ごじきろう》、黒塗の中に、ビスケット入れて、*御小蓋《おこぶた》壱・鏡・ハンカチーフ二箱・レターペーパー・封筒・松前屋の御こぶ三箱。(昭20・6・22)

儀光《よしみつ》、昨日より食欲なく、ぶら〳〵してゐる。あまりたべすぎたのだろう。ひかへ目にして、*奇応丸《きおうがん》をのませ、大《おおい》に元気になる。(昭20・6・23)

千葉県の知事夫人より、いつもの如《ごと》くビワ二箱献上したとて、一箱は広橋家へ上げた。一箱こちらへもってきた。(昭

きせ子　樹勢子。規子の長女。昭和四年生まれの一七歳。

陸軍大臣　阿南惟幾。のちポツダム宣言の受諾をめぐって陸軍の立場を代表して反対、自決。

御食籠　食物を盛る漆器。

御小蓋　ふたもの。ふたのある器。

奇応丸　疳の薬。

（20・6・30）

この間の日記には、六月二八日付と思われる『山梨日日新聞』の切り抜きがはさんである。「敵中壮烈の割腹牛島《かっぷくうしじま》中将、長参謀長と共に自決」とある。牛島満《みつる》中将と長《ちょう》勇《いさむ》参謀長は、ともに沖縄戦の司令官たちである。

沖縄の守備軍は、六月二三日全滅した。死者は軍人軍属が一二万人、一般県民が一七万人といわれる。沖縄戦について、日々の日記には特別な記述はないが、『戦役に関する記事』につぎのようにある。

六月二十五日。大本営発表。四月以降、沖縄本島にて、米とたゝかひゐたりしが、二十日、遂に最高指揮官牛島中将は、全員に対し、最後の突撃をする様、命令した。本日までに米に与へたる陸上の損害は八万人、艦船は六百隻との事。アーとう〳〵だめだ。其後も飛行機は、度々《たびたび》敵の艦船に突入して撃沈してゐる。二十一日ごろ、米国の報道にて、牛島指揮官と長参謀長と御切腹してゐる死体を発見したと報じてゐる。

七月三日、河口湖別邸でも空襲警報に悩まされはじめる。

どんな山の中にゐても、たえず心のやすまるひまもなく昼夜にかけてプーー。老人になってからこんな目にあふとは何といふ事だろう。アーー。（昭20・7・3）

七月八日の日記上欄には、富士の上空を飛ぶ飛行機四機が描かれている。一一日、野菜が不足して野草を食べた。

青いものがすくなく、やむなく畑道やそこらで野草をとってきて、御ひたしなどにして食す（ヒョー*、あかざ、其他）。いまゝで牛の食べてゐた草なども人間の口に入る様になり、しかし、それでも命にはさしつかへなく、健康を保ってゐるかへってすが〱しい心地がする。（昭20・7・11）

ヒョー　瓢（ひさご）。ユウガオ・ヒョウタン・トウガンなどの総称。

うなぎやあひるなどをもらうこともあった。

吉田の署長から御礼にとて、うなぎをもってくる。(昭20・7・20)

あひるの煮《に》こみ、御重に入れて送ってくれる。ほんとに親切によく気がつくと、宮様も大そう御よろこび。外に宮内省からのあひる・パン・羊かんなどもってくる。(昭20・7・21)

八月七日、広島への「新型爆弾」投下の情報がはいる。

鈴木内閣が連合国側の提示したポツダム宣言を黙殺した結果、米国はソ連にたいする牽制《けんせい》の意味をふくめて、実験が成功したばかりの原子爆弾を使用したのである。広島は一瞬にして破壊され、年末までに一四万人前後の人びとが亡くなった。李垠《イウン》の甥《おい》で陸軍中佐の李鍝《イウ》も、このとき被爆して死亡している。

夜中、B29来《きた》れども、こちらは何もなし。朝からかん〳〵でりなれども、風はどこか冷とする。十時過より、P51編隊、関東西北部、八王子付近に爆弾をおとしたとの事。又、同時ころ、広島へ少数機のＢ29がきて、新しい爆弾をおとした為《ため》、家屋がたほれ、他に火災をおこし、相当の被害があったとの事。日中八十六度*にて、こゝでは、もっとも暑いかんじ。（昭20・8・7）

午後三時の報によれば、一昨日、広島へＢ29来襲せしをり、ロケット爆弾を用ひたる事は、ニュースにて云《い》ひたれども、其時、李鍝*公殿下は軍参謀として作戦中、空爆の為、御戦死あらせられたよし、発表せらる。直《ただち》に警察電話を以て、甲府の李鍵公のところへ、御くやみ申入れた。（昭20・8・8）

九日、ソ連の対日宣戦布告を知る。

又々かん／＼の天気。あつし。

艦載機は東北地区に進入せる旨《むね》、発表あり。又、東海地区にも数百機入りたるよし。あちこち四方八方なり。

八十六度　摂氏三〇度。

李鍝　李鍵の弟。

八日、ソビエトは日本に対し交戦状態に入れりといふ通知あり。つゞいて東部ソ満国境をこえ、*琿春《こんしゅん》あたりに兵を出し、交戦中。又、飛行機も、それ〲飛んできてゐるよし。西の方、*満州里《マンチューリ》あたりも、敵進入せるもやう。いよ〱四方八方からやられる。どうするつもりか。（昭20・8・9）

琿春　「満州国」東部。ウラジオストック西南の地。
満州里　「満州国」最西部の地名。

敗戦

八月一五日

広島と長崎に原爆が投下され、ソ連が参戦し、昭和二〇年（一九四五）八月一〇日午前二時三〇分、御前会議は「国体護持」を条件に、ポツダム宣言の受諾を決定した。翌一一日、河口湖にいた守正《もりまさ》に、宮内省から参内《さんだい》要請の電話があった。

午後七時半ころ、宮内省より電話。急ですが、明十二日午後三時に陛下御召しに付、御参内遊ばす様にとの事。まに合ふ様かへりますと御返事あり。それ〲御のりものゝ手続き

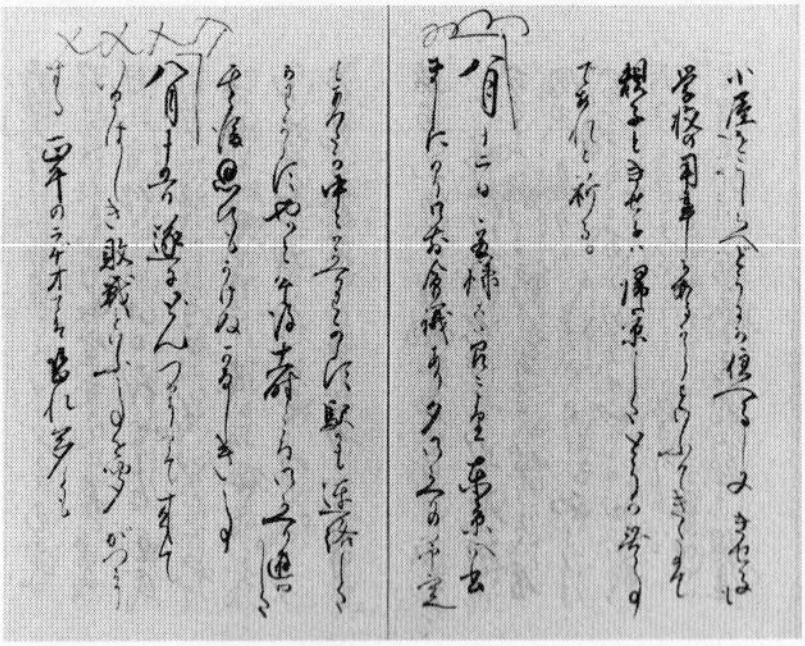

敗戦の日の記事　『空襲!!』の記述。他に『戦役に関する記事』や『宮様の御生ひ立から御一生あらまし』にも感想を残している。

する。（昭20・8・11）

一二日、守正は参内。参内の内容については記されていないが、ポツダム宣言受諾の件と推測できる。

　午前九時五十分ころ、御出まし。十一時過、大月発にて、宮様は東京へならせられ、三時、御参内の後、午後九時過、吉田着にて還御《かんぎょ》の予定。（昭20・8・12）

　この日、天皇制についてふれないまま、連合国側の回答がとどいた。一四日、御前会議が開かれ、ポツダム宣言にかんする連合国回答の受諾を決定する。

敗戦が決定した八月一五日の記述は、三ページにおよぶ。水曜日だった。午前〇時四〇分ごろ、東北地方から関東・北陸・東海各地にB29が来襲、ラジオは混線して

「ジー〳〵ジャー〳〵さわがしき事なり」とある。午前六時半、こんどは艦載機が銚子《ちょうし》より進入。茨城・千葉・東京付近・甲駿地区は空襲警報。七時五〇分、空襲警報解除。ラジオは、「今日正午、天皇陛下の御言葉がありますから、一人のこらずきゝもらさぬ様《よう》、人民も軍隊も工場も学校も、正午にラヂオの前に集って、謹《つつし》んで伺《うかが》って被下《くださ》い」と伝えた。

正午、敗戦を告げる「玉音放送《ぎょくおん》」を聞いて伊都子は涙を流した。そして「国体」が護持されたことに安心するが、米国への憎悪がつよまる。

　正午には、謹んでラヂオの前に坐してゐると、君ヶ代がきこえ、つゞいて只今より天皇陛下の御玉音でありますといふこゑ。陛下にはいつもの御声にて詔勅《しょうちょく》をのたまはせられ、四年間米英支とたゝかってきたが、だん〳〵吾方に不利となり、其上、最近ます〳〵米は悪らつなる事をなし、広島市・長崎市に新型爆弾を用ひ、人身を多数にころし、家屋を被《こわ》し、朕《ちん》は此上吾臣民を多くたほす事はしのびす、悠久三千年の国体をうしなふに至《いた》るは祖先に対し申しわけなし。よっていかなる困苦にもしのびがたきをしのびて、こゝに和をこひポツダム宣言に従ふ事とせり。吾赤子《せきし》に朕が意を思ひ、しのびよといふ意みの御言葉。伺ふてゐる間に胸せまり、陛下の大御《おおみ》心《こころ》の内を拝察して、くるしきおもひ。御自身様は万難《ばんなん》を御しのび遊ばしても赤子をたすけむとの有難き大御心、只々恐れ多ききわみ、涙はこみ上るのみ。光りかゞやける三千年の日本にたえられぬ汚点をつけてしまった。しかし、ベルリンの如《ごと》くあらされては、なほ大事。本土に一ト足もふみこまぬ内は、まづ日本は永久にうしなふ事はない。

しかし、とても〳〵筆にはつくしがたきくやしさ。やる方なく、アゝこれで万事休す。昔の小さな日本になってしまふ。これから化学を発達させ、より以上の立派な日本になさねばならぬ。国民は陛下のこの有難き大御心に対し奉《たてまつ》り、全力のあらんかぎりを尽し、国の発展をはからねば申《もうし》わけがない。

ゆっくりと考へれば、此四年間、命をさゝげてたゝかった吾軍の将士、あまたの戦死者・戦傷者が実に気の毒とも何とも云《い》ひ様《よう》なく、又空襲のため家はやかれ、親子わかれ〳〵になり、悲しき思ひをした人々の口惜《くちお》しき、何度もいふが一度でよいから米本土にこのくるしみをあぢわひさせてからにしてやり度《た》かった。今後は神の御力のあらんかぎり米英の人々を苦しめなければ、うらみははれぬ。どうしてもこのうらみははらさねばならぬア丶丶丶――。（昭20・8・15）

明治以来、戦争のたびごとに拡張してきた領土を失うことの衝撃は大きかった。伊都子は『空襲!!』という記録のなかで、軍部の敗戦責任を追及している。

陸海軍は何をしてゐるのか。つよがりばかりいふて、国民にはかくして勝々とばかりいへども、くるしさはよくわかる。いつも〳〵先手をうたれて、たぢ〳〵と受身になる斗《ばかり》。もうよきほどに恥《はじ》をしのんで和を結ばねば、此日本といふ国もどうなるかと思はるゝのみ。只々神々を御たのみ申すのみ。いかなる事にや、この大戦争中といふのに、吾陸海軍互に助け合い力を合せて国をまもるべきに、いつも秘密をまもり互にあかさず、飛行機の部分品のごときも別々のものを送り、たがひにまに合はぬ様な事をして、これではよけいな入費ばかりかゝりて益なくおくれるばかり。こんな事でどうして手早く出来るものでもないのに考へられる。アーなさけないとつく〴〵思った。

玉音を伺ひ胸をつき、涙はこみ上《あげ》、大御心《おおみこころ》を拝察し来ればたえられず、しばし言葉もなくすごす。アー何のために、いく多の人々をころして戦ったのかとくやしくてたまらぬ。戦ひばかり進めて前後も考へずこの結果にした軍人たち、どうして御わびをするのだろう。アーくやしい〳〵。三千年来のかゞやかしき此日本をめちゃくちゃにしてしまった。ことに明治天皇の尊き偉大なる大業も空《むな》しくゆめとなった。長い間には色々盛衰の運もあったが、まだ外国におかされた事はなかったものを、あまりにも口惜しきかぎりである。

人心も動く

昭和二〇年（一九四五）八月一六日、東久邇宮稔彦《ひがしくにのみやなるひこ》内閣が組閣された。皇族を首相としたのは、降伏にたいする軍部の反発をおさえるためであった。しかし、東久邇の政治的力量を知る伊都子には心配であった。

午前、鈴木総理大臣は御わび申上、内閣総辞職をこひ奉《たてまつ》りたり。

夕方のニュースで、東久邇宮稔彦王殿下に大命降り、組閣はじまる。アー此大事な時にあたり、陛下にあらんかぎりの御力となり、日本の将来の大事をつかさどる立派な人物はをらぬものか。それは東久邇様でも、御ゑらひにはちがいないが、皇族として今まで政事の事はあまり御承知ないから、どんな事かと、失礼ながら心配である。今後は英米等と色々談議もある事故《ことゆえ》、よほどしっかりかまへなければと思う。（昭20・8・16）

伊都子の予感はあたり、東久邇宮内閣はGHQの民主化指令に対応できず、一〇月五日、二か月に満たない短命で終わることになる。「鬼畜《きちく》」と罵倒《ばとう》してきた米兵の上陸を前に、不安な日がつづいた。上陸地となる横浜方面では、米兵に凌辱《りょうじょく》されるといううわさを信じて婦女子が疎開した。いっぽう内務省は、米兵のための性的慰安施設の充実を指令。衣食住保証の広告に多くの日本人女性が応募したという。八月二六日、特殊慰安施設協会（RAA）が設立され、二七日、大森に最初の施設「小町園《こまちえん》」が開業した。このころ伊都子は盗難の心配をする。

東京に長く御とゞまりになつても危険はないけれども、いやな御思ひを遊ばすよりは、いっそ伊豆山へでも御出になった方がよかろう。それに婦女子はなるべく東京にをらぬ様にとの事故《ことゆえ》、子供たちも伊豆の方へ御願ひし様《よう》と思ふ。
これより人心も動くから、もしも空《あい》てゐる家の事故、盗難があってはせつかく疎開して置た荷物とられたらおしまい故、どこかちゃんとしまふところがないかと考へた末、御詰所の縁《えん》の下が、まはり石でかこへてゐるから、大丈夫といふはなしになり、畳《たたみ》を上げると、丁度《ちょうど》、角に切った所があったので、板を上げ下にまきをならべて、こちらの黒のトランク、広橋家の箱二個を納め、もとの通りにふたをして事すみ、夜具の二組、綿かやの包二個と、規子の預り品、行李《こうり》・箱もの等も、こゝに置く事にして、あとはもってかへる。（昭20・8・20）

三〇日午後二時五分、マッカーサーが厚木《あつぎ》に到着。愛機バターン号からコーンパイプを片手に悠然と降りてきた。丸腰であった。しかし上空では、午前中から米軍機が飛びかっていた。

九月二日、東京湾上にうかぶミズーリ号上で降伏文書の調印。この日も上空を米軍機が飛びかっていた。日本代表は重光《しげみつ》葵《まもる》外相と梅津美治郎《うめづよしじろう》参謀総長。連合国を代表してマッカーサーが署名すると、B29四〇〇機、艦載機一五〇〇機の大編隊が大轟音《ごうおん》とともにミズーリ号上にあらわれた。

今日は、いよ〳〵調印。東京湾上、米戦艦ミズーリ上にて行なふよし。上空は、うるさいほど敵機ブー〳〵とびまはる。

（昭20・9・2）

四日、米兵上陸の情報。この日、神奈川県は女学校の休校を指示した。

だん〳〵米兵も入ってくるので、危険な事もあり、とにかく夜《よ》るは婦女子は出あるかぬ様にとの事であった。（昭20・9・4）

財産調査

民主化と非軍事化をめざしたGHQ（連合国総司令部）の占領政策は、伊都子の身辺にもおよびはじめる。

米進駐軍、ぞく〳〵入りこみ、代々木など天幕が一ぱい。其他、大かた大きい家は入ってくるらしい。荷物の入れかへやら色々で、とてもさわぎ。（昭20・9・15）

一〇月二八日、各宮家の全財産調査の話があった。

此度《このたび》、宮内省よりいふてきたのでは、米司令官より、宮内省の全財産をしらべて書出す様にとの事で、各宮家もすべて書出す様にといふてきたから、もう大さわぎ。銀行にあるものは、わかってゐるから、ありのまゝ。又、土地・家屋・其価額・家の建坪・所有物品の価等、書出す。又、調度品・宝石類・衣服、其他しらべる。

三井信託にあづけた宝石は、一トまづ引きとり、取しらべの上、宮内省に保管する事になった。(昭20・10・28)

この日、九州の石炭財閥の貝島太市《かいじまたいち》が、守正が泊まったときに使った寝具などを、「御不自由であらせらるゝだろうから」と、送ってきた。

三〇日、三井信託に預けた宝石をだす。

午後はビジュー*の分け方をして、やっと全部、宮内省にあ

ビジュー　bijou　宝石。

づけても万一とられたら、それきり故《ゆえ》、少しくのこし、わけ、又、三井信託の方も一寸《ちょっと》にして、再び金庫の約束の日まで入れておく事にする。（昭20・10・30）

国立公文書館所蔵の『昭和二十年十一月　終戦関係書類』には、皇室はじめ各宮家の財産の品目と評価額が列挙されている。梨本宮家にかんするものは、表1のとおりである。さらに英文の目録もあり、訳出すると表2のようになる。

評価可能な財産の総額は、表1の三三万一〇〇〇円と表2の四五二万六九九八円一三銭の合計、四八五万七九九八円一三銭となる。なお、表2の宝石一六点の内訳は、王冠（ダイヤモンド・エメラルド）が一点、ネックレス（真珠）が一点、腕輪（ダイヤモンド・真珠）が一点、ブローチ（ダイヤモンド・ルビー）が二点、指輪（ダイヤモンド・真珠）が五点、サッシュ＝クリップ（ダイヤモンド）が一点、カフス＝ボタン（ダイヤモンド・真珠・縞《しま》めのう）が五点であった。

戦犯指名

財産調査がすむと、こんどは守正が戦争犯罪者に指名された。すでに九月一一日、

表-1　梨本宮家の家宝類

漆器その他	634点	109,000円
屏風類	40	46,500
掛軸・画帖・巻物等	—	159,000
刀剣類	18	16,500
	合計	331,000円

『昭和20年11月　終戦関係書類』より

表-2　梨本宮家の財産目録

Ⅰ	現金や譲渡可能な手形など	
	1、債権類	9,400円
	2、株券	1,411,525円
	3、現金	527,511円13銭
	4、総額	1,948,436円13銭
Ⅱ	土地	
	面積	74,580㎡
	評価額	2,319,534円
Ⅲ	建物	
	面積	1,526㎡
	評価額	179,028円
Ⅳ	宝石	16点
	評価額	80,000円
Ⅴ	金銀塊	なし
Ⅵ	総額	4,526,998円13銭

『昭和20年11月　終戦関係書類』より

ＧＨＱは東条英機《ひでき》ら三九名の戦争犯罪人の逮捕を命令していた。翌一一日、東条の自殺未遂の情報がはいる。

今日の新聞によれば、昨日午後三時過、東条邸に米官憲入りこみ、つれにきたらしく、かねて覚悟はして、すっかりかたづけ、いつでもよい様《よう》にしておいた事とて、面会して、勝者の前にたつのはしのびない、この戦争をおこすにあたり、米国側でもむりな事ばかりいふたから、日本もたゝねばならなくなったので、そちらにも充分責任があるから、それをいひ度《た》いけれども、立派な人の前ならばいふが、只《ただ》の官憲らにはのべられない、そんなたいほのしかたならば、これでおしまいと、窓をメ《し》めてピストルで自決された。其音《そのおと》で、一同が、かけ入りたる頃《ころ》は、虫の息。(昭20・9・12)

一二日には、杉山元《はじめ》陸軍元帥が自殺。杉山は参謀総長として、対米英戦争の開戦と遂行に重要な責任があった。戦犯逮捕に先だつ自決であった。元厚相小泉親彦《こいずみちかひこ》・元文相橋田邦彦《くにひこ》・元関東軍司令官本庄繁《しげる》・元首相近衛文麿《このえふみまろ》らも自決。伊都子は杉山夫人の自害に感服するが、みずからの去就には頓着《とんちゃく》しない。

杉山元帥はすべての整理をとゝのへ、役所の総長室にて美《み》事《ごと》、四発のピストルにてソッファーに腰をかけて自刃《じじん》をとげ、皆の人々に世話になった、気の毒であったと挨拶《あいさつ》にて、六十六歳にて終った。
この時、世田ヶ谷の自邸にて、啓子夫人は白装束に身を改

め、仏間《ぶつま》に香《こう》をたき、これ又、自害をとげ、日本婦人として、立派な最後をとげられた。(昭和20・9・13)

一一月一九日には、荒木貞夫ら一一名が戦犯に指名される。守正が戦犯に指名されたのは、一二月二日である。一一月中は前ぶれもなく平穏な日々であった。一二月三日、守正が戦犯に指名された翌日の記事。

上々の晴。霜白《しも》し。午前十一時ころ、外務大臣(吉田*)来り。宮様拝謁。此度《このたび》、マッカーサー司令部より、殿下を戦争責任犯罪人として、御名前がのってゐるので、早速《さっそく》、伺ったしだい。出頭等のことは、吾々でよく相談して、あちらへ通知する事にいたします。今日五時にマ*と会見する事になってをりますといふ事。何がきてもよいと仰っしゃってゐた。(昭20・12・3)

吉田　吉田茂。のち首相となり、戦後日本の保守政治をささえる。

マ　マッカーサー元帥。連合国最高司令官。

この日の午後二時半ごろ、米国連合通信社のラッセル＝ブラインズらがジープで取材にきた。のち『読売新聞』の記者もきた。

　宮様仰《おお》せらるゝには、何の為《ため》、自分が戦争責任者であるかわからぬ。満州事変の時から反対で、もうほとんど軍の方には口も出さなかった。＊十三年から神宮祭主でゐるから、何も戦争には深く立入ってをらぬ。又神宮の事もよく米国にはわかってをらぬもやう、そんな大本《おおもと》教や天理《てんり》教の様なものとはちがふ。これは日本の人でもわからない人もあるだろう。

　其他、武徳会・飛行協会・警防協会等の総裁をしてゐるが、自分が直せつにやってゐるのでなく、皆下の人が働いてゐるのである。武徳会は武士道をねる為全国から集って武をねる会、警防は国を護《まも》る為今でも火事などの為にそなへてをかねばならぬ、飛行協会は飛行機の為、それらが戦争責任者とはいはれない。それらの総裁をしてゐるから、今度の指名になったのだろう。君はどう思ふか、と逆に感想を求められ、一寸考へた。総裁職が単なる名誉職であるといふ事、それでも

＊**十三年**　守正が神宮祭主となったのは、昭和一二年一〇月。

つまりお飾りでも犯罪人か？　戦争中大本営にも出ず、時々陛下の御相談をいたゞく時は、元帥府*に出た事はあったなどゝ仰せられ、握手などしてかへした。うるさい*ったらありゃしない。（昭20・12・3）

寒い朝

一二月四日、GHQは、「宮殿下ゆえに特別扱いせず」の声明をだし、関係者に衝撃をあたえた。宮内省も昭和天皇も、守正への配慮をおこたらなかった。しかし、伊都子の宮内省への不満は高まった。

松平慶民《よしたみ》*・小倉課長来り。人に御逢ひになる部屋もなく、御気の毒さま。陛下も大そう御案じ遊ばし、何とかバラックでもたてゝと仰せられたから、どうにかいたしませうといふ。何だ今ごろになって大さわぎして。先からたのんでも、しらんかほしてゐるから、もうしかたがないから、全部自力でやつと住居もたてこゝまでしたが、中々面会の部屋など思ひも

元帥府　陸海軍元帥で構成され、軍事上の天皇の最高顧問としての役割をになった。
うるさい　取材の記者たちにむけた言葉であろう。
松平慶民　宮内省宗秩寮総裁。宗秩寮は、皇族や華族にかんする事務をとりあつかった。

よらず、とても人手のないところ、こゝまでするのは大へんだと仰せられ、大に両人とも恐縮してゐた（早そく、*たくみにでも申付、何とかするといふてゐた）。又、夜七時過、*石《いし》渡《わた》宮内大臣来り、*此度の事、まことに恐入《おそれい》った事、極力失礼のない様とりはからひますと例の目をパチ／＼して、どもりながらいふてかへられた。（昭20・12・4）

たくみ　内匠。宮中の工匠。
石渡宮内大臣　石渡荘太郎。もと大蔵官僚。宮中の信任あつく、GHQとの交渉に尽力した。
此度の事　守正の戦犯指名。

この日の上欄には、「新聞に出たので、やっと知った様な有様《ありさま》」とある。石渡を批判したのだろう。
五日、「天皇陛下より御見舞に御野菜一籠《かご》たまはる」。
六日、各方面から見舞いがくる。通信社は写真をとりにくる。

朝から、同情して御機嫌《ごきげん》伺ひに参殿する人々、色々あり。十時半ころ昨日の通信社の人、写真をうつしに来り。又、朝日の記者も来る。李王両殿下も御たづねに御出になつた。（昭20・12・6）

各界知名の五十九氏
マ司令部より逮捕命令
梨本元帥宮を始め
平沼、廣田の兩重臣
池田、郷古、徳富、畑、豊田氏ら
十二日迄に引渡
五十九名の顔ぶれ

守正の逮捕命令を伝える記事　皇族である守正の戦犯指名は、天皇の側近を動揺させた。昭和20年12月4日付『朝日新聞』

七日上欄に「せつ君様、御立《おたち》よりいたゞき、羊の毛布二、遊仙一、いたゞく」とある。八日、秩父宮邸などに挨拶。町で守正の嘆願運動を見た。

町のあちらこちらでは、大きなる札をたて、梨本宮殿下を御たすけ申《もうす》は日本国民の義務であるといふて、それは〳〵大へんな人々、皆名をかけといふさわぎ。ほんとにそんなに人々が思ってくれるのは有難《ありが》たい。やはり日本人だと、うれしく思ってゐる。其結果はどうなのかしらん。

（昭20・12・8）

一一日、昭和天皇に別れの挨拶。

天皇陛下に御対顔あらせられ、毛布を御いただき遊ばして、御かへり遊ばした。御入浴も御すみ遊ばし、となりから赤飯をもらひたので、ゆる〳〵食事をなし、早く御寝遊ばした。

（昭20・12・11）

一二日は出頭期限の日。午前六時、「バターン死の行進」などに責任のある本間雅《まさ》晴《はる》中将は家をでて、フィリピンでのB・C級裁判に出廷するため、厚木《あつぎ》飛行場からマニラにむかった。

八時二〇分、巣鴨《すがも》拘置所に第一番目の出頭者が到着する。守正であった。

いまはしきとらわれの身、何と此筆に記すべきや、只々胸は一ぱいにて、いふべき言の葉もなし。心配するな大丈夫だと仰せられてはゐるもの丶、御心の内は色々思召《おぼしめし》てゐる事と。何でこの様な目に逢《あ》ふのであろうか。中村公使、只一人御供《おとも》申上、安藤は車従して行かれる所まで行く。松平慶民《よしたみ》も御供申上た。

＊中村公使　中村豊一。元フィンランド特命全権公使。当時、臨時外務省事務従事。

守正の出頭　一番目の出頭に「宮様」らしさがうかがえる。逮捕の容疑は明らかにされておらず、守正にも罪の自覚がなかった。昭和20年12月13日付『朝日新聞』

安藤かへってきて、UP*が付て荷物をもって、中村が一つもち御自分様で一つ御さげになって御入りになったが、もう用はないから帰れと仰せられ、何とも申様《もうすよう》なき心もちでかへって参りましたと、涙を一ぱいためてはなしてくれた。

今日は御一人らしく、御自分で食事もとりに御出になるらしく、又御床《おとこ》も御自分で御とり遊ばすとの事、ほんとに〳〵

*UP　United Pressの略。米国連合通信社。UPIの前身。

*この年になっていかなる事かと、只々胸もはりさけむばかり。しかし、いくら心痛しても今はせんなき事、なり行きにまかせる外《ほか》なし。

夜になって、だん〳〵冷えてきたので、今ごろ御一方様*どう遊ばしてゐるかと、心配でならぬ。(昭20・12・12)

一三日付の『朝日新聞』には、「梨本宮〝一番〟に御出頭」「宮様、冷水浴も平常通り」とある。

ことに冷えて、氷もはり、水道も一寸《ちょっと》出ぬほどの寒さなれども、天気はよし。

朝の新聞に、昨日の入所、梨本宮殿下がトップをきって一番に御出になったと出てゐた。何につけても一番、朝の寒さ、いか斗《ばかり》であらせらるゝやと気がかりなり。(昭20・12・13)

この年になって　守正は、明治七年（一八七四）生まれの七二歳。

御一方様　ひとりで拘置所にいる守正のこと。

プリンスパパ出頭して一一日目の一二月二三日、守正釈放の朗報がはいった。

夜中から雨にて、朝おきたらサラーと白く雪。こんな日は、どんなにか御寒いだろう、何とか出来ぬもの哉《かな》と一人考へる。広橋一寸《ちよつと》夕方きて、今、友立*がいそいでたづねてきて、キーナン大佐*が本国に電話をかけてゐるのをUPの人がきいてゐたら、梨本宮様を御かへしする方法を云々《うんぬん》といふ事をいふてゐるから、御かへりになる様になるかもしれぬと知らせてくれたから、いそいでいひにきたとの事、知らせてくだされた。そうなるとどんなによいかと思ふ。（昭20・12・23）

昨夕、広橋いそぎ来り、今、役所の人来りてUPの人がもれ聞た所、梨本宮殿下はこれといふ確証をにぎれないから、釈放する様にしたらといふいみの事を、キーナン大佐が本国としきりに電話してゐるから、一寸聞きこんだから御知らせするといふ事。そうなれば有難いと、よく又聞きこんだら知

友立　広橋の知人か？　あるいは「友達」の意か。
キーナン大佐　ジョセフ＝キーナン。東京裁判首席検察官。大佐とあるが、軍籍はない。

らせてくれ、とたのみおく。

夕方、三浦参事官より封書にて右と同じ様な事中て参り、いよ〳〵実現するのではないかと思ってゐる。私と孫たちの手紙、連絡局*へ出す。（昭20・12・24）

三一日、年末の雑感。伊都子は少々あれている。

明日の御雑煮《おぞうに》のだとて、白木の御台*など出してくる。あれほど今年はふだんのでよいといふてあるのに、又《また》しても、とんまな事をする。心気《しんき》くさい〳〵。私一人だと思ってバカにするなといふて、まづ〳〵とすむ。

アヽ何といふても今年ほど一生の内で変化の多いとしはなかったろう。いやな淋《さび》しいとしもはやくれ、淋しく、除夜の鐘も久々にてなりひゞくをきゝて、二十年も終る。（昭20・12・31）

連絡局　終戦連絡中央事務局。占領軍との連絡機関で、外務省の外局として発足した。

白木の御台　神式の色を塗らない食膳台。不幸のときにも祝事のときにも用いる。いずれにせよ特別の場合の用意をしたので、伊都子は不快になった。

昭和二一年（一九四六）一月一日、守正のいない正月をむかえた。「梨本宮妃殿下には青山の戦災御殿で独《ひと》り淋しく新春を送られるが、マ司令部から新春三日間掲揚を許された国旗も、御殿焼失の折に戦災にあひ、樹《た》てる国旗のない侘《わび》しいお正月とのこと」と、一日付の『朝日新聞』は伝えている。

梨本宮邸の焼跡　渋谷の宮邸は空襲で焼失した。当初、守正と伊都子は李垠邸に身をよせていたが、のち焼けのこった茶室を再建して住居とした。

一日、守正釈放のうわさ。

この頃《ごろ》、あちこちのうはさに、宮様御近く御かへりになるといふうはさ。どこから出るのか、わからない。しかし、中島が昨日も中村の所に逢ひに行ったけれども、いつ御出ましになるか、何とも聞かなかったといふ。（昭

21・1・11）

二〇日、外務省の加瀬俊一《かせとしかず》から釈放の情報がはいる。吉田茂外相もくる。二五日、守正に会った中村豊一がくる。

十一時過、松平恒雄・信子参られ、加瀬といふ外務省の人、色々あちこちさぐってくれ、恒雄の方へ知らせてくれてゐる人。其人の手紙にて、梨本宮殿下は、近き内に御出になるもやうを聞きこんだからといふ事、取りあへず御知らせ申上る。又、外務大臣自身もきて、内々其はこびになってをるから、妃殿下まで御耳に入れておく様にといはれたから、それを申《もうし》上様《あげよう》と思って参りましたといふ事。（昭21・1・20）

夕方五時過、中村公使来り。今日、殿下に御目にかゝって参りました。大そう御元気で、散髪も遊ばし、御ひげもそっておいでになりました。そして米国側でも、大そう好感を以て、プリンスパパ〳〵と申上、御したい申上てをると、仰せられた。御室には元下士官のもの三名をり、色々御世話をしてゐるから、大そう楽になったとの御言葉でした。とにかく御出ましになる事は確実らしい。（昭21・1・25）

三月九日、守正の誕生日。「正午、両陛下より御召しにより、伊都子は参内。御食事賜はる。御文庫にて、陛下少々御せき御出ましになるので、御引こもり遊ばしていらせらる」。三月一九日、弁護人の穂積重威《ほづみしげたけ》がくる。「此《この》ほど巣鴨に行き、御面会も申上た故、其《その》も様《よう》とキーナンに逢った時のもやうなど、委《くわ》しくはなしてくれ、今後の事もよくたのむ」。

四月一三日、守正の釈放。突然の帰邸に「大さわぎ」であった。

いつものごとく今日もよき晴にて、朝の内、畑の手入れなどしてくらす。午後は、かたづけものをしてゐると、二時過、毎日新聞社の人、四、五人来り。殿下は今日釈放され、もう十二分ほどすると、御かへりになるといふ事を聞たから来た。でも何にもどこからも通知がないから、うそではないか、そんなら何とか知らせがあるはづといふてゐた。
丁度《ちょうど》、三時少し前、ジープが入ってきた故《ゆえ》、一寸《ちょっと》みると、宮様御のりになってゐて大さわぎ。還御《かんぎょ》、〳〵、〳〵、〳〵と、皆大声にてさけぶ。いそぎ取るものも取あへず出ると、はや茶室のところへジープがきてゐて、御出ましになった。御髪の毛は御耳までのび、御ほゝはこけて、何となく御やつれ遊ばしてみあげ、何だか胸が一ぱいになった。写真班がうつし御荷物をおろして、やう〳〵御茶室に御入り遊ばし、一同御じぎ申上、御居間に御やすみになった。(昭21・4・13)

四月一五日、宮中へ挨拶《あいさつ》。

午前九時半、出門。両人にて参内。両陛下に拝謁《はいえつ》、宮様より委《くわ》しく御礼言上。并《あわ》せて、も様《よう》を申上遊ばした。(昭21・4・15)

栗屋憲太郎「東京裁判への道」によれば、梨本宮逮捕の理由は、軍国主義を権威づけるために名前が役立てられたこと、名目上とはいえ侵略戦争を鼓舞した神道《しんとう》の頭目であったことなどがあげられている。しかし、キーナン首席検事は梨本宮を訴追する意思はなく、昭和二一年一月一〇日の終戦連絡中央事務局の中村豊一公使との会談で、釈放の方針を示したという。梨本宮は四月四日に尋問《じんもん》をうけ、日露戦争後は軍事問題に積極的に関与したことはなく、元帥や軍事参議官の地位は名誉職であるとのべた。また、昭和六年から一六年までの時期の諸事件に責任がある人物に、東条英機《ひでき》と荒木貞夫《さだお》をあげていた。

伊都子の日記では、守正釈放のうわさは昭和二〇年一二月二三日ごろからあり、翌年一月二〇日、非公式ではあるが、外務省から釈放の情報がはいっている。守正は、すでに釈放の方針がきまり、出所を目前にした四月四日に検察局の尋問をうけたのであった。

ナンジ人民

「米のメェーデー」

敗戦直後の食糧不足は深刻で、一般国民は闇市《やみいち》や買い出しで食糧を調達するありさまであった。いっぽう戦争末期に野草も食べた伊都子《いつこ》だが、戦後、食生活は少しずつよくなっていった。

虎屋へ、お餅《もち》のもち米をもって行く。(昭20・12・25)

シャケをもってくる。御うつり*に、うどんとリンゴを遣《つかわ》す。本日、親睦会晩餐《ばんさん》に御不参のよし故《ゆえ》、御淋《さび》しいだろう*から、ほんの御一方様めし上る分とて、小鴨《こがも》二、ねぎ、平貝《たいらがい》等と御菓子二、板焼の御道具そへて御もちいたゞき、有難く、色々、皆様思召《おぼしめし》していたゞき、恐入る。(昭20・12・28)

昨夜おそく、式部職*より鴨五羽きた。(昭20・12・29)

手製のあま酒。あま鯛《だい》片身。さけの罐詰《かんづめ》とみかん。(昭21・

御うつり お返し。
御淋しいだろう 守正は巣鴨に拘禁中であった。
式部職 典式などのほか、狩猟をつかさどる。式部長官のもとに猟場監守がある。

1・8）
牛肉少々。猪《いのしし》の肉。見事な鯛二尾。（昭21・1・15）
御雑煮とうどん鍋。ビスケット少々。（昭21・1・20）
卵とリンゴ。酒かす。（昭21・1・29）
かきもちが乾《かわ》いたので、石油かんに納め、甲蔵におく。（昭21・2・6）
生のいわしを売ってゐたから、たのんで買ってかへる。十円で二十六尾あった。闇市をみて、宮内省により、御菓子をとってかへる。（昭21・2・14）

二月一七日、悪性インフレ克服のため、政府は金融緊急措置令を発し、預貯金を封鎖。旧日銀券は新券に引き換えることになった。なお、この年一月、東京の闇市露店は六万店にたっし、一般市民の生活に密着していたが、五月三〇日、上野の露店街アメヨコに警官が出動して禁制品を押収した。さらに八月には、全国一斉の闇市取り締まりがおこなわれた。

新円を入手する。額は一人あたり百円まで。食糧・生必品*等、統制される事になった。これで闇市場がなくなれば、よほどよいと思ふ。（昭21・2・17）

このころ昭和天皇は、二月一九日に神奈川県を視察。以後、各地を巡幸。巡幸先で親しく人びとに語りかけ、「あ、そう」を頻発《ひんぱつ》して流行語になった。三月一日の記事。

天皇陛下は、昨日と今日と、東京市内及八王子、北多摩あたり御視察に行幸《ぎょうこう》あらせられ、御やさしき御言葉、あれこれに賜《たま》はり、皆、感激して、心からなる萬歳を発し、御車近く集《つど》ひて、よろこび合ひたる光景は、今までになき御事と承る。（昭21・3・1）

六日、天皇に主権のあった大日本帝国憲法にかわって、国民主権・基本的人権の尊重・戦争放棄を明記した日本国憲法の草案要綱が発表された。八日、憲法改正について話を聞く。

*生必品　生活必需品。

宮内省へ行く。情報会のために。はじめ首相*が憲法改正につき、ありのまゝをはなし、後、鈴木*終戦連絡局員のはなし。次に、鎌田*・笠間・中村各少中将らの、マ司令部の色々のはなし。（昭21・3・8）

一五日、歌舞伎の片岡仁左衛門《にざえもん》一家五人が、食べ物の恨みから同居人に殺された。食糧不足は深刻で、「憲法より飯だ」といわれた時代であった。

また衛生状態が悪く、発疹《はっしん》チフスが空前の大流行、三万人以上の患者をだし、三千人以上が死んだといわれる。シラミ用の殺虫剤ＤＤＴの白い粉を頭からかぶせられる姿が各地でみられた。天然痘《てんねんとう》も流行して三千人が死亡、コレラの死者も五〇〇人をこえた。

伊都子の周辺でも伝染病がひろがり、三月一六日、発疹チフスの患者がでた。さらに種痘《しゅとう》もうけた。

高柳*引こもってゐたが、どうやら発疹チフスらしいといふ

首相　幣原喜重郎。マッカーサーの指示で憲法改正に着手したが、当初の松本草案は保守的で一蹴された。
鈴木終戦連絡局員　鈴木九萬。外務官僚。元連盟事務局事務官。
鎌田　以下の三名、大本営横浜連絡委員会委員。
高柳　高柳豊三郎。宮内省事務官。梨本宮付。

ので、とゞけたらしく、朝九時半ころから、検査の人々、MPがついてトラックで官舎の方に来り、DDTの白い薬をまき、又、予防注射をほどこすとの事。まづ高柳の所は、まっしろくなる様になり、あと全部、子供もおとなも、すつかり、衣服一枚々の間にふきこみ、頭もまっしろくなる。（昭21・3・16）

天然痘流行に付、本日、宮内省*禁衛府《きんえいふ》の医者と看護婦来りて、私はじめ一同に種痘をする。（昭21・3・19）

禁衛府　近衛師団解散後の昭和二〇年九月二〇日に設置された皇居警衛のための役所。

四月一〇日、第二二回総選挙。婦人参政権が認められたはじめての総選挙。婦人当選者は、二八歳で最年少当選の松谷天光光《まつたにてんこうこう》（餓死防衛同盟）や加藤シヅエ（日本社会党）ら三九名にたっした。

衆議院総選挙の日。だれがどうなるか、*二十五歳以上の婦人、満二十歳以上の男子はのこらず、投票をしに各所におもむく事。午前七時より午後六時まで。

二十五歳　被選挙権満二五歳、選挙権満二〇歳の誤りか？

ことし始めて婦人も選挙することが出来たので、中々のさわぎ。しかし区役所の役員のなまけから、名簿に記入がおちてゐて、投票の出来ない人もかなりあったらしく、ブー〳〵いふてゐた。＊規《のり》も其一人。(昭21・4・10)

規　規子。

五月一二日、世田谷の米よこせ区民大会のデモが、赤旗を立て、坂下門《さかしたもん》から宮城《きゅうじょう》にはいった。そして天皇の台所の公開などを決議、回答をもとめた。一九日には宮城前広場で飯米獲得人民大会が開かれ、二五万人が参加した。

明十九日の日曜は、喰《く》はせろといふ、米のメェーデー行進があるとの事。又《また》、どんな人が出ないともかぎらず、こちらへもくるといけないからとて、蔵の米など、あちこちへ分散させ、多のは皆にわけてやったり、色々してかたづける。(昭21・5・18)

大分《だいぶ》、トラックなどで赤旗をたてゝ通ったけれども、何もなさそう。無事らしい。警官五名ほど用心のためきてゐたけ

れども、ことなくすむ。(昭21・5・19)

二〇日、マッカーサーは、「暴民デモは許さず」と声明を発表した。

このメーデーのとき、「詔書《しょうしょ》。国体はゴジされたぞ。朕《ちん》はタラフク食っているぞ。ナンジ人民飢えて死ね。ギョメイギョジ」というプラカードがあり、のちに責任者は不敬罪で起訴された。判決は名誉毀損《めいよきそん》で懲役八か月。のち最高裁で免訴となった。

敗戦の「みぢめさ」

伊都子の財産をうばったのは、「暴民デモ」ではなかった。

「暴民デモは許さず」声明の翌二一日、GHQは皇族の財産上の特権剝奪《はくだつ》にかんする覚書を作成した。同覚書には、「皇族又は宮家に対する下賜《かし》、又は貸付は、金銭たるとその他財産たるに拘《かか》はらず、これを行はないこと」「皇族の一切《いっさい》の特権、及び課税の免除を含む一切の特典を剝奪する」などとある。

しかし、五月・六月の日記は、食べ物の記事などがつづき、財産整理の緊迫感はない。七月二四日、財産整理にかんする記事があらわれはじめる。二七日、宝石類調べ。

午後、事務官、宝石類を一応しらべ、価をみてもらっておいたらといふてきた。アーとう／＼こゝまで来たか。

あのビヂューは、親の心のこもった品故《ゆえん》、一生、身につけてと思ってゐたが、とう／＼手ばなさねばならぬ時がきたのかと思ふと、胸がかたくなり、涙も出てきた。

どうせ入用もないもの。只しまっておくのもむだなれども、数十回、内地はもとより、外国でも身をかざりしもの。むざ／＼人手にわたすとなると、何となく、なごりがおしい。これも最後の時にと思ってゐた（家の為、どうしても金にかへなければならぬ時にと思ってゐた）。

どうせ死んだら、どうでもよいけれども、これらは子孫にゆづり、何かの力になさむと考へてゐたが、そうもゆかぬとすれば、思ひきって売ってしまった方がよいのかもしれぬ。くさるものでもないから、いつまでもしまっておき、又役にたつ時もあるか、よく／＼困った時に売れば、又生活のたしにもなるかと考へてゐたが、皆だめなのが、何だかかなしい。

なさけない心地がする。税の事などがきまって、よくきめてからにしよう。

アーーいやな〳〵世の中になった。もう〳〵何もかも、蔵も焼けたものと思へば、あきらめもつく。思ふまい〳〵。ことしの様《よう》に、頭がいたみ、胸せまる思ひばかりする事は、めったにない。こんな事ばかりならば、長命してゐてもつまらぬ。なぜ焼けた時に死なんだかと、くやむ。（昭21・7・27）

七月二九日、河口湖別邸の売却の話。

朝、事務官、安藤出てきて、昨日、富士へ行ったら、航空会社の社長が買ひ度《た》い。昔から御殿もよく知ってゐる。毎年、御出になってゐるのも知ってゐる。此際《このさい》、ゆづっていたゞき度いといふはなし。思ひの外、早く売れましたといはれ、何だか頭がガンとした。あまりの事に、ものもいはれなくなり、何とはなしに、なさけなくて、涙が出てきた。四十万円で約束が出来たといふはなし。どうせ手ばなさねばならぬ事とは思ってゐたが、こうもすみやかに手ばなすとは夢にも思ってゐなかった。アーーつまらぬ〳〵。

此二十年間、色々に心をくばり、心をしづかに、富士をともとして、しづかにくらす。吾々両人のいこひの家として、楽しい家であったものを。いくら時節柄やむを得ぬ事と万々承知してをるが、あまりにもなさけない。老人をかくもくるしめるとは、こゝにも敗戦のみぢめさをひし〳〵とこたへる。

(昭21・7・29)

蔵の軸物《じくもの》を買う人や河口湖別邸を買う人にたいする悪口がつづく。

今日も何だか、だれかきて、御軸物を拝見し、九万円で買ふとかいふてゐた。乙蔵では、クッション・テーブルかけなど到来品を出し、例のHといふ人が、よってもって行くらしい。あれは私は大きらい。(昭21・7・30)

私はそっと窓のところからみてゐたら、主人は大きい人、妻はやせた小さい人にて（肺病でも出そうな形）。おちょこちょいの様な洋服をきてゐた姿をみた。まだ若い。あれで社長さんかと思はれる。あんな人が富士の別荘に入るのかと思ふと、癪《しゃく》にさわる。いまにバチがあたる。（昭21・7・31）

八月一〇日、「桂」印の品物まで売られる。愛用の琴《こと》も手ばなす。一一歳のとき鍋《なべ》島邸《しま》新築のさいに皇后美子《はるこ》（昭憲《しょうけん》皇太后）の前でひいた琴もあったろう。

屛風《びょうぶ》もかなり色々御売りになったけれども、金無地中形の箱が下に出てゐたから、これも約束が出来たのか？　とたづねたら、丁度《ちょうど》、大《おお》きさがよいからと申《もう》しましたので約束いたしましたといふから、売るのはちっともかまはぬけれども、これは桂印と書てあるのだから、一言ことわってくれたならよいものを、無断で出すとはあんまりだと、そういふてやった。何でもこの通り、自分勝手なふる舞。（昭21・8・10）

夕方、石油会社の社長来り（此ほどから色々買ってゐる人）。御棚《たな》と御琴があるならば、ゆづっていたゞき度《た》いといふてきた。どうもやむを得ぬ。おしいけれども出す事に決心した。

（昭21・8・11）

朝の内、蔵に入り、愛用の琴、千代の友とかつら下を、おしい／＼といひながらおろしてしらべ、なごりおしくも出す事にした。

琴は三千円*ほどではいかゞでせうといふから、心ある人がそれはわかるから、あまり安くつけたらやめるといふてやった。午後、トラックにつみこみ、もち出してゐるらしく、何だか淋《さび》しいこゝろもちがした。

たれ人の　手にわたるかは　しらねども　千代も栄えよ
音もかはらず

五十とせの　長くめでつる　つまことを　手ばなす今日の
心淋しき

（昭21・8・12）

三千円　昭和二一年の公務員の初任給は五四〇円、東京都内のラーメンが二〇円であった。

敗戦から一年たった八月一五日。

終戦一年を迎へ、今さらながら、去年のあの日の事が胸にうかび、何だか淋しい、くやしいこゝろもちだ。

伊豆山別邸での守正と伊都子　昭和21年11月25日、財産税納入のために売却した。お別れの記念撮影。

マッカーサー司令をはじめ、進駐軍《しんちゅうぐん》は、戦勝記念日とて閲兵式をしたり、色々みせつけられ、何だか、くやしくて〳〵ならない。（昭21・8・15）

成金

昭和二一年（一九四六）八月一五日以後も、財産の売却はつづく。税金対策のため、伊豆山の別邸までが処分された。

今日も道具の売立。トラックではこぶ。だん／＼蔵の中もがらんとなり、棚もすいてきたが、三十七万円ほど、個数にして三百余点となった。（昭21・8・17）

色々税の事、宮内省でも聞てくるけれども、ちっともしっかりした事がわからず。ほと／＼こまる。（昭21・9・4）

九月一七日、河口湖別邸の引きあげ。三味線入れが折れた。

出発の朝の悪い予感。何事もなければよいがと心の内で祈ってゐたが、はたして途中、自動車の故障。まづ二十分ほどですんだが、よかったけれども、吉田まで歩いて行かねばならなかったら、それだと大くるいで、汽車にもまに合はず、いつかへれるかわからぬ事になったかもしれぬ。とにかく警察の人々の気のきかぬ事。田舎の警察は署長はじめぼんやりしてゐると、つく／＼思った。

夕方、トラックがかへってきたが、皆無事だったのに、私の三味線入れが、ぽきり折れてゐるので、いやな心もちがした。ア――――。

私は時々善悪にかゝはらず、予感がある。(昭21・9・17)

この間、河口湖別邸の売却に、地元の地主たちが、「宮様のために奉仕する」ということで格安に売った土地なのだから「戦争成金」にはわたせないと反発。一九日付の『朝日新聞』には「道路は村に返せ」「『奉仕廿年』を踏みにじる」という記事が載った。そして皇族梨本宮を相手とする民事訴訟にまで話は発展した。その後、梨本宮家にたいする村民の態度はやわらいだが、別邸を買いとった新所有者が挨拶《あいさつ》をしないので、村民は別邸への通路を封鎖してしまった。

一一月二四日、伊豆山別邸に行く。

二年ほどこなかったら、松といはず、庭木はとても生長して茂り、とてもおちつきがみえ、よくなった。何としても、これを手ばなす事はおしまれる。いくら浮世の運命とはいへ、こんななさけない事はない。かたづけるのも、はり合ひがな

い。（昭21・11・24）

午前十一時ころ、この家を買った人、Yといふのが、夫婦・子供・赤んぼ・母親・妹等にて来り。御挨拶申上、記念品を頂《いただ》き、しばらく話してかへる。

主人は、まだ三十四歳の青二才。よくもそんなに金をこしらへたもの。染料の会社とかいふけれども、其父親は行商をして歩いた人とか。とにかく成金《なりきん》で、相当の財産を持っているらしい。あんないなかものゝババーや青二才に此家《このいえ》を勝手につかはれるのかと思ふと、くやしくて〳〵たまらない。（昭21・11・25）

守正の不機嫌

昭和二一年（一九四六）一一月二九日、財産整理のさなか、戦災孤児らのためのバザーの相談。この日の午後、参内。臣籍降下《しんせきこうか》を伝えられる。

天皇陛下出御《しゅつぎょ》。一同に対し、此の時局に関し申しにくき事なれども、私より申し上ますと仰《おお》せられ、生活其他に付、皇室典範を改正になり、色々の事情より直系の皇族をのぞき、他の十一宮*は、此際《このさい》、臣籍降下にしてもらい度《たく》、実に申しにくき事なれども、何とぞこの深き事情を御くみとり被下度《くだされた》いと、実に恐れ入りたる御言葉。

其他に次《つい》ても、身をつゝしみ、貴賓ある御生活をしていたゞき度い。出来るだけの御補助はいたすつもりである。なほ御たづねの件があるならば、御遠慮なく御申出被下《くださ》いと仰せられた。其時期は、来年一月末か二月頃《ごろ》がよかろうといふ御はなし。そして、それまでは他言なさらぬ様《よう》。

ほんとに、陛下の御心中、御さっし申上ると、胸もはりさける思ひ。もう〱(私どもは憲法発表、皇室典範の事など新聞ですでにみてゐるから、もうどうせ臣下にならねばならぬと覚悟はしてゐるが、実に何ともいへぬ心もちである)。

渡り茶をいたゞき、雑談して三時半ころ退出す。(昭21・11・29)

十一宮　東伏見宮・伏見宮・賀陽宮・久邇宮・梨本宮・朝香宮・東久邇宮・北白川宮・竹田宮・閑院宮・山階宮。

一二月二〇日、伊都子は「賢所御代拝」を命ぜられる。二五日の大正天皇二〇年式年祭に、皇后のかわりに玉串《たまぐし》を捧《ささ》げるのである。梨本宮家から宮中にはいった東貞子女官が世話をし、大典のときの袿袴《うちきばかま》をだしたり、宮中から髪上げがきたり、突然のことに大あわてであった。二五日、無事、代拝を終えた。翌二六日、参内。日記に、押さえていた不満がでた。

昨日の復命の為《ため》、参内。皇后陛下に拝謁《はいえつ》。復命言上。御苦労であったとの御言葉いたゞき、「象牙細工《ぞうげざいく》、大根にねづみの小さい〳〵置物と、御反物として金百五十円」とを賜《たまわ》り、退出す。失礼ながら、今の世に、百五十円の反物は何があるだろう。銘仙《めいせん》でさへ四百円もするものを。（昭21・12・26）

三一日、年末の所感。この年三月、英首相チャーチルの「鉄のカーテン」演説、アジアでは七月に中国で国共内戦。冷戦の時代にはいった。伊都子は六五歳であった。

大正天皇20年式年祭の伊都子　昭和21年12月、皇后良子の名代として玉串を捧げた。天皇・皇后の祭祀は、没後３年・５年・10年・20年・40年・50年、そして100年目ごとの年に、皇霊殿でおこなわれる。

ことしのごとく、色々の事に出合ひ、変化の多いとしは、すくない。心の内のなやみは、ことに大きく、これから又、一大転落せねばならず、急転直下、墜落の運命も、ま近くなってをるから、其先はいかになる事やら。老年になって、ずい分ひどい目に逢《あ》ふもの哉《かな》。しかし、まづ丈夫にすごせた事をよろこぶ。（昭21・12・31）

守正の機嫌も悪くなっている。昭和二二年（一九四七）一月一二日の記事。

この頃は、宮様も大分御年をめして、何かにつけて、昔よりーしほ気むづかしくおなりで、実にこまる。

人はすくなくなるし、手はかゝるし、私とても年をとってくるから、昔の様に何もかも、くる〳〵と出来ないのに、こうしとかないとか、あれをこゝへおかぬとか、中々大へん。御湯なども、そばについてゐないと、あぶなくてならない。何かにつけて、それは〳〵やかましい。

釈放後の守正　昭和21年９月。手にしているのは、河口湖別邸売却をめぐる訴訟の訴状か。

私はどうすればよいのか。風を引ても、おち〳〵ねてもゐられない。ひどくなっても、しかたがない。アーーもう死んでもしょうがないと、

一人寝てゐると、なさけないので涙が出てしょうがない。老年になって、手足はもぎれ、家はやかれ、其上、身分まで落下しなくてはならぬ。まるで谷そこにつきおとされる様。これでも生てゐられるかしらん。（昭22・1・12）

一六日にも、守正は機嫌を悪くしている。

又、今日も夜になると御機嫌がむつかしく、いつも御食事

後、すわったまゝで、じっと火鉢《ひばち》にあたっておいでになるが、時々、棚にのってゐる時計をみては、ぢっと何にもせずに、又時計をみるから、よく時計をみるお方ね、何だか時間がまち遠い様だといふたら、うるさい！　何をしようと勝手にさせておけ、わきでこせ〳〵いはれると、うるさくてしょうがない。どうせもう先がみぢかいので、自分の思ふ様にさせろと、とても何か気にさわったか、只々、時々、時計を御らんになるのねといふたゞけに、そんなおこらなくても、よさそうなもの。

どうして、そう角々《かどかど》しくおっしゃるの。何にもいふ事も出来ない。そんなにうるさければ、私がゐない方がよいでせう。

カーッとなってしまった。

年をとってから色々の目に逢《あ》ふから、御気もくしゃ〳〵するのであろうが、私にばかりあたりちらかさなくても、私の方が、まだ〳〵くやしい事や、何やかや山の様にあるのを、ぢっとこらへてくらしてゐるのに、其上《そのうえ》、毎日〳〵やかましくいはれては、とてもやりきれない。早く死に度《た》い。此世の中に、何にも、もう楽しみもない。だん〳〵みぢめな生活になり、世の中の何といふ事なしに気にくわぬ事ばかりで、つまらぬ世の中。アーーいやだ〳〵。（昭22・1・16）

二・一スト

昭和二二年（一九四七）一月一日、吉田茂《よしだしげる》首相は、労働運動指導者たちを「不逞《ふてい》の輩《やから》」として非難した。この吉田発言は、全官公労働組合協議会などを刺激し、政治闘争に発展、二月一日を期して四〇〇万人の労働者によるゼネラルストライキの決行を宣言。しかし一月三一日、マッカーサーは、この二・一ストの中止を命じた。伊都子の日記には、こうある。

あと一日にひかへ、政府と労働組合とのさわぎ、ゼネストに一日から入るといふ。政府は中々申入をきかず、こゝの所、毎日〳〵さわぎであったが、とう〳〵午後二時過、マッカーサー司令部からメッセージが発せられ、この今の日本のこまってゐる時にゼネストなどやると、国民はます／＼こまる。食にもありつけず、まづ／＼おだやかにしてくれる様といふいみを発したので、たぶんやめるのだろう。そうでなくては、国民がえらい目に逢ふのである。全般的にストライキをおこすと、電気も汽車もすべての交通もとまり、運搬もなく、郵便も出せず、それは／＼大さわぎになるところであった。

ワーイ、ザマーミロといひ度《た》い。自分たちの月給やもらひものを多くしてくれといふて、たとへ多くしてもらっても、物価が高ければ何もならず、同じ事。やはり税にとり上げなければ、政府だってそう入費《いりひ》を出すわけもゆかず、色々苦しい立場になってゐるであろう。まづさわぎがなくて、よかった。（昭22・1・31）

この年、伊都子は財産税を納めた。三月一五日、財産税を納める日。「一トまづ、これでかたがついた」とある。

『三代の天皇と私』によれば、「梨本宮家の財産は三、六八六万円と見なされ、財産税が、二、五六五万円」とある。この財産税を払うために、二つの別邸・美術品・道具類を売ったのである。

新憲法発布

昭和二一年（一九四六）一一月三日、日本国憲法公布。明治節（明治天皇の誕生日）であったことが伊都子の気分を盛りあげた。

明治節の佳《よ》き日に、此度《このたび》、憲法改正公布せられる。貴族院にて式がある。行幸。午後二時、都の祝賀会が二重橋前であるのにも、両陛下出御あらせらる。午前十一時五十分、明治節の御祝詞申上、引つゞき御祝酒いたゞき、赤飯・煮〆《にしめ》・御汁。十二時四十分ころかへり、一寸《ちょっと》御いもをたべる。（昭21・11・3）

翌二二年五月施行。

来る五月三日午後、豊島区のどこかで憲法祝賀式を行ふのに、是非《ぜひ》、宮様に一寸でも御出ましをいたゞき度《た》いと願ひにきた。(昭22・4・27)

三日、憲法発布式典は、二重橋前で行はれ、陛下御出ましになる。それから憲法普及会から、帝劇で祝賀会を行ふから御成《おなり》を願ふ旨《むね》、いふてきた(伊都子だけ行く事にした)。(昭22・5・1)

三日、新憲法施行記念祝典。

雨。午前十時半、二重橋前式場にて記念祝典。天皇陛下出御あらせられる。ラヂオにて、もやうを聞く。宮様も御出ましのはづだったけれども、あまり雨がひどいので御やめになった。又、午後、豊島区の奉祝会にも御成りを願ってきてゐたが、雨がつよいから、今日は取やめ、後日、改めて申上るといふてきた。

午後三時より、帝劇にて、芦田憲法普及会長主催、祝賀会を開くに付《つき》、いつ子だけ行く。まづ、芦田均《ひとし》*氏の挨拶。祝典交響曲（東宝楽団　橋本国彦指揮）。次、独唱と合唱・管弦楽（偉いなる朝　作詞　風巻景次　作曲　長谷川良夫）、三百名合唱。

次、ヴァイオリン、諏訪根自子《すわねじこ》*独奏、伴奏、井口愛子。次、歌舞伎舞踊、京鹿子娘道成寺《きょうかのこむすめどうじょうじ》、尾上菊五郎外《ほか》、大勢。すばらしいものにて、時間が少しおくれたけれども、実に立派。五時四十分閉会にて、家にかへる。久しぶりに、うっとりとなった。夕方、雨はやむ。（昭22・5・3）

新憲法施行により李王公家は廃止となった。

植木いぢりをはじめてゐたら、李鍵《イコン》*公御二方、御出《おいで》になり、昨三日を以《もっ》て、王公家廃止となり、本日より一平民となりま

芦田均　五月一八日、日本民主党総裁となる。翌二三年三月、社会党・国民協同党との連立で組閣。

諏訪根自子　バイオリニスト。一三歳でデビュー、天才少女といわれた。

李鍵公御二方　朝鮮公族李鍵とその妻誠子。

した。以後、相かはらずよろしくと、御挨拶に御出になった。そして、桃山虔一《けんいち》・同佳子《よしこ》と御改名になり、御子様も、忠久・欣也・明子《はるこ》にいたしましたとの事。(昭22・5・4)

桃山虔一の妻佳子は松平胖《ゆたか》の長女で、伊都子の母方の広橋家の養女となって李家に嫁いでいた。戦後の彼女は、かつての使用人たちがはじめた渋谷の闇市《やみいち》の汁粉屋《しるこや》を手伝い、農場・菓子屋・社交クラブ・小料理屋を経験するなど、辛酸《しんさん》をなめた。その間、虔一とも離婚し、松平佳子となった。松平誠子《よしこ》・広橋誠子・李誠子・桃山佳子・松平佳子と、時代の変転のなかで、五度も名を変えた女性であった。

六月二九日には、李王家本邸売却の動きがあった。本田節子『朝鮮王朝最後の皇太子妃』によれば、年間一二〇万円の皇族費は廃止されたが、李王家には、宮殿や墳墓をはじめ美術品をふくむ莫大《ばくだい》な朝鮮の財産と、東京の本邸、四つの別邸、牧場などがあり、財産評価額は九六〇万円、税額は七五〇万円といわれたという。

李王家本邸は、しばらくのあいだ売却のごたごたをつづけ、けっきょく、昭和二九年、西武グループ会長で衆議院議長でもあった堤康次郎《つつみやすじろう》の手に渡り、赤坂プリンスホテルになる。

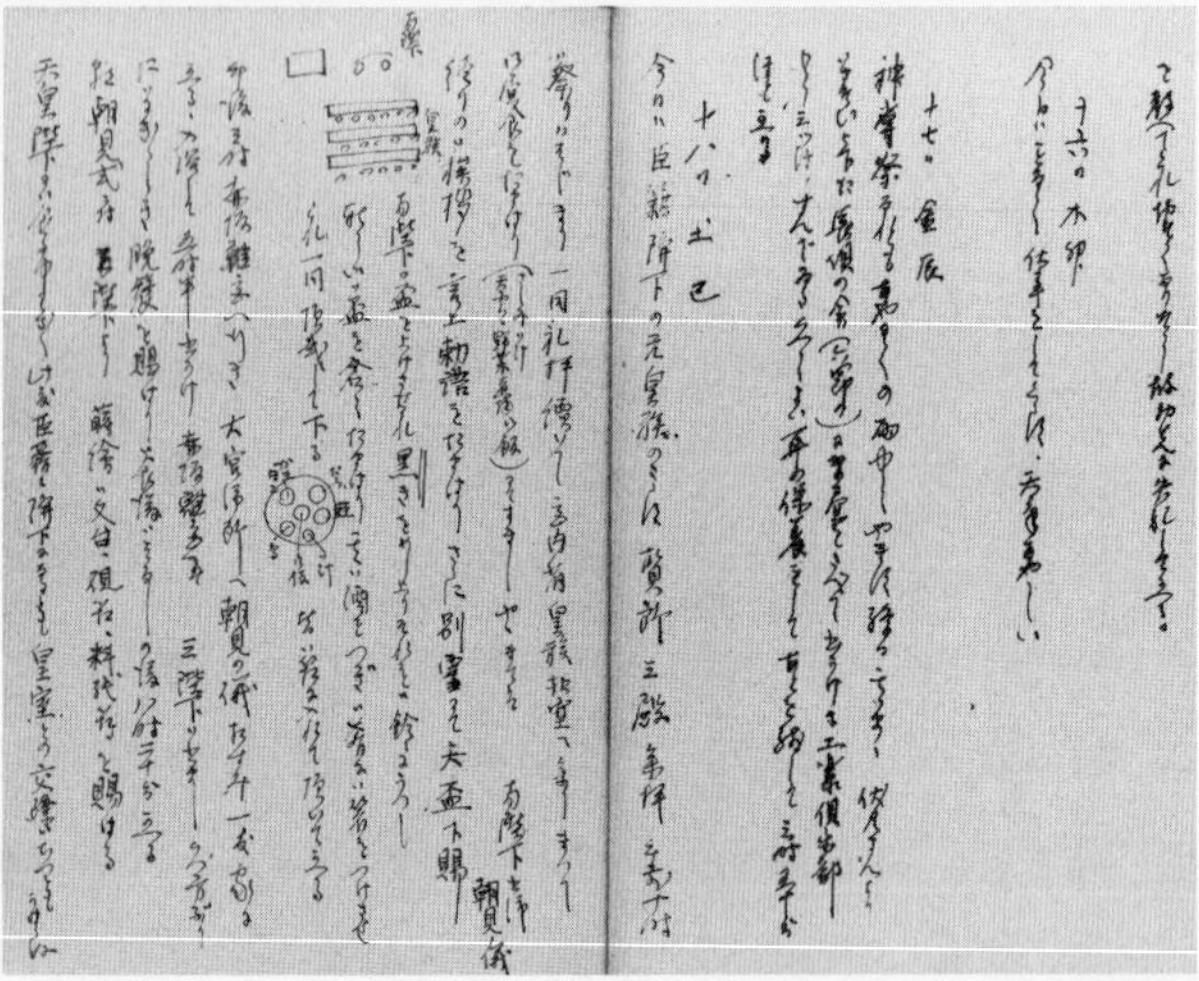

臣籍降下の日の日記　昭和22年10月18日。11宮家51名の降下があり、この日、最後の賢所三殿参拝をした。降下に不満をもつ宮家もあったが、守正と伊都子は時代の流れとうけとめた。

臣籍降下

伊都子にとって、昭和二二年（一九四七）は、巨額の財産税を納めたのみならず、皇族としての身分まで失った年であった。

一〇月一四日、臣籍降下。

　昨十三日午後、皇室会議開かれ、いよ〳〵本日より十一宮家は一平民となる事になったに付、区役所へ戸籍を届出、其他、手続きをする。むろん、配給、其他も一般市民と同じになった。前には一時賜金も、それ〴〵出る事になり、国会にて通過したけれども、司令部の方から、元軍人であった御方には与へてはいかぬといふ事になったので、御子様、女等だけの分がわたされる事になって、あとは何とかして、極々秘密にしてわたされるとかいふ事になった。

いよ〳〵小さく、くらさねばならぬ。（昭22・10・14）

一八日、皇族としての最後の挨拶のために賢所《かしこどころ》三殿に参拝する。

今日は、臣籍降下の元皇族、のこらず、賢所三殿*参拝。

午前十時、御祭り、御はじまり。一同礼拝。続いて、宮内省*皇族控室へ参り、まって御昼食をたまはり（さしみ・御汁・天ぷら・野菜・煮物・御飯）にてすまし、やゝまてば、両陛下出御。朝見《ちょうけん》の儀、終りの御挨拶を言上。勅語《ちょくご》をたまはり、さらに別室にて天盃《てんぱい》下賜。

賢所三殿　賢所・皇霊殿・神殿の宮中三殿をいう。賢所は神鏡を安置し、皇霊殿は歴代の天皇や皇后の霊を合祀、神殿は八百万の神を祀る。

宮内省　当時は宮内府となっていた。

両陛下御盃を上げさせられ、*黒きをめし上り、それを御*鈴々にうつし、新しい御盃を銘々たまはり、其御酒をつぎ、御肴《さかな》に御箸《はし》をつけさせくれ、一同、頂戴《ちょうだい》して下る。皆、御箱に入れて、頂いてかへる。

午後三時、赤坂離宮へ行き、大宮御所へ朝見の儀、相すみ、一度家にかへる。

入浴し、五時半出かけ、赤坂離宮は*三陛下御出まし。久方ぶりに、御にぎ〳〵しき晩餐《ばんさん》を賜はり、御食後、御はなしの後、八時三十分かへる。（昭22・10・18）

朝、朝見式に付、三陛下より蒔絵《まきえ》・御文台・硯箱《すずりばこ》・料紙箱を賜はる。

天皇陛下には、食事中、わざ〳〵此度、臣籍に降下になるとも、皇室との交際は、ちっともかはらぬ。どうか今後も、時々、御したしく参られて、御歓談のほど、又、御家御発展の事をいのる、といふいみの御言葉を賜はり、シャンパンの盃を上げさせらる。

黒き　黒酒。臭木（くさぎ）の焼灰をいれて黒く色づけた酒。大嘗祭に供した。

鈴々　錫（すず）の意。宮中では錫の徳利を用いた。

三陛下　天皇・皇后・皇太后。

これに対し、年長者といふかどにて、当宮は立って、僭越《せんえつ》ではございますが、一同にかはり、御礼を言上いたします。この度、皇族の身を離れますに付、御儀式も相すみ、今夕は三陛下、とくに私共《ども》の為《ため》に御盛宴を御催しに相成《あいなり》、陛下より親しく御挨拶を頂き、厚い思召《おぼしめし》を拝承し、まことに恐入りました。今後も自重してをるつもりでございます。一言、謹《つつし》んで御礼を言上いたし、三陛下御隆昌を祈り上げますといふいみを御申上になり、盃を上げ、一同立つ。(昭22・10・19)

この翌日、盗難にあった。『読売新聞』には、「ぬかった梨本氏　お蔵の衣類をごっそり」とでた。

宮様の背広・冬物のこらず、トランクの中の御下着・ラクダ毛シャツ、のこらず、冬の御くつ下、大かた。パジャマも冬もの大かた。帽子・和服も宮様の分。袷《あわせ》・綿入れ・御羽織・単衣《ひとえ》、のこらずもって行き、伊都子のも、和服・小紋二、

平民として　昭和22年11月。このころ盗難にあうなど、伊都子の苦しい日々はつづいた。66歳であった。

三枚をとられたもやう。（昭22・10・20）

二二日、新聞で盗難を知った秩父宮や李方子《まさこ》は、「ラクダ毛シャツ」などをとどけた。また二四日には、天皇より「思召《おぼしめし》にて御服地一・ラクダ毛シャツ二着・白薄地御シャツ二着・御くつ下六」をいただいた。

午後は赤坂離宮にて、大宮様・皇后様・各親王・内親王様がた、御出ましにて、此度《このたび》、臣籍に降った一同、子供まで御召しいたゞき、半日をくつろぎてすごす。こちらも、宮様は服がないので、御ことわりに相成り、いつ子だけ参る。（昭

22・10・26)

この年、モンペが減りスカートが流行。ネッカチーフをかぶったパンパンスタイルがふえた。また性病が蔓延《まんえん》して推定患者四〇万人といわれた。浮浪者も多く、都内の年間収容者が一万人をこえた。

国際的には、米国は共産主義運動に対抗するため、トルコ・ギリシアへの援助を要請したトルーマン＝ドクトリンや、ヨーロッパ復興計画のマーシャル＝プランなどを打ちだし、ソ連「封じ込め政策」をすすめた。いっぽうソ連は、東欧諸国や英仏の共産党代表をポーランドに招いて会議を開き、その指導力をつよめた。米ソ二大陣営の東西対立は深まった。

今年もとう〳〵終る日となった。実にめまぐるしく、ことに臣籍降下など、いまゝでにない大変化。生活も、いよ〳〵小さく切りつめなければならぬ事。どこまでくるしむ事やら、はてしもなし。しかし、病気もなく、こゝまで、どうかこうかこぎつけてきたのは、何よりであった。

まづ、お餅《もち》もつけたし、又あれこれから到来もあって、どうにか型ばかりの御正月をむかへる事も出来そうである。来年からは、又がんばって、このなやましき年を、こして行かねばならぬ。ものは高くなるばかり故《ゆえ》、ます／＼生活は困難になるのみ。あるものでゆかねばならぬが、少しは栄養もとらねばならぬ故、中々くるしい。

思へば／＼くやしきは敗戦国である。しかし勝っても、中々のんびり出来ぬらしく、他の国々をみてもわかる様に、くるしいらしい。まア、いたし方なく、其日《そのひ》／＼を切りぬけてゆくのみ。ア――、この様ないやな年は、少しも惜しくない。（昭22・12・31）

梨本家の生活は最悪の状況であった。しかし、伊都子の楽観性は失われていない。

「象徴」の時代

タケノコ生活

受難

伊都子《いつこ》が臣籍降下《しんせきこうか》をした翌昭和二三年（一九四八）は、ソ連のベルリン封鎖など東西の緊張の高まりのなかで、日本の民主化政策が転換した年であった。すでに一月には、ロイヤル陸軍長官が「日本を反共の防壁にする」とのべ、七月には政令二〇一号が公布されて公務員のスト権などが否認された。

こうした米国の反共政策のなかで、日本の旧支配層も復権のきざしをみせる。しかし、伊都子の周辺では、まだしばらくは受難がつづいた。

一月九日、土地の問題でもめた。「都の方から人がきて、土地の問題で、又々ごた〳〵し、道路にもとられるし、又、町の人々の為《ため》に、かへ地をくれといふ」とある。さらには、盗難にあったり詐欺《さぎ》にあったりした。衛生上の不安もあった。

新旧の防空壕《ぼうくうごう》へ盗人《ぬすびと》入り、大分あらしたらしいとの事。（昭23・2・13）

配給の大豆粉は、あれこれで中毒をおこし、問題となってゐる。（昭23・2・20）

七月八日、高木正得《まさなり》旧子爵が行方不明となり、警察が事故とみて捜査。すでに前年五月の日本国憲法施行により華族制度は廃止され、当時八八九家あった華族家は、その爵位や財産上の特権を失っており、華族の没落が話題となっていた。

新聞やラヂオで、旧子爵高木正得氏（三笠宮妃百合子様の御父）が、去る九日夜より家にかへらず、あれこれたづねさがせども、行えわからず。自殺したのではあるまいかとのうはさ。五日目に、出てゐられる学校の机の引出しの奥より、遺書が出てきたので、いよ〳〵自殺したものとさっしてゐるが、どこへ行ったものか。又、山の奥にでも入りこんだものか、わからぬとの事。

つまり此急変に、華族を下り、財産税は百五十万円から出し、清和《せいわ》源氏の流れをくむ貴き家がらをつぶしてはといふ、かたい考へかららしく、思ひつめたものらしく、御気の毒な事である。(昭23・7・14)

敗戦後、「パンパン」とよばれる米兵相手の私娼《ししょう》がふえた。真夏の一夜、梨本家の敷地内が慰安の場所にされることもあった。

夕方、アベックでパン〳〵が入ってきた。(昭23・7・29)

一一月三日付の新聞は、高木元子爵の遺体発見を伝えた。首のまわりにヒモらしいものがついており、頭部は約四か月の風雨にさらされて白骨化していたという。

旧高木子爵の死体、奥多摩の山中に発見。白骨となってゐたが、胸のポケットに回数券其他に名があったので、それと

わかったらしい。（昭23・11・4）

一一月一二日、東京裁判の判決。東条英機《ひでき》ら七名が絞首刑となった。一二月二三日午前零時一分から刑の執行。皇太子の誕生日であった。特別な感想はないが、昼を食べなかったとある。翌二四日、岸信介《のぶすけ》らA級戦犯容疑者一九名が釈放され、A級戦犯裁判は、あいまいさを残したまま終結する。岸はのちに首相となり、冷戦体制のもと、親米的で超国家主義的な保守のタカ派路線を推進した。

午後一時過、ラヂオ放送。婦人の時間を聞てゐたら、臨時ニュースの音楽となったから、耳をかたむけ聞く。いよ〳〵戦犯被告に判決の下るもやうを中継してゐた。東条はじめ二十五名の罪状を読み上げ、中々つきない。午後三時半ころ十五分の休み。いよ〳〵判決言渡しとなり、一人〳〵呼び出して言ひわたさる。（昭23・11・12）

皇太子殿下御誕辰に付、午前十時出かけ、両人、宮内府庁舎にて、御詞言上。御祝酒たまはりてかへる。昼は、もうやめてたべず。

本日、東条以下七名の戦犯者A級の刑を行なはれた。〇時一分より三十五分の間と、朝、発表された。午後、しぐれて、だん〳〵寒くなる。(昭23・12・23)

戦犯のA級で、あとのこって巣鴨《すがも》にゐた十九名の人々も、本日ゆるされて、それ〴〵帰宅されたよし。いやに寒く、まだ〳〵つゞくらしい。(昭23・12・24)

冷たい戦争

昭和二三年(一九四八)六月、昭和電工が肥料工場拡充のためにおこした贈賄《ぞうわい》事件が発覚、芦田均《ひとし》内閣の倒壊にまで発展した。この昭電疑獄事件は、民主化をすすめてきた総司令部の民政局(GS)の主要メンバーを追放し、民主党の芦田均にかえて民主自由党の吉田茂を首班にするための、参謀第二部(G2)の策謀ともいわれる。

昭電の疑獄事件は、あれこれに広がり、西尾末広《すえひろ》*氏も収容。来栖《くるす》*氏もすでに収容されてゐる。国務大臣たるものが、この

西尾末広　日本社会党書記長。芦田内閣副総理。のち民主社会党初代委員長。

様《ざま》、贈賄事件のため収容されるとは、何とくさりはてし政府ではあるまいか。まだ〳〵大臣たちにもひろがるとの事。さて〳〵いやな事。とう〳〵芦田内閣も、いよ〳〵七日に総辞職するとの事。(昭23・10・6)

来栖　来栖赳夫。経済安定本部長官。

昭和二四年(一九四九)になると、北大西洋条約機構(NATO)や中華人民共和国が成立するなど、東西の対立が明確になっていった。国内でも、人員整理問題などで国鉄労組とGHQ当局とが衝突。年末から翌年にかけては、対日講和条約締結をめぐり、社会主義国の中国・ソ連もふくむ全面講和か、中国・ソ連をのぞく単独講和かの論争が活発になった。

六月九日、国電スト。翌一〇日、労組員管理の人民電車が運転された。

又々、電車などのストが始まり、国民のこまる事、甚《はなは》だしい。どうした事やら。(昭24・6・9)

六月二七日、一時中止されていたシベリア引揚げ再開。高砂丸《たかさご》が舞鶴《まいづる》に入港するや、インターナショナルを合唱して下船。七月二日、二四〇名が共産党に集団入党。治安当局は、「赤い引揚げ」と警戒していた。伊都子も驚きをかくさない。

此二、三日前から、まちにまったソ連からの引上《ひきあげ》がはじまったので、敦賀《つるが》へつくのと、函館《はこだて》へつくのとなれども、敦賀からのが大阪・京都・東京・東北へ行く汽車も出て、二日、東京着のもあったが、せっかく肉親の出迎へもそっちのけに、赤旗の出迎への方へ行き、親兄弟をなかせた人々が多く、ほんとにこまったもの。今後はよほど考へなくては大へん。肉親の人々のなげきは、又一《ひと》しほであろう。（昭24・7・3）

七月五日、下山《しもやま》事件。国鉄総裁下山定則《さだのり》が死因不明の轢《れき》死体となって発見された。こののち、一五日に列車が暴走した三鷹《みたか》事件、八月一七日列車転覆《てんぷく》の松川《まつかわ》事件と事故がつづき、これらは共産党の謀議によるものとされ、国鉄労組の人員整理反対闘争は打撃をうけた。

下山国鉄総裁が、朝出たきりかへらず、さがしたら、昨夜、常磐線《じょうばん》にて死体となってあらはれた事件。これで色々大きくなり、あれこれにもひゞいてゐるらしく、どうも自殺でなく他殺らしいうたがひ多く、しらべ中との事。(昭24・7・6)

このころ、税のことで、守正は機嫌《きげん》が悪い。三月のドッジ=ライン実施によりインフレは収まったが、国民の納税負担は重くなり、デフレとなった。

又々、この頃、税の問題で、だん〳〵高くなるので、六万円ほど出さねばならぬとて、御機げんが悪いが、何ともしようがない。それで入費《にゅうひ》は、物価が高いから入る*事はあたりまへの事。それで、ごた〳〵する。

私もほと〳〵こまり、自分の品物を時々売って、それで又、古着など買って、どうにかしてゐる。生きてゐるうちは衣服もはぜる*し、染めなほしもしなくてはならず、仕立直しもしなくてはならず、もう〳〵着度《きたく》ても、此夏《このなつ》は古い〳〵ゆかた

入る　要る。必要の意。

はぜる　色あせる、の意。

の様な着物で、暑い間しんぼうしてくらしたが、これからもいつまで生きてゐるかわからぬから、少しばかりためてゐる自分の御金で、どうにかして行かねばならぬ。もうどうせ死んだら、又、よいかげんにされてしまふから、覚悟をきめ、自分のもってゐるものは皆つかひはたすつもりにしてゐる。

何のために生きてゐるのか、アーつまらぬ〳〵。

(昭24・9・29)

金婚式の翌日　昭和25年11月29日、渋谷の自宅前にて。この一か月ほどのちの昭和26年1月1日、守正が急逝する。

朝鮮戦争

昭和二五年（一九五〇）、金婚式をむかえる伊都子は、戦後の変化になじめないでいる。

成人の日[*]とい

成人の日　初の成人の日は、昭和二四年。

ふが、どうもピンとこない。朝。小豆《あずき》がゆをたべる。（昭25・1・15）

昔ならば、紀元節にて御祝典もあったが、なくなった。今日は、何だか淋《さび》しい。（昭25・2・11）

今日はおしゃか様の誕生日。花まつり。この日に、あひるの卵をたべると、中気の御まじないだといふので、おとなり*から卵二個もらふ。（昭25・4・8）

*おとなり　広橋家。二女規子の一家。

六月二五日、朝鮮戦争勃発。日本国内は臨戦体制となり、警察予備隊の設置、軍事基地の強化など、米軍の前進基地と化した。公職から共産党員が追放されるいっぽうで、かつての軍国主義者たちの追放が解除された。経済的には、特需《とくじゅ》景気による復興がすすんだ。

朝鮮の38度線から、北朝鮮の軍隊が攻撃してきたよしにて、米国より飛行機が行くやら、色々送ったとの事。どうなる事やら。いづれソ連のあとおしだろう。（昭25・6・25）

北朝鮮軍は、ます／＼南下して京城《けいじょう》へも入城したよし。それで今朝、マッカーサー元帥は飛行機にて、南朝鮮大田付近に行き、前線を指《し》きし、又、李大統領*とも会見して、夜かへつたよし。（昭25・6・29）英・墺*・蘭等の艦隊、米の指き下に働く旨、申出

朝鮮の方も、米地上部隊も出動して、又、艦隊がすつかりまはりを封鎖してしまつたらしく、どうにか早くおさまればよいが、大きくなつたら、又、世界中のさわぎとなるだろう。（昭25・7・1）

朝鮮の方も米国が行くやら色々にて、さわぎ。（昭25・7・2）

李大統領　李承晩。アメリカ亡命から帰国して大韓民国大統領となった。
墺　オーストリア。豪（オーストラリア）の誤りであろう。

講和の年

昭和二六年（一九五一）は、新年早々、思いがけない事態がおきた。夜中に守正《もりまさ》の体調が急変し、早朝、息をひきとったのである。七八歳であった。

午前一時ころ、宮様は御目をさまし、いつもの耳の下のと

ころがつれると仰《おお》せられた故《ゆえ》、さすり、又もんでゐたら大分よくなったといはれたが、少したつと呼吸があらくゼー〳〵音をたてゝなさり、せつないからとおっしゃる故、胸をさすり、たんはきを差上る。

時々タンを御出しになるけれども、中々後から〳〵こみ上げてくるらしく、ゼー〳〵つゞけて御いでになった。右下にするといくらか楽らしく、あふむけになると、とてもせつないらしい。

やがて、喜多*をおこしてきてもらひ、指圧法をしてもらったけれども、どうもこの呼吸は一寸《ちょっと》の御事ではむづかしいから、医者の御迎ひを出した方がよいと思ひますといふから、それでは早そく車を出してくれといふて、川音*をおこして自動車を日赤へ遣《つかわ》す（杉本先生を御よびする）。

其間でもゼー〳〵〳〵つゞけて御いでになり、あちらむきこちらむきしてゐたが、六時四十五分ころ呼吸がしづかになった故、御脈をみると、先刻までドキ〳〵してゐたのがとて

喜多　梨本家の使用人。

川音　梨本家の使用人

伊都子（左）と信子　昭和26年1月、守正の葬儀のとき。ともに皇后良子の信任あつく、常磐会の長老として重きをなした。

もかすかになってゐるからおどろき、*喜代をよび御脈をとらせたが、どうしてもふれぬ位《くらい》だとびっくりしてゐた。

其内《そのうち》に先生もみえたので、大いそぎみてもらひたるに、もうすっかり心臓は止まり、丁度《ちょうど》六時五十分、しづかになった時が御臨終であったのだ。

喜代　波多野喜代。梨本家侍女。

アーーー何といふ安らけき事であろう。スヤ〳〵と御やすみになってゐるごとく、だん〳〵と呼吸しづかになり、御脈もだん〳〵きえてしまった。これは、心臓が衰弱してしまったので、何とも手のほどこし様もないといふ事であった。（昭26・1・1）

二日、宮内庁の発表。六日、永訣《えいけつ》の儀。一〇日、文京区大塚の豊島ヶ岡で墓前祭。皇族最初の火葬といわれる。

四月一六日、マッカーサーが帰国。朝鮮戦争で強硬策を主張し、トルーマン大統領と対立したのである。

　マッカーサー元帥は、五年八ヶ月日本に滞在。色々好意を以てつくしてくれたが、此度《このたび》、職を免ぜられたに付、今朝六時半、大使館を出発、七時、羽田にて別れの式があり。いよ〳〵米本国へ帰る事になつた。ラヂオで放送があつたが、礼砲十九発を打ち、各軍隊はならんで見送り、日本国民も多数見送り、とても〳〵さかんなわかれをして出発した。あとはリッヂウエーが総司令官となつた。（昭26・4・16）

九月五日、サンフランシスコ講和会議開催。九日、講和調印式。日米安全保障条約も調印され、日本は米軍の駐留を認め、再軍備を推進することとなった。伊都子も親米的になっている。

　正午から、米国中継のサンフランシスコから講和会議、四日午後七時十四分（日本時間五日午後〇時十四分）、オペラハウスで開かれ、全世界から集まった五十二ヶ国全権団が集まって、おごそかに始まって、トルーマン大統領出席、約二十分間にわたって、対日講和の重要さを強調。七時五十五分終り、あとはパレスホテルのレセプションに皆赴《おもむ》いた。はっきりとよくきこえて、全くすゝんだ此世の中の有難《ありがた》さをかんじた。

　そして、敗戦に関する事はなく、世界に平和のため、この講和を約束したトルーマンの言葉は、何ともいへぬ有難い事だと感じてゐた。（昭26・9・5）

　サンフランシスコの調印式場にて、本日（日本時間九日午前二時）、八日午後、無事調印せられ、一番終りに日本全権、*吉田・*徳川・*一万田《いちまだ》等の調印終りたる旨、直接ラヂオで聞く

吉田　吉田茂。首相。講和全権首席。徳川、一万田は全権委員。

事が出来た。

一日中、この調印の事でもちきり。これからが中々くるしくなる。只々よろこんでばかりゐられない。しっかり覚悟をして、立派な独立した日本をきづき上《あげ》なくてはならぬと思ふ。国民も、ふら〳〵してはをられぬ。（昭26・9・9）

一〇月二二日、菊栄親睦会。かつての皇族親睦会。しかし生活は元にはもどらず、自家用車もなくタクシーを利用する状態であった。

タクシーをよんできて、いそぎ三十五分ごろ出かけて、三番町の宮内庁分室に行く。皆様御揃《おそろい》にて、はじめアマチュアクラブの手品・腹話術があり、おもしろく、それから食事にか丶り、北京料理の前菜にて、他はヂンギスカン焼とにぎり寿司といふので、思ひ〳〵思ふだけたべられ、久しぶり満腹して、九時過かへる。かへりは李王様自動車にて送っていたゞく。タクシー二百五十円。（昭26・10・22）

徳川　徳川宗敬（むねよし）。水戸徳川家の出身で一橋家を継ぐ。参議院緑風会。

一万田　一万田尚登（ひさと）。日本銀行総裁。のち蔵相。

日米安保

逆コース

昭和二六年（一九五一）は、朝鮮戦争の勃発、サンフランシスコ講和条約の成立などによって、国内では戦前への回帰傾向がつよまり、「逆コース」とよばれた。日本髪・日の丸・君が代・軍艦マーチなどが復活、復古的色調がつよまった。

伊都子の生活も、活気をとりもどす。翌昭和二七年（一九五二）一月、講和後はじめての正月。守正の一周忌でもある。

今年は伊勢神宮・明治神宮、其他神社の参拝者は、何十万といふはなし、ラヂオで聞。実に力づよい。それだけ、いくらか人民の心もちも、昔にかへり、やはり日本の神様に御祈りするといふ心がかへってきて、何ともうれしい事。（昭27・1・1）

興業倶楽部へ行く。とても〳〵立派なもので、終戦後、あ

まりこの様な席には出なかったが、久々にぎ〳〵しき席につくなり。(昭27・1・18)

三月一九日、守正の追放解除。

夕刊にみれば、宮様には追放解除となったと出てゐた。ほんとにうれしい事。これで清々した。(昭27・3・19)

今日は昭憲《しょうけん》皇太后様御命日にて、奉賛会《ほうさんかい》にて催しものあり。明治神宮へ行く。社前で御式あり。参拝し、呉竹の舞の奉仕。(昭27・4・11)

五月一日、血のメーデー事件。二重橋前で六千人にふくれあがったデモ隊が、五千人の警官隊と正面衝突。警官隊は催涙《さいるい》ガスを使用し、ピストルで応射。デモ隊側は、米軍自動車などを焼いた。この騒ぎでデモ隊二名が射殺された。

メーデーの後、二重橋前でさわぎあり。やはり共産党のし

わざらしい。(昭27・5・1)

二日、全国戦没者慰霊祭。日記上欄に、「平和克服に付、全国戦没者慰霊祭を新宿《しんじゅく》御苑《ぎょえん》で催され、両陛下も御のぞみ遊ばさる」とある。

とにかく、此平和になったはじめに、此戦死者の慰霊祭を催されたのは、ほんとに〳〵どんなにか皆がよろこんだ事だろう。今まで、たえに〳〵*てゐた事も、これでうかばれると思ってよろこんだ。これで、国民もよくわかっただろう。(昭27・5・2)

五月ばれ。今日は憲法記念と平和祝典を二重橋前にて行なはれ、両陛下御出ましになる実況放送をきいてゐた。アーー陛下の御言葉を伺《うかが》って、何だか胸が一ぱいになった。(昭27・5・3)

今日は皇太子殿下成年式と立太子式《りったいしき》、宮中にて行なはせらる。朝は行列にて御参内。市中とてもにぎ〳〵し。(昭27・11・10)

たえに〳〵て　民主化・非軍事化政策のなかでがまんしていたことをさす。

本日は立太子礼御祝宴、旧皇族菊栄親睦会員、其他、御召しいたゞき御食事をたまはる。昔の様な献立をいたゞく。（昭27・11・11）

「逆コース」がすすむ時代状況のなかで、電産（日本電気産業労働組合）は賃上げを要求して、九月二四日からストに突入。一二月一八日まで約三か月間つづいた。伊都子は長びくストにいらだち反発している。

電産スト、一ヶ月余になり、色々の方面にさわりが出来、炭坑ストと合せて、ガスもとまる有様。こまったこと。（昭27・11・25）

一日中くもって寒く、レンタンを入れて、やっとしのげた。せっかくガスストーブをそなへたら、ガスがとまって役にたゝず、もとのレンタンとこたつになってしまった。

いつまでこんなスト〳〵でどうするつもりだろう。国民が迷わくしてゐるものを何とかしないでは、工場は能率が

上らず、町では飲食店などガスがなくて大よわり。又コンロを用ゆるさわぎ。アーーーー。(昭27・12・10)

いつまでも〳〵ストがつゞいて、ほんとに〳〵国民のめいわく一方《ひとかた》ならず。ガスはとまる、石炭はなくなる、どうするのだろう。自分たちの云《い》ひ分を通そうとして、人のこまる事など、ちっとも考へぬ。聞けば、やはり裏から赤が、かきまはしてゐるといふ事。(昭27・12・15)

恩給

昭和二八年(一九五三)から昭和三一年までの時期は、朝鮮戦争の休戦、第五福《ふく》竜《りゅう》丸の被災と原水禁運動、保守合同による自民党の誕生、日本の国連加盟など、内政上も国際上も、あらたな事態がおきた。

朝、六時半からラヂオを聞いたら、伊勢・明治神宮、其他の実況放送を耳にして、実に何ともいひしれぬうれしさ。何万といふ参拝の音をきゝ、つひ〳〵涙がこみ上る様。やはり

何といふても日本は神の国といふ事を、つく〴〵かんじる。（昭28・1・1）

一〇月二九日、椿山荘《ちんざんそう》で鐘供養《かねくよう》。

戦争中海軍でつかった立派な壕《ごう》の上に堂をたて、たゝかい去って平和の鐘となる。（昭28・10・29）

二重橋のほとりで、参賀の民草《たみくさ》あまり多すぎたので、たほれ、死傷者を出した。（昭29・1・2）

昭和二九年（一九五四）二月一〇日、恩給をうけとる。皇族妃としてではなく、陸軍軍人の未亡人としてである。ちなみに前年、東京裁判で有罪判決をうけたA級戦犯も復権させ、遺族にひそかに恩給を支払うようになっていた。犯罪人は恩給権を消滅するという規定があるが、東京裁判は国際法による裁きで国内法ではない、という解釈である。

恩給法により、私たち未亡人は、大将*の半額なれども、いたゞく事になり、通知がきたので、郵便局に書付をもって、とりに行ってもらひ、受とる。但《ただ》し二十八年四月から十二月までの分、一〇、五〇六〇円（一年十四万〇〇八〇円）。

直《ただち》に神前に供《そな》へ、御かげ様で、私は有難くいたゞきましたと報告した。（昭29・2・10）

三月一日、第五福竜丸がビキニ環礁《かんしょう》で被災。原爆マグロ・死の灰などの不安がひろがる。

三月二五日、「皇室の事、日本の危機が近いとか」を、「陛下の御耳に入れてほしい」という人がきて、一時間もしゃべっていった。

六月三日、改正警察法案審議。国家地方警察と自治体警察が一本化され、中央集権的傾向のつよいものとなるので、会期延長をめぐり議会が混乱した。議長の堤康次郎《つつみやすじろう》は、警官隊二〇〇人をはじめて院内にいれた。伊都子には乱闘騒ぎだけが印象にのこったようだ。

*大将　守正は元陸軍大将であり、寡婦はその半額を受給した。

議会のさわぎ、とう〳〵なぐり合ひで、実にみっともない。みさげはてた議員たち。（昭29・6・3）

ミッチーブーム

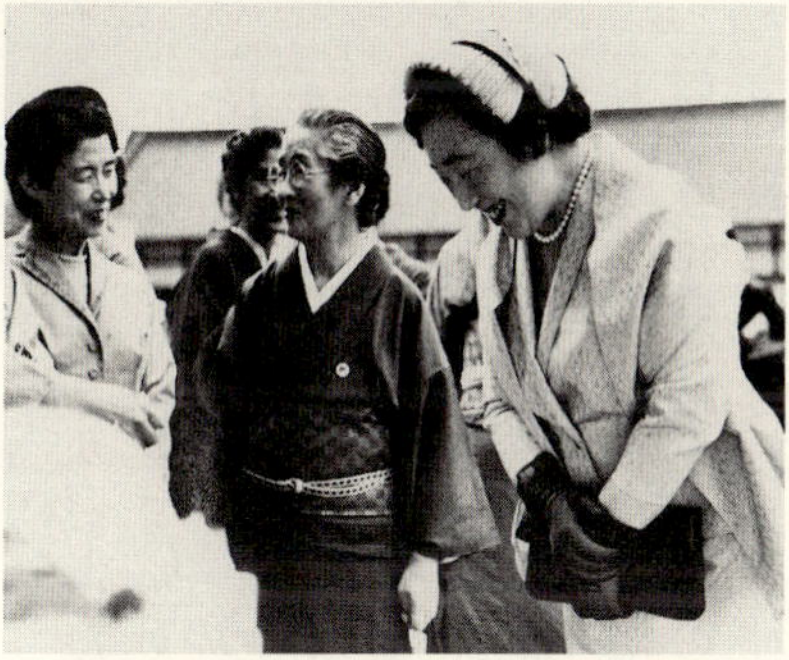
伊都子と良子　昭和32年5月、東京・椿山荘の常磐会総会にて。中央が伊都子、76歳。右が皇后良子、55歳。

昭和三〇年（一九五五）、家庭電化がはじまり、翌昭和三一年、「もはや戦後ではない」が流行語になった。経済は好況がつづいた。そして、昭和三三年と昭和三四年は、ミッチーブームにわいた。

皇太子明仁《あきひと》の婚約者に、日清製粉社長正田英《しょうだひで》三郎《さぶろう》の長女美智子《みちこ》が選ばれ、美智子をめぐる報道は過熱した。軽井沢テニスコートの恋、旧皇族・華族ではない新興ブルジョワジー階層からの宮中入り、カトリック系の聖心女子大卒と、話題は多かった。しかも美人で才媛《さいえん》の誉《ほま》れ高かった。この皇太子妃の結婚を見るために、テレビの売れ行きが急増したほどで、当時の日本国民の九四パーセントが美智子を知っていたとまでいわれる。

社会学者松下圭一が「大衆天皇論」という論文のなかで、「美智子さんは皇室と国民のかけ橋になった」とのべたほど、天皇制のイメージ・アップにはたした役割は大きい。いっぽう、ミッチーブームが一定の政治的効果をもたらしたと批判する意見もある。ジャーナリスト松浦総三は、ミッチーブームは「天皇退位論」や「皇室開放論」をうやむやにし、安保反対報道を抹消したと指摘している。

皇太子の婚約発表は昭和三三年一一月二七日。伊都子《いつこ》は旧佐賀藩主、元侯爵家の出で、美智子の婚約には不満があった。華族女学校卒業生をはじめとする学習院女子の同窓会組織である常磐会《ときわかい》の有力な会員でもあった。実妹の松平信子《のぶこ》は常磐会会長。愛国主義団体を動かして反対運動を推進した中心人物である。

午前十時半、皇太子殿下の妃となる正田美智子の発表。それから一日中、大さわぎ。テレビにラヂオにさわぎ。

朝からよい晴にてあたゝかし。もう〳〵朝から御婚約発表でうめつくし、憤慨したり、なさけなく思ったり、色々。日本ももうだめだと考へた。（昭33・11・27）

当時、伊都子はつぎのような和歌を詠《よ》んでいる。

右は結婚に付あまりにもかけはなれたる御縁組、
おどろかされて心もおさまらず
思ひきや　広野の花を　つみとりて　竹のそのふに　うつしかゑんと
あまりにも　かけはなれたる　はなしなり　吾日の本も　光りおちけり
つくりごと　どこまでゆくか　しらねども　心よからぬ　思ひなりけり
心から　ことほぎのぶる　こともなし　あまりの事に　言の葉もなし
国民が　こぞりていはふ　はづなるに　みせものごとき　さわぎ多かる

はじめの歌は、「民間の娘を宮廷に輿入《こしい》れさせるなどと、だれが思ったろう」という意味であろう。二首目は、「身分の差がありすぎる結婚をするとは、我が日本の威光も地に落ちた」とよめる。三首目は、「政略的なことをどこまでやるかわからないが、いい気持ちはしない」となろう。四首目は、「心から祝辞をのべることもない。あまり身分差がある結婚に言葉もでない」と解釈できる。最後の歌は、「本来なら国民が皆で祝うはずの結婚なのに、見世物のように騒ぎすぎる」と、ミッチーブームを批判しているのであろう。

入江相政《いりえすけまさ》侍従長の『日記』によれば、昭和三三年夏ごろから皇后良子《ながこ》は、「東宮様の御縁談について平民からとは怪《け》しからん」と、松平信子や秩父宮《ちちぶのみや》妃《ひ》勢津子《せつこ》・高松宮妃喜久子《きくこ》らにこぼしていたという。さらに翌昭和三四年、大礼のときの自分の馬車が四頭立てだったのに、こんどの結婚では六頭立てだと「憤慨」している。けっきょく、昭和天皇が「六頭でいい」と理解を示し、話はおちついた。

よるとさはると、このせつは正田のはなし。タクシーの運転手まで色々うはさをする。（昭33・12・7）

十一時過、車をさがして土曜会*に出かける。寒いけれども終りの事*とて、わりににぎやかにて、もう〳〵正田美智子のうはさで、とてもにぎやか。（昭33・12・13）

土曜会　大映の永田雅一社長夫人文子らとの集まり。李方子や吉屋信子らも参加していた。

終りの事　この年最後の会。

伊都子の周辺は、ミッチーブームにわいていた。

昭和三四年（一九五九）四月一〇日、「皇太子殿下、御成婚の日」。

皇太子妃美智子　昭和34年4月、皇居仮宮殿でおこなわれた結婚披露の祝宴。左は27歳の皇太子明仁と、中央に26歳の美智子。「平民」美智子の宮中入りは、多くの国民に「開かれた皇室」の印象をあたえた。

朝六時過より、テレビで正田邸のもやう其《その》他《た》を次々にうつし、奉祝々。

十時から賢所《かしこどころ》大前《おおまえ》の儀もテレビで出る。居すわってすべての式のもやうも拝された。

午後二時前、車が来た（宮内庁の）ので、李《イ》様とゝもに出かけ、道の都合で大まはりをしてやっと入り、いつもの控室に行く。

皆様御馬車の御行列を御送り遊ばすので、広庭の方へ御出ましですといはれ、又そこへ行（旧宮殿あと）。宮様方・御同級生・旧奉仕者、其他多数ならんでゐた。二時三十五分ころ御行列御出まし。丁度《ちょうど》よい所で拝見してから、控所にてテレビをみて、仮東宮御所へ御入りの所までそれから陛下に御悦《よろこ》び言上申上て退出。午後四時三十分。（昭34・4・10）

いつものごとく土曜会に行く。相もかはらず御成婚のうはさばなしで、とてもにぎやかな事。（昭34・4・11）

この結婚に理解を示した昭和天皇の意向もあったのだろう、結婚当日の伊都子の日記には批判的言辞はなく、事実のみが記されている。テレビを見たり、見物にいい場所をとったり、伊都子自身がミッチーブームの渦中にいるのがおかしい。

椿山荘の園遊会　昭和35年５月28日。常磐会総会。余興に狂言などが催された。前列左から伊都子・秩父宮妃勢津子・皇后良子。伊都子は常磐会の集まりを楽しみにし、６月にはメンバーと京都へ旅行をしている。

一九六〇年

昭和三五年（一九六〇）、日米安全保障条約改定をめぐって、国内はゆれた。伊都子の日記にも、その余波がおよんでいる。

この年安保改定阻止の運動は高まり、六月四日、第一次実力行使。国労などが早朝スト。全国で五六〇万人が参加した。一〇日、米大統領秘書のハガチーが来日。羽田空港でデモ隊に包囲され、米軍ヘリコプターで脱出。一五日、第二次実力行使。五八〇万人参加。一八日、三三万人デモ。徹夜で国会を包囲。翌一九日午前〇時、新安保条約は自然成立した。

笹川きてもらひ、学生の色々、此《この》さわぎで学習院はどうかと聞たら、院長*がやかましく色々いひ渡したから、大てい大丈夫といふてゐた。（昭35・6・20）

七月六日、常磐会評議会。「外務省の方が、新安保条約について、一時間あまり、よくわかる様にはなして被下《くだされ》た」。

一九六〇年は、敗戦から一五年目、朝鮮戦争勃発から一〇年目でもあった。

いやな〳〵終戦の記念日で、はや十五年め。（昭35・8・15）

明治神宮社務所及参集所、新築落成、及、崇敬婦人会*十周年記念祝典。（昭35・10・5）

一〇月一二日、浅沼社会党委員長、日比谷公会堂で演説中、右翼少年に刺殺される。

「午後三時過、演説中の浅沼稲次郎《いねじろう》、凶かんにさゝれて死ぬ」。

院長　安倍能成。元文相。かつて平和問題談話会の代表として全面講和を主張していた。

崇敬婦人会　明治神宮を崇敬する婦人の集まり。昭和二六年に発足した。

一二月一日、「故守正様十年祭」。翌日、皇居に行き、生後一〇か月の浩宮《ひろのみや》と対面。

何だか重荷がをりた様な心地で、がっかりした。何事もなく無事終る。

皇居に行、両陛下に御礼。

浩宮様、今、御機嫌のところ故《ゆえ》、一寸《ちょっと》、御逢ひ遊ばしてはといはれ、御奥に伺《うかが》ひ、とても御元気の様子《ようす》。にこ〳〵遊ばしてゐた。(昭35・12・2)

杖

東京オリンピック

昭和三五年(一九六〇)一二月二七日、政府は国民所得倍増計画を決定、高度経済成長への道を歩みだした。以後、経済成長は順調にすすみ、昭和三九年の東京オリンピックは、ひとつの頂点であった。そしてオリンピックの成功は、伊都子のナショナリズムを満足させた。

伊都子の踊り　昭和38年3月6日、皇后良子還暦祝いの余興。皇居仮宮殿にて。右から伊都子・東久邇聡子・秩父宮妃勢津子・高松宮妃喜久子・三笠宮妃百合子。

昔の町会の国防婦人会の人々、其後、集る事もなかったが、今日、宮脇*さん方で集り、とてもなごやか。私も一寸《ちょっと》顔を出し、皆に逢ひ、かへる。(昭38・6・30)

終戦記念日。此度《このたび》、政府ではじめて、戦死者、戦災で死んだ人も皆の追悼会を開催。両陛下の御成りあり。とてもよい事だとかんじた。(昭38・8・15)

午後、千秋楽に付、国技館へ行く。とても〳〵力のある取

宮脇さん　宮脇須磨子。梨本邸内に住み、伊都子の家政相談役となっていた。

くみで、大入り満員。とう／＼終りの大鵬《たいほう》と柏戸《かしわど》の取くみ、手に汗《あせ》の出る思ひであったが、とう／＼、美事に柏戸のよりたほし勝となり、満員総立であった。

それから例のごとく君ヶ代をうたひ、天皇盃をはじめ種々のものをもらひ終る。（昭38・9・22）

東京オリンピック。


まちにまったオリンピックも、本日、入場式。昨日まで、ぐづついた天気も、からりとはれて日本晴。一点の雲もなく、風もなく、はれ／＼しい。

午後、テレビで色々、次々に、くりひろがるもやうをみて、感激してみた。よくこゝまではこんだものと、うれしく、両陛下・皇太子・同妃・秩父宮妃・高松宮・同妃・三笠宮・同妃・常陸宮・同妃、御揃ひで、式場に御出ましとて、おごそかに入場式が行なはれた。（昭39・10・10）

重量上げの三宅*が世界記録を出して、一等になり、君ケ代がうたはれ、国旗が上り、実によい気もちであった。（昭39・10・12）

オリンピック、だん〳〵さかんになり、中々さわぎ。どうも日本はふるはないが、よくがんばってをる。（昭39・10・13）

午後一時からマラソンがある。六十八名位。有名なエチオピヤのアベベはじめから真先にかけ出、たえず先に立って、甲州《こうしゅう》街道を走りつゞけ、あとには色々の人々つゞいてをる。二時間十六分にて無事もとの競技場にかへって来て、一番。次が日本の選手*であったが、トラックに入ってから英国の選手にぬかれて、くやしくも三位になったが、まづよかった。（昭39・10・21）

三宅　三宅義信。東京につぎ、メキシコオリンピックでも金メダルを獲得した。

日本の選手　円谷（つぶらや）幸吉。のち期待の重さのなかで、みずから命を絶った。

昭和元禄

昭和四〇年（一九六五）一月一日、参内《さんだい》。八四歳の正月であった。このころの伊都子は大映の永田雅一《まさいち》社長と懇意で、歌舞伎役者たちとも親しかった。長谷川一夫《はせがわかずお》・中

俳優たちと　帝劇で『源氏物語』に主演中の長谷川一夫の挨拶をうけている伊都子。昭和35年12月ごろ（右）。上は同じく『源氏物語』に出演中の女優たちと。左側２人目から伊都子、若尾文子、山本富士子。

村錦之助《きんのすけ》・市川雷蔵《らいぞう》・大川橋蔵《はしぞう》らの名が日記につらなる。長唄の杵屋勝東治《きねやかつとうじ》とも交遊があった。

八日、永田社長の誕生日。会費二万円。「下谷《したや》の芸者、お獅子《しし》の連中も出て、にぎ〳〵し」。

長谷川一夫、授章*祝賀パーチー。帝国ホテル。(昭40・11・28)

花柳寿輔《はなやぎじゅすけ》襲名披露、かぶき座。(昭40・11・29)

翌年、足腰がよわまり、杖《つえ》が必要となる。養子の話もすすむ。

拝賀の為、宮中に。

杖をゆるしていたゞき、

授章　学術・芸術などの功労者として紫綬褒章を贈られた。

よほど力になって安心。（昭41・1・1）

徳彦*様、入籍の手続き終ったよしいふてきたので、安心。（昭41・4・28）

歌舞伎座、昼夜通してみる。（昭42・1・16）

歌舞伎座へ行く。大川橋蔵の招待。二十人ほどで観劇。中々よかった。楽屋をたづねて礼をのべる。（昭42・12・13）

徳川の夫人たちの芝居。（昭43・1・6）

長谷川と勘三郎《かんざぶろう》、顔合せ。中々おもしろかった。（昭43・3・15）

梅幸《ばいこう》の鏡獅子《かがみじし》は一しほ

梨葉会の人びとと　かつての御用取扱や侍女たちに、新しく入籍した梨本家の当主を紹介した。昭和42年10月15日、渋谷の梨本邸前にて。前列右から２人目が梨本徳彦。

徳彦　元皇族久邇宮徳彦。臣籍降下して龍田伯爵となり、戦後、梨本家を継いだ。

立派でよかった。(昭43・3・22)

水谷八重子の舞踊あり。中々よかった。(昭43・5・29)

日本全体がうかれていた。臣籍降下して歌舞伎三昧《ざんまい》の伊都子ではあるが、「昭和元禄」の行く末を心配し、宮中へ深い思いをよせる。

ダービーとて、テレビで大へんなさわぎ。(昭43・7・7)

広島に爆弾がおとされた記念日。あの時の事、考へると胸がつまってしまふ。今の人は無関心の様《よう》で、はなしにならぬ。何とかして、もう少し此《この》体けんした事を、これらの生きてゐる内に聞てゐてもらひ度《た》い。とにかく二十年間に、すっかり心もちもかはってしまった。今の世の中、どうなるのか?(昭43・8・6)

皇居に行、新宮殿拝見。北白川・朝香・東久邇・私。中々美事にて、広々として、いかにも近代日本の宮殿らしく、うれしいかんじであった。(昭43・10・30)

富山県神岡《かみおか》鉱業所の廃水によるイタイイタイ病、石油化学コンビナートの大気汚染による四日市ぜんそくなどの公害病が表面化した時代でもあった。

政治の季節

昭和四三年（一九六八）、国民総生産は一四二八億ドルとなり、経済的には、西側陣営では米国につぐ地位をしめるようになった。いっぽう、政治問題は累積《るいせき》し、大学紛争が激化。紛争は、七〇年安保にむかって分裂しながら、尖鋭化《せんえいか》していった。

昭和四四年一月一九日、東大安田講堂の封鎖解除。日々の日記に関連する記事はないが、『思ひ出るまゝを書きつゞる』という回想録のなかに「とう〳〵機動隊が入りこみ、ホースで水をかけたり色々しても中々出ず。しかし本日の朝、やっと数百人をしばってをさまり、引上《ひきあげ》たとか、動乱の様《よう》なさわぎ。早く何とかきりをつけねばいけないと思ふ」「いかに戦争に負けたとはいへ、こんな事になろうとは！」とある。

そのほか、日々の日記には、沖縄《おきなわ》返還デモ、一〇・二一国際反戦デーなどについて記されている。

今日は沖縄返還とは、何とかいふて、学生のデモ、其他、引かきまはしのさわぎで、機動隊出動。中央部、東京駅、其他ふさがれ、汽車も国電、東北線・東海道線もとまり大分さわいだが、つかまった人も数百名。そう〳〵しい事で、あぶないとて、とう〳〵国立*へ行かれなかった。

夜おそくまで、人声ざわ〳〵。（昭44・4・28）

今日は学生デモ。何とか反対とて、各所に集り、大さわぎ。新宿・高田馬場、又は御茶の水など、駅は止まり、国電も休み。デパートも休んで、大戸をおろし、あちこちでさわぎ。機動隊が出てふせぎ、内乱の様なさわぎ。

夜までつゞきたれども、やっとおさまった様子《ようす》。どこへも出られず、一日中、家にをる。（昭44・10・21）

佐藤首相、米国に行くので、又それをやめろとか何とか、若者たちはさわぎ立、機動隊がとてもかたいまもり。夜に入り、もみ合ひがあったらしい。（昭44・11・16）

国立　国立劇場。

佐藤栄作首相は、訪米してニクソン大統領と会談。安保条約堅持、韓国の安全、沖縄返還などを確認。沖縄の核抜き返還についてはふれず、野党は不満を表明した。

昭和四五年（一九七〇）三月三一日、日航機よど号ハイジャック事件。

突発的出来事。

赤軍派の若者十名ほどが日航機にのりこみ、のっとって乗客をしばり上げ、北韓へむけとび、途中、北朝鮮には行かれぬから、金浦《キンポ》空港についた。それから色々めんどうがおこり、全員をしばり上げ、窓は〆《し》めて、カーテンをおろし、かんきんし、爆弾やら刀などもって、おどかしてをるから、皆、何にもどうする事も出来ないので、早そく日本政府から、韓国政府も、とても色々心をくばり、万全をつくしてをられる。

（昭45・3・31）

一一月、三島事件。この事件は自己の美学を完結させるための芸術的な死とみる人もいたが、自衛隊とのクーデター計画を反故《ほご》にされたため、自暴自棄的な単発行動を

昭和天皇に挨拶する伊都子 昭和40年４月、皇居仮宮殿にて。伊都子はその後10年間にわたり宮中に参内する。昭和50年、自伝『三代の天皇と私』を刊行。翌年８月、永遠の別れをつげた。95歳。

とった政治的死ともいわれる。切腹《せっぷく》と介錯《かいしゃく》という時代錯誤の自決法は、多くの人びとを驚かせた。「葉隠《はがくれ》」で有名な佐賀鍋島の血をうけついだ伊都子だが、特別な感想は記していない。

　別にことなくテレビをみてゐたら、昼頃《ごろ》、三島由紀夫《ゆきお》外四名、自衛隊（市ヶ谷）本部におし入り、バルコニーに出て、大声で演説し、中に入り、隊長の前で無礼であったがと切腹して死し、あと一人も切腹し、あと三人はつかまった。大へんなさわぎ。(昭45・11・25)

一二月二六日、孫の広橋興光夫婦がテレビをもってきた。伊都子は「カラーなので、とても美しい」と喜び、「ほんとに親切にしてくれてうれしくて〳〵涙がこぼれた」と記した。

とう〳〵明年は私も九十歳になる。(昭45・12・31)

「よろよろする」

老齢の伊都子にとって、歩けることは喜びであった。

今日も無事外出が出来る。うれしい。(昭46・1・1)

台所で一寸《ちょっと》すべって、横にたほれたが、どこもうたずにすんだ。(昭46・5・9)

大磯の元の別邸につく。少しもかはらず、四十年ぶり位《くらい》。（昭46・5・26）

昭和四七年（一九七二）、横井庄一《しょういち》の帰国。「天皇陛下からいただいた小銃はちゃんともって帰りました」とのべ、国民をとまどわせた。

また浅間山荘《あさまさんそう》事件がおこり、各テレビは競って実況中継し、若い世代の政治ばなれがすすんだ。

ガム島にて二十八年間生きのびてきた横井といふ人、病院につれてこられ、元気をとりもどす。（昭47・1・25）

軽井沢《かるいざわ》に連合赤軍の人々、立てこもり、一日中、大さわぎ。留守番の妻泰子さんを人質にして、中々出てこない。

決死で色々やって、水ぜめなどで、とう〳〵午後六時過、くらくなって、やっとふみ込み、泰子は無事救ひ出し、あと犯人四名つかまった。（昭47・2・27）

第三三回総選挙開票。結果は自民二七一、社会一一八、共産三八であった。
テレビもラヂオも。だれ〳〵何票と、次々発表。うるさい様。とう〳〵民主党、一番数が多いけれども、共産党がとても多く、おどろいた。(昭47・12・11)

とう〳〵四十八年も三十一日となってしまった。しかし、まず無事に今日まで長らへて、とうしてきた事をうれしく思ふ。

つゝがなく　此つもごりに　こぎつけて　あすの年を　むかふうれしさ　(昭48・12・31)

もう今年は、自分の身を大切にして、あまり外出をしないで、用心してゐる事にして、宮内庁にもよくはなし、此暮《このくれ》は失礼すると申《もうし》ておく。(昭49・12・22)

今日は皇太子誕生日なれども失礼してしまった。(昭49・12・23)

斎藤輝子*さんは南極に出かけるとて、飛行機で出発のとこ

斎藤輝子　茂吉夫人。当時かぞえ八〇歳。

ろテレビでみた。実におどろく。七十七、八才。(昭49・12・25)

私もとう〳〵こぎつけて生きてきた。今後わからぬが。(昭49・12・31)

伊都子、九十四歳。ことしも、すこやかにすごし度《た》く、祈るのみ。(昭50・巻頭)

車がきたので、宮中に参内。(昭50・1・1)

美濃部《みのべ》亮吉《りょうきち》都知事は老人福祉などに尽力したが、革新系のためか伊都子の好みではなかったようだ。伊都子自身は足がよわり、外出を避けるようになる。

東京都知事。とう〳〵又、みのべになって、ア――。

石原*は数がすくなくやぶれた。残念。しかたがない。だれでもちゃんとやってくれたらよい。(昭50・4・14)

足の具合が悪いから、ころぶといかぬから、明日一日は、参内を中止する。電話で申ておく。(昭50・12・31)

少し足が、がく〳〵するので、参内は見合せた。もしころ

*石原 石原慎太郎。のち平成一一年に東京都知事となる。

んではと心配だから。(昭51・1・1)
段々の一番下の一段をふみはづし、ひざをついたので、いたい〳〵。筋らしく、早そく、はり薬をしてもんでおくが、歩くのがいたくて中々歩けない。杖をついて、やっと歩く。入浴はやめておく。又ギクッとするといけないから。(昭51・3・16)
どうしたのか、何となく心地わるいので、御参りはやめた。(昭51・6・1)
同じく何となく心地わるく、ぢッとして居る。午後、いよ〳〵いやな心地。(昭51・6・2)
よくねむったけれども、何となくお腹ゴト〳〵いふので、目がさめ、小水に二回ほど行き。朝五時ころ快く便通あり。それから一寸《ちょっと》ねる。
朝七時おきたが、わりにいゝ気もち。朝食はおいしくたべた。これでだん〳〵回復するだろう。足はまだよろ〳〵する。(昭51・6・3)

絶筆となった。

このあと、乳ガンの手術。成功したが体力がついていかず、昭和五一（一九七六）年八月一九日、波瀾に満ちた生涯を閉じた。かぞえ九五歳であった。

おわりに

なぜ伊都子《いつこ》は日々の日記を綴《つづ》りつづけ、さらにまた、多くの手記や回想録を残したのだろう。変転する時代のなかで、自己の位置をたしかめたかったのだろうか。

伊都子の気丈な性格・激しい感情・厳格な生活態度、これらは先天的なものであったろうが、急激に揺れ動く時代を生きるなかでいっそうつよまったようだ。明治以来の近代天皇制国家の生成・発展・衰退の歴史が、彼女に気丈さを要求していたともいえる。

気丈さの反面、伊都子は、しばしば、おさえている意識下の不安のあらわれのように思える奇妙な夢をみていた。日記は習慣として綴ってきたものであろうが、幸福な日々の生活のなかに潜《ひそ》む没落の予感が、伊都子に筆をとらせた日もあったろう。日記を書き綴った動機はひとつではないにせよ、「没落」は結果として伊都子の人生の主旋律となっている。

資産家の侯爵令嬢、皇族妃という輝かしい日々が永久に不動のものであったのなら、伊都子は、これほどの「書き魔」ではなかったかもしれない。

戦勝による領土拡張は、いっぽうで敗戦による体制崩壊の危機をはらんでおり、戦争のたびに伊都子は「没落」を意識したようだ。世界の強国が植民地の分割にしのぎを削った時代、好戦的な気丈さの裏には武家出身の娘として敗北のさいの覚悟もあり、人に語れぬ不安は多かったろう。日々の日記を綴ることは、その不安をしずめることでもあったかもしれない。明治・大正・昭和戦前・敗戦直後の時期の日記の緊張感とおもしろさにくらべて、サンフランシスコ講和後、とくに高度成長期以後は「年寄りの繰《く》り言《ごと》」めいて魅力に欠ける。伊都子自身の緊迫感が失せたためではないか。天皇の周辺にあって世界の戦争をくぐりぬけていた時代と、一般市民となって余生をおくっている時期とでは、日記に描かれる話題も視点もことなってしまうものらしい。

梨本日記は、かねてからその存在に注目していた共同通信社の高橋紘氏（現・静岡福祉大学教授）が、「昭和の終わり」にさいし公開したい旨《むね》を梨本家に打診、同家の快諾《かいだく》を得て準備作業をすすめた。筆者は同社社会部の作業チームに参加を依頼され、日記の解読・分析などにあたった。日記は一九八九年四月三〇日、共同通信社から加盟各社に配信され、大きな反響をよんだ。本書の刊行には同社のご理解とご協力があったことをここに記し、感謝の意を表したい。

その後、一九九一年に一般むけの歴史書として刊行されるが、立教大学の粟屋憲太郎教授はじめ、当時の小学館の天野博之部長や担当の柳町敬直氏に、多大なご指導をいただいた。また、梨本家の相談役である笹川吉雄氏には有益なお話を頂戴した。皇室ジャーナリストの松崎敏弥氏からも、写真提供はじめ多くの御教示を得た。駒込和装学院理事長の鈴木十三男氏からは、伊都子が所有していた貴重な絵はがきなどの提供を受けた。なお、厖大な日記の複写と整理には、当時、立教大学の学生であった永井均氏（現・広島大学広島平和研究所）はじめ、多くの学生諸氏のご援助を得た。

そして、今回、文庫版刊行にあたり、広橋興光氏をはじめとする梨本会の皆様、小学館歴史・美術編集部の細山田正人氏のご理解とご協力をいただいた。

十数年ぶりに約八〇年におよぶ直筆の日記を読み通してみて、あらためて伊都子の描写力と、時代認識の鋭さに驚かされた。二〇〇八年八月一九日は伊都子の三十三回忌にあたる。もし存命で日記を書き続けていたとすれば、一二七歳の元宮妃の目には何が見えていたであろうか。

二〇〇八年八月

小田部雄次

付録

宮家系図

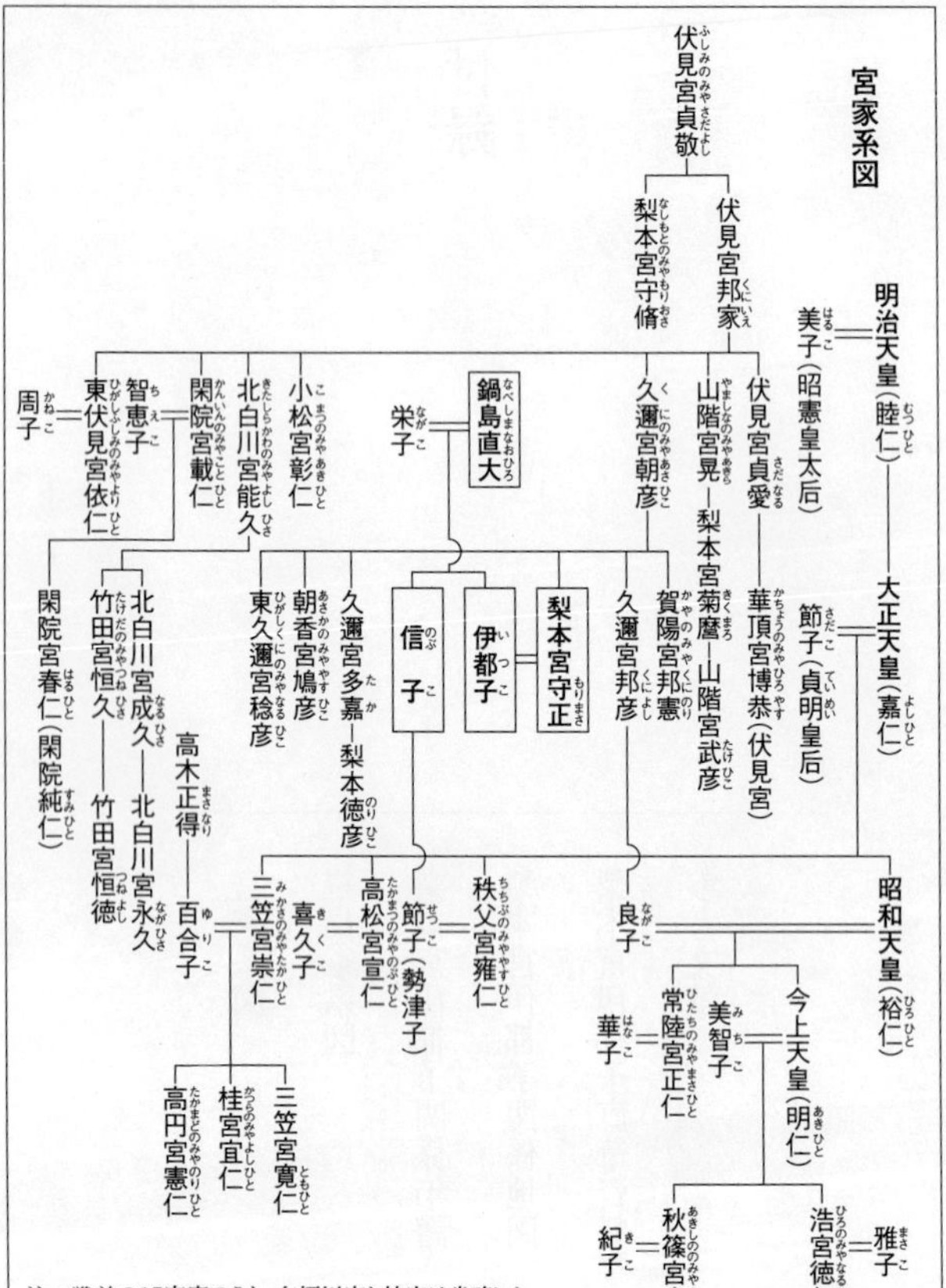

注：戦前の15宮家のうち、有栖川宮と桂宮は省略した。
：梨本宮菊麿はのち山階宮に復籍。

鍋島家系図

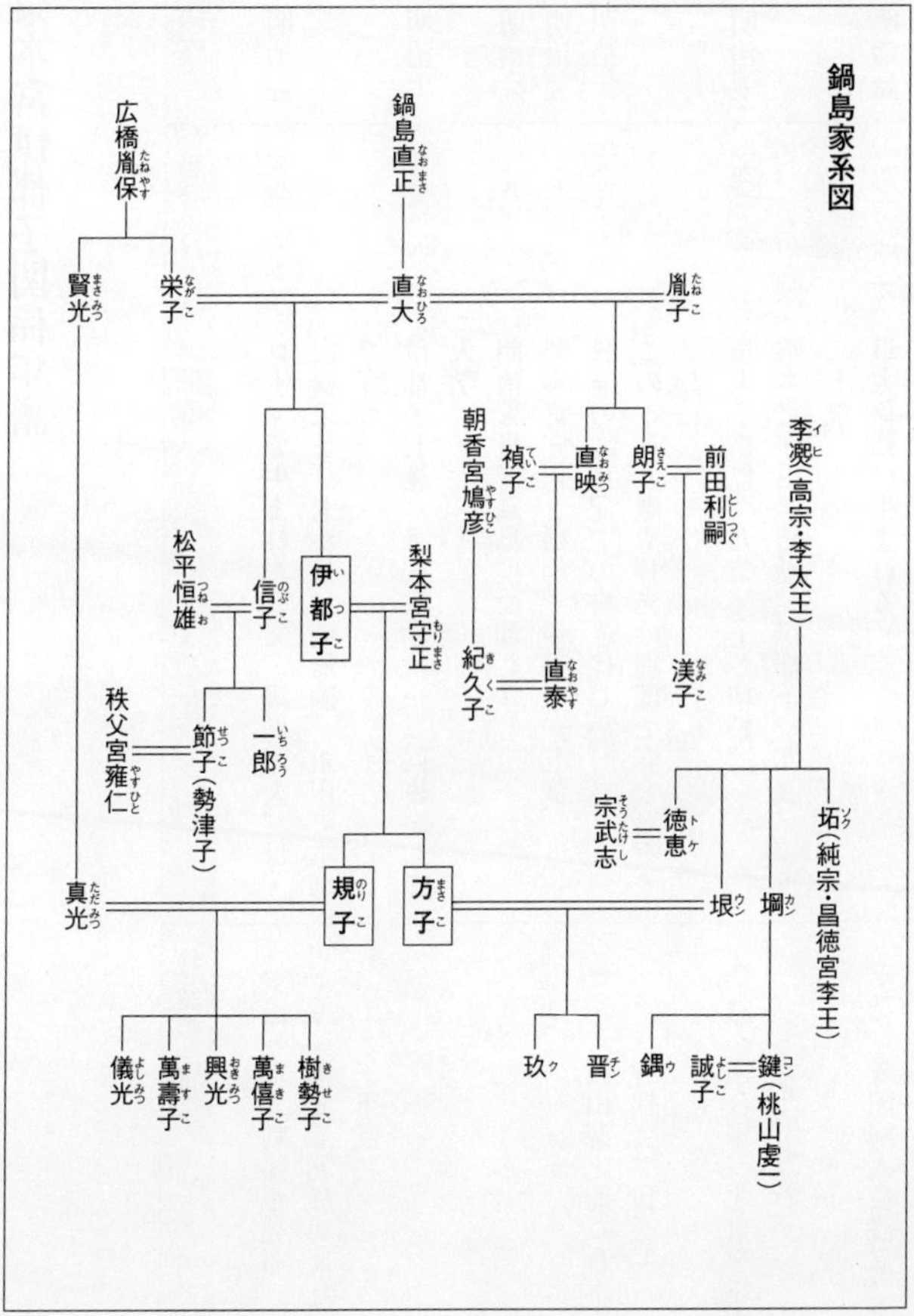

広橋胤保《たねやす》
鍋島直正《なおまさ》
賢光《まさみつ》
栄子《ながこ》
直大《なおひろ》
胤子《たねこ》
李熈《イヒ》(高宗・李太王)
朝香宮鳩彦《やすひこ》
禎子《ていこ》
直映《なおみつ》
朗子《さえこ》
前田利嗣《としつぐ》
松平恒雄《つねお》
信子《のぶこ》
伊都子《いつこ》
梨本宮守正《もりまさ》
紀久子《きくこ》
直泰《なおやす》
渼子《なみこ》
秩父宮雍仁《やすひと》
節子《せつこ》(勢津子)
一郎《いちろう》
宗武志《そうたけし》
徳恵《トケ》
坧《ソク》(純宗・昌徳宮李王)
真光《ただみつ》
規子《のりこ》
方子《まさこ》
垠《ウン》
堈《カン》
儀光《よしみつ》
萬壽子《ますこ》
興光《おきみつ》
萬信子《まきこ》
樹勢子《きせこ》
玖《ク》
晋《チン》
鍝《ウ》
誠子《よしこ》
鍵《コン》(桃山虔一)

梨本宮伊都子関係年譜

和暦	西暦・月・日	出来事	社会の出来事
明治一五	一八八二・二・二	ローマで生まれる。父・鍋島直大、母・広橋栄子。七か月目に帰国。永田町本邸で育つ。	一・四　軍人勅諭を発布。 七・二三　漢城で朝鮮兵反乱（壬午軍乱）。
明治二一	一八八八・九	伊都子七歳。華族女学校一二回生として入学。	
明治二五	一八九二・七・九	明治天皇、鍋島侯爵邸行幸。	
明治二九	一八九六・一〇・二三	梨本宮守正と婚約。伊都子一五歳。	
明治三二	一八九九・一・一	日々の『日記』の書きはじめ。このころ大磯や日光の別邸で春と夏をすごす。	四・三〇　横山源之助『日本之下層社会』刊。
明治三三	一九〇〇・五・一〇	皇太子嘉仁、九条節子と結婚。	八・一四　連合軍、北京を総攻撃（北清事変）。
	一一・二八	梨本宮守正と結婚。伊都子一九歳、守正二七歳。	
明治三四	一九〇一・四・二九	皇太孫裕仁生まれる。	二・二四　愛国婦人会設立。

		二・四　長女方子生まれる。伊都子二〇歳。	三・一〇	田中正造、足尾鉱毒事件で直訴。
明治三五	一九〇二・六・二五	淳宮雍仁（のちの秩父宮）生まれる。このころ伊都子、赤十字社で治療法などを学ぶ。	一・二五 一・三〇	八甲田山雪中行軍で遭難。 日英同盟調印。
明治三六	一九〇三・三・二八	守正、パリの陸軍士官学校へ留学。 六・一七　伊都子、看護学修業証書を授了。伊都子二二歳。		
明治三七	一九〇四・四・四	日露戦争出征のため、守正パリから帰国。 一一・三　守正、大勲位菊花大綬章を授けらる。この間、伊都子は日赤本社などで慰問活動。	二・一〇 九	日露戦争、宣戦布告。 与謝野晶子「君死にたまふことなかれ」を発表。
明治三八	一九〇五・五・二八	地久節で参内、バルチック艦隊攻撃の報を聞く。 八・七　守正、赤痢感染。転地療養のため別府へ。	九・五 三・三	日露講和条約。日比谷焼打ち事件。 韓国統監府設置。
明治三九	一九〇六・一・一三	守正、赤痢の療養を終えて凱旋。 八・一　守正、再びパリに出発。		
明治四〇	一九〇七・四・二七	次女規子、生まれる。伊都子二六歳。	六・一五	ハーグ密使事件。
明治四二	一九〇九・一・一三	伊都子、多田伯爵夫人の肩書きで欧州へ	一〇・二六	伊藤博文、射殺される。

		出港。イギリスなど各国王室を訪問。のちシベリア鉄道で満州・韓国を経由して帰国。伊都子二八歳。	
明治四三	一九一〇・一二・一	守正、大佐に昇進。名古屋第六連隊長となる。	五・二五 大逆事件。 八・二九 韓国併合。
明治四五	一九一二・七・二九	明治天皇、心臓麻痺で亡くなる。	
大正二	一九一三・八・三	守正、宇都宮第一四師団第二八旅団長となる。	
大正三	一九一四・八・二三	第一次世界大戦参戦。伊都子、日赤活動などする。	七・二八 第一次世界大戦勃発。
大正六	一九一七・八・六	守正、中将に昇進。京都第一六師団長。	
大正七	一九一八・一二・二八	方子と李垠の結婚のため、皇室典範増補公布。	八・二 シベリア出兵。 八・三 米騒動。
大正八	一九一九・一・二三	方子と李垠との婚儀、高宗の死去で延期。	三・一 韓国で独立をもとめる三・一運動。
大正九	一九二〇・四・二八	方子、李垠と結婚。	五・二五 日本軍民殺害の尼港事件。
大正一〇	一九二一・六・一八	鍋島直大、腎臓病で死去。伊都子四〇歳。	

	一一・二五	皇太子裕仁、摂政となる。		
大正一二	一九二三・五・二一	方子の長男晋、消化不良の自家中毒で急死。		
大正一二	一九二三・八・六	守正、陸軍大将に昇進。	九・一	関東大震災。
大正一三	一九二四・一・二六	皇太子裕仁、久邇宮良子と結婚。		
大正一五	一九二六・七・一四	次女規子と山階宮武彦との縁談解消。		
	一二・二	規子、広橋真光伯爵と結婚。		
	一二・二五	大正天皇亡くなる。伊都子四五歳。		
昭和三	一九二八・九・二八	姪の松平節子、秩父宮妃勢津子となる。	六・四	張作霖爆殺事件。
	一一・一〇	裕仁天皇の即位式。	六・二九	治安維持法改悪、死刑を追加。
昭和六	一九三一・一二	伊都子、自製の歌を満州派遣軍に贈る。	九・一八	満州事変。
昭和七	一九三二・八・八	守正、元帥に列せらる。伊都子五一歳。	三・一	「満州国」建国宣言。
昭和八	一九三三・一二・二三	皇太子明仁、生まれる。	三・二七	国際連盟脱退。
昭和一二	一九三七・五・一四	守正、「満州国」国境を視察。	七・七	盧溝橋事件（日中戦争はじまる）。
	一〇・一一	守正、神宮祭主となる。	一二・一三	南京事件。
昭和一三	一九三八・四・一八	伊都子、北九州を慰問。伊都子五七歳。	四・一	国家総動員法公布。
	六・二〇	伊都子、関東州を慰問。		

昭和一六	一九四一・一・四	鍋島栄子死去。伊都子六〇歳。	一二・八	太平洋戦争開始。
昭和一八	一九四三・六・一三	伊都子、兵庫・鳥取の銃後婦人活動を視察。	二・七	ガダルカナル島撤退完了。
	一一・三	京都・滋賀を視察。	五・三一	フィリピン、ビルマ独立供与。
昭和二〇	一九四五・五・二五	梨本宮邸、空襲で全焼。伊都子六四歳。	三・一〇	東京大空襲。
	一二・二	守正、戦犯に指名される。	八・一五	敗戦。
昭和二一	一九四六・四・一三	守正、釈放。	五・三	東京裁判開廷。
	五・二一	「皇族の財産上の特権剥奪」の覚書を作成。	五・一九	食糧メーデー。
昭和二二	一九四七・三・一五	別邸などを売却して財産税を納める。	一・三一	二・一スト中止命令。
	一〇・一四	臣籍降下。皇族としての地位や身分を失う。	五・三	日本国憲法施行。
昭和二五	一九五〇・一一・二八	金婚式。守正は喜寿。伊都子六九歳。	六・二五	朝鮮戦争勃発。
昭和二六	一九五一・一・一	守正、急逝。伊都子七〇歳。	九・八	対日講和・日米安保条約調印。
昭和三四	一九五九・四・一〇	皇太子明仁、結婚。伊都子、披露宴出席。	四・一五	安保改定阻止第一次統一行動。
昭和五一	一九七六・八・一九	伊都子、九五歳の生涯を終える。	二・四	ロッキード事件発覚。

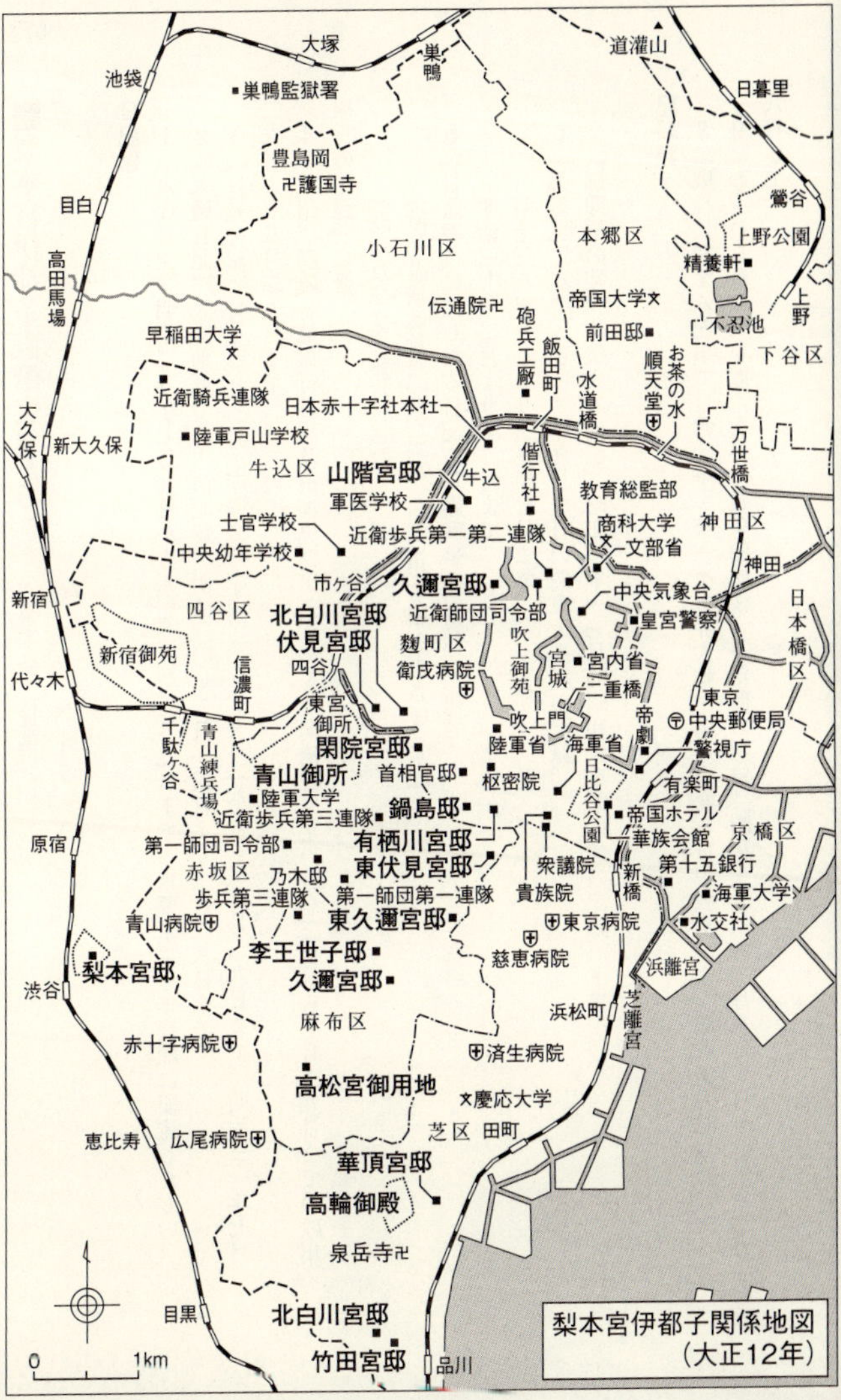

梨本宮伊都子関係地図
（大正12年）

■梨本宮伊都子直筆資料など

「梨本会」提供

日記類

1『永代日記』明治二五年七月九日から昭和一八年三月九日までの重要事項を年代順に記述したもの。

2『大磯日記』大磯別邸での生活記録。明治三〇年二月一四日より三月二八日まで。

3『日光日記』日光別邸での生活記録。明治三〇年七月二八日より八月二九日まで。明治三一年七月二九日より八月二九日まで。

4『欧州、満韓各地旅行日記及追加思ひ出さま〴〵』明治四二年一月一三日から七月二九日までの欧州旅行の記録。二冊。

　『欧州及び満韓旅行日記』

　『欧州及満韓旅日記の追加　思ひ出る事どもさま〴〵』

5『日露戦役に関したる日記』日露戦争の記録。二冊。

　明治三七年二月より一二月まで。

　明治三八年一月より三九年七月まで。

6『大震災之記』大正一二年九月一日の関東大震災の記録。

7『御即位の礼　諸儀式参列記』昭和三年一一月の昭和天皇即位式の記録。下書控。

記録類

8『戦役に関する記事』日露戦争・第一次世界大戦・満州事変・日中戦争・太平洋戦争の記録。

9『わすれられぬ一年間』太平洋戦争開始後、一年間の記録。昭和一六年一二月八日から一七年一二月八日まで。

10『空襲!! わすれられない戦災の事どもの記事』昭和二〇年五月二五日の梨本宮邸焼失などの空襲の記録。

回想録

11『結婚より五十年の思ひ出』明治三三年一一月より昭和二五年一二月までの回想録。五冊。

『結婚五十年の思ひ出　壱』

『五十年の思ひ出　二』

『五十年の思ひ出　三』

『五十年の思ひ出　四』

『其後のくらし』（昭和二六年より二八年九月まで）

12『八十八年の思ひ出』伊都子米寿祝の回想録。四冊。

『八十八年の思ひ出のありのまゝを』

『八十八年の思ひ出の追加色々』

『八十八年の思ひ出で　一』

『八十八年の思ひ出で　二　九十二年も色々印す』


13『九十二年の思ひで』伊都子九二歳の回想録。

『九十二年の思ひで　一』

『九十二年の思ひで　二』

『九十二年の思ひで　三』

『九十二年間の思ひで　四』

他に、標題のない一冊。


14『思ひ出るまゝを』戦後の回想録。五冊。

『思ひいづるまゝを　一』
『思ひいづるまゝを　二』
『思ひ出るまゝにつゞりゆく』
『思ひ出るまゝを書きつゞる』二冊。

伝記

15『宮様の御生ひ立から御一生あらまし』伊都子が記した守正の伝記。三冊。
『宮様の御生ひ立あらまし　壱』（明治七年三月より大正八年四月まで）
『宮様御生ひ立あらまし　二』（大正八年一〇月より昭和二二年臣籍降下まで）
『宮様の御一生あらまし　三』（昭和二三年より二六年薨去まで）

短歌

16『集歌』明治三〇年代前後の日々を詠んだ歌集。
17『日露戦役集歌』日露戦争を詠んだ歌集。
18『日支事変突発以来よみし歌』満州事変から敗戦後までの歌。七冊。
『昭和六年九月日支事変突発以来よみし歌及昭和十二年七月日支事変以来の歌』
『支那事変に関する歌』（昭和一二年七月より一一月まで）
『支那事変に関するさまぐ\の歌』（昭和一二年一一月より一三年六月まで）
『支那事変に関するさまぐ\の歌』（昭和一三年七月より）
『支那事変以来よみたるさまぐ\の歌』（昭和一五年五月）
『大東亜戦中よみたるさまぐ\の歌』（昭和一七年三月より）
『雑の部』（昭和一五年より二一年秋ころまで）

19『詠草』明治・大正・昭和の時期の歌集。九冊。
『詠草　春の部』(大正はじめより昭和二三年ころまで)
『詠草　夏の部　二』(明治三四、五年ころから大正・昭和のはじめころまで)
『詠草　秋の部』(大正はじめより昭和一四、五年ころまで)
『詠草　冬の部』(明治三四、五年ころから大正・昭和のはじめころまで)
『詠草　雑の部』(大正二年ころより昭和一四、五年ころまで)
『詠草　夏の部　二』(昭和一〇年八月より)
『詠草　雑の部　二』(昭和三一年以後の分)
『詠草』(昭和三六年秋より四二年まで)
『詠草』(昭和四一年より四四年夏まで)

雑記類

20『心得ぐさ』父・直大から教えられた日々の生活指標などを記したもの。二冊。

21『富士をたゝえて』大正末から敗戦後までの河口湖別邸でのくらし。

22『ちぎれぐも』昭和一七年八月、明治天皇三〇年祭後の河口湖別邸でのくらしなど。

23『雑誌等に出した色々つゞりたる文章』雑誌に出した諸原稿。

24『伊勢神宮の旅に加はつて』昭和二八年六月、常磐会伊勢神宮参拝の記録。

25『あちらこちら見学の記』崇敬婦人会などの旅行記。昭和二九年から。

26『わすれられぬ思ひ出の旅』京都旅行の記録。昭和三二年。

27『岐阜県下　見学の記』昭和三三年四月。

28『昭和二十八年予定控』

「御差遣」関係記録

29『各地へ御差遣の記』五冊。
『皇后陛下の思召により各病院へ御差遣のをりの日記』
『関東州御慰問御使ひの旅日記　第一』
『関東州御慰問御使ひの旅日記　第二』（以上、昭和一三年）
『兵庫鳥取両県視察旅日記』
『京都府滋賀県視察状況の記』（以上、昭和一八年）
30『関東州へ御差遣に関する日程及日記、其他記念の品』昭和一三年六月
31『女性の働きぶり視察に関する』昭和一八年六月。
32『婦人の活動情況視察の日程　記事写真入れ』昭和一八年一一月。
33『新聞切り抜き』愛媛県・北海道・徳島県などの地方紙。

常磐会関係記録

34『常磐会団体旅行』昭和二七年六月の「東山温泉及び野田醬油製造会社見学」はじめ、昭和二八年六月、二九年六月、三〇年六月「那須高原一泊」、三一年六月、三二年六月、三三年六月「奥日光一泊」、三五年六月「関西旅行」、および三六年六月『常磐会関西旅行の記』など一〇年間の旅行記。

■参考文献

皇族関係・近代史関係・その他は発行年順にならべた。

梨本伊都子・李方子関係

梨本伊都子『三代の天皇と私』講談社 一九七五
梨本伊都子『歌集 かつら』非売品 一九七一
李方子『すぎた歳月』明暉園 一九六八（のち改題『流れのままに』啓佑社 一九八四）
伝記刊行会編『英親王李垠伝』共栄書房 一九七八
李王職編『李王・同妃殿下 御渡欧日誌』一九二八
権藤四郎介『李王家秘史』朝鮮新聞社 一九二六
本田節子『朝鮮王朝最後の皇太子妃』文藝春秋 一九八八
小田部雄次『李方子』ミネルヴァ書房 二〇〇七

皇族関係

（日記・伝記類）
中島武編『改定版 北白川宮永久王殿下』清水書房 一九四二
東久邇稔彦『一皇族の戦争日記』日本週報社 一九五七
閑院純仁『私の自叙伝』人物往来社 一九六六
秩父宮家『雍仁親王実紀』吉川弘文館 一九七二
三笠宮崇仁『古代オリエント史と私』学生社 一九八四
竹田恒徳『雲の上、下思い出話 元皇族の歩んだ明治・大正・昭和』東京新聞出版局 一九八七

秩父宮妃勢津子『銀のボンボニエール』主婦の友社　一九九一

（書籍・事典類）

宮内大臣官房秘書課『宮内省職員録』各年
酒巻芳男『皇室制度講話』岩波書店　一九三四
宮内庁『明治天皇紀』一〜一二　索引　吉川弘文館　一九六八〜一九七七
高橋紘『現代天皇家の研究』講談社　一九七八
下橋敬長『幕末の宮廷』東洋文庫　平凡社　一九七九
井原頼明『増補　皇室事典』冨山房　一九七九
村上重良『皇室事典』東京堂出版　一九八〇
霞会館『昭和新修　華族家系大成』上・下　吉川弘文館　一九八二・一九八四（のち『平成新修　華族家系大成』一九九六）
高橋紘『象徴天皇』岩波書店　一九八七
松崎敏弥・小野満『日本の皇室事典』主婦の友社　一九八八
大久保利謙監修『日本の肖像』一〜一二　毎日新聞社　一九八九〜一九九一

（研究論文）

鈴木正幸『近代天皇制の支配秩序』校倉書房　一九八六
遠山茂樹編『近代天皇制の成立』岩波書店　一九八七
遠山茂樹編『近代天皇制の展開』岩波書店　一九八七
水谷三公『英国貴族と近代　持続する統治１６４０―１８８０』東京大学出版会　一九八七
岩井忠熊編『近代日本社会と天皇制』柏書房　一九八八

近代史関係

（通史）

歴史学研究会編『太平洋戦争史』一～六　青木書店　一九七一～一九七三
『昭和の歴史』一～一〇　別巻　小学館　一九八二～一九八三
『大系　日本の歴史』一三～一五　小学館　一九八九
江口圭一『十五年戦争小史』（新版）青木書店　一九九一

（日記・資料）

原田熊雄述『西園寺公と政局』一～八　索引　岩波書店　一九五〇～一九五二
岡義武・林茂校訂『大正デモクラシー期の政治　松本剛吉政治日誌』岩波書店　一九五九
原奎一郎編『原敬日記』一～六　福村出版　一九六五～一九六七
木戸日記研究会『木戸幸一日記』上・下『木戸幸一関係文書』東京大学出版会　一九六六
木戸日記研究会『木戸幸一日記（東京裁判期）』東京大学出版会　一九八〇
進藤栄一・下河辺元春編『芦田均日記』一～七　岩波書店　一九八六
遠山茂樹『天皇と華族　日本近代思想大系』岩波書店　一九八八
入江為年監修『入江相政日記』一～六　朝日新聞社　一九九〇～一九九一
木下道雄『側近日誌』文藝春秋　一九九〇
伊藤隆・広瀬順晧編『牧野伸顕日記』中央公論社　一九九〇
波多野澄雄・黒沢文貴「奈良武次侍従武官長日記」『中央公論』所収　一九九〇
南博・村上重良・師岡佑行編『近代庶民生活誌　天皇・皇族』三一書房　一九九〇

山極晃・中村政則編『資料日本占領　天皇制』大月書店　一九九〇
寺崎英成『昭和天皇独白録』文藝春秋　一九九一

その他

中野礼四郎「鍋島直大公略伝」『肥前協会』所収　一九四一〜一九四二
蜂須賀年子『大名華族』三笠書房　一九五七
吉屋信子『香取夫人の生涯』新潮社　一九六二
朝日ジャーナル編『昭和史の瞬間』上・下　朝日新聞社　一九六六
富永謙吾『大本営発表の真相史』自由国民社　一九七〇
大宅壮一『実録天皇記』角川書店　一九七五
松浦総三『天皇とマスコミ』青木書店　一九七五
石井寛治『日本経済史』東京大学出版会　一九七六
吉村昭『関東大震災』文藝春秋　一九七七
金沢誠・川北洋太郎・湯浅泰雄編『華族　明治百年の側面史』北洋社　一九七八
五味川純平『御前会議』文藝春秋　一九七八
宮脇俊三『時刻表昭和史』角川書店　一九八〇
鈴木俊平『風船爆弾』新潮社　一九八〇
高橋紘・鈴木邦彦『天皇家の密使たち』現代史出版会　徳間書店　一九八一
週刊朝日編『値段の明治大正昭和風俗史』朝日新聞社　一九八一〜一九八四
酒井美意子『ある華族の昭和史　上流社会の明暗を見た女の記録』主婦と生活社　一九八二

野口孝一編『明治の銀座職人話』青蛙房　一九八三
小沢郁郎『つらい真実　虚構の特攻隊神話』同成社　一九八三
金一勉『天皇と朝鮮人と総督府』田畑書店　一九八四
粟屋憲太郎「東京裁判への道」『朝日ジャーナル』所収　一九八四～一九八五（のち『東京裁判への道』上・下　講談社　二〇〇六）
遠藤幸威『女聞き書き　徳川慶喜残照』朝日新聞社　一九八五
紀田順一郎『近代百年カレンダー』旺文社　一九八五
猪瀬直樹『ミカドの肖像』小学館　一九八六
日朝協会埼玉県連合会『かくされていた歴史—関東大震災と埼玉の朝鮮人虐殺事件—』一九八七
角田房子『閔妃暗殺』新潮社　一九八八
久野明子『鹿鳴館の貴婦人大山捨松　日本初の女子留学生』中央公論社　一九八八
飯沢匡『異史　明治天皇伝』新潮社　一九八八
女性総合研究会編『日本女性生活史』東京大学出版会　一九九〇
伊藤隆・広橋真光・片島紀男編『東條内閣総理大臣機密記録』東京大学出版会　一九九〇
保田孝一『最後のロシア皇帝　ニコライ二世の日記　増補』朝日新聞社　一九九〇
伊藤隆・百瀬孝『事典　昭和戦前期の日本　制度と実態』吉川弘文館　一九九〇
浅見雅男『公爵家の娘　岩倉靖子とある時代』リブロポート　一九九一
ＮＨＫ取材班・臼井勝美『張学良の昭和史最後の証言』角川書店　一九九一
藤原彰・粟屋憲太郎・吉田裕・山田朗『徹底検証　昭和天皇「独白録」』大月書店　一九九一
小田部雄次『華族』中央公論新社　二〇〇六

本書のプロフィール

本書は、『梨本宮伊都子妃の日記』（小社刊、一九九一年十一月）に、加筆修正を施して文庫化したものです。

小学館文庫

梨本宮伊都子妃の日記《なしもとのみやいつこひにっき》
皇族妃の見た明治・大正・昭和《こうぞくひのみためいじたいしょうしょうわ》

著者　小田部雄次《おたべゆうじ》

二〇〇八年十一月十二日　初版第一刷発行
二〇二二年一月二十四日　第四刷発行

発行人　下山明子
発行所　株式会社　小学館
〒一〇一-八〇〇一
東京都千代田区一ツ橋二-三-一
電話　編集〇三-三二三〇-五一一九
　　　販売〇三-五二八一-三五五五
印刷所――――図書印刷株式会社

ISBN978-4-09-408325-5